■ 本书为2022年浙江省教育厅课程思政教学研究项目"外语教学'三位一体'课程思政育人格局构建与实践"成果

思语润心

外语类课程思政案例选编

主　编　彭国珍
副主编　李　勇　金京淑
　　　　郭亚莉　刘丹凤

厦门大学出版社
XIAMEN UNIVERSITY PRESS
国家一级出版社
全国百佳图书出版单位

图书在版编目（CIP）数据

思语润心：外语类课程思政案例选编 / 彭国珍主编. -- 厦门：厦门大学出版社，2024.7
ISBN 978-7-5615-9387-5

Ⅰ.①思… Ⅱ.①彭… Ⅲ.①思想政治教育-教案（教育）-高等学校 Ⅳ.①G641

中国国家版本馆CIP数据核字(2024)第100161号

责任编辑	高奕欢
责任校对	张子麟
美术编辑	蒋卓群
技术编辑	许克华

出版发行　厦门大学出版社
社　　址　厦门市软件园二期望海路39号
邮政编码　361008
总　　机　0592-2181111　0592-2181406(传真)
营销中心　0592-2184458　0592-2181365
网　　址　http://www.xmupress.com
邮　　箱　xmup@xmupress.com
印　　刷　厦门市金凯龙包装科技有限公司

开本　720 mm×1 020 mm　1/16
印张　20.75
字数　356 千字
版次　2024 年 7 月第 1 版
印次　2024 年 7 月第 1 次印刷
定价　80.00 元

本书如有印装质量问题请直接寄承印厂调换

厦门大学出版社
微信二维码

厦门大学出版社
微博二维码

前言

> 其他各门课都要守好一段渠、种好责任田，使各类课程与思想政治理论课同向同行，形成协同效应。
>
> ——习近平

  新时代高等教育实施好课程思政是贯彻落实习近平总书记重要讲话精神和落实立德树人根本任务的战略举措，也是全面提高人才培养质量的重要任务，更影响着甚至决定着社会长治久安、民族繁荣复兴、国家发展崛起。外语教育教学中的课程思政建设是高等教育"大思政"育人格局中的重要一环。公共外语课程中实施课程思政就是把价值观引领与语言知识的传授和语言应用能力的培养有机地结合起来，把价值观引领摆在首要的位置，并将其贯穿外语知识传授和外语能力培养的全过程。新时代外语专业肩负着促进中外文明交流互鉴、提升中国国际传播力和构建中国国际话语权的时代使命，要培养兼具家国情怀和国际视野、通晓国际规则、能够参与国际事务和国际竞争的融合型外语人才。只有在外语专业培养过程中推进课程思政建设，才能回答外语专业培养什么人、怎样培养人、为谁培养人这一根本问题。

  学界关于外语教育教学中课程思政问题的探索，最初主要论证外语课程思政的功能、可行性和宏观实施路径等，而后逐渐转向探讨部分具体外语类课程的思政内涵、实施过程和实践策略，从微观角度分析外语课程思政元素、理念和具体实施路径。

近年来也开始关注外语专业思政和教师思政教学能力提升与发展的内涵、路径和实施。当前针对外语类课程思政、专业思政、教师思政教学能力提升与发展的整体性研究、整体性设计及整体性实践不足。

这本课程思政案例集是我们解决外语思政建设整体性和一体化不足的一次探索和尝试，记录了浙江工业大学外国语学院近年来构建实施课程、专业、教师"三位一体"外语课程思政育人格局的探索和实践足迹。我们坚持以外语类课程思政为基础，通过课外实践拓展专业思政，反向推进教师思政教学能力提高和教师发展，形成"三位一体"课程思政育人新格局。贯穿该格局的一条思政主线是"以讲好中国故事、弘扬中华文化为核心特色，让学生在多元文化的理解、比较中增强民族自豪感，坚定文化自信，成为中华文化、中国智慧、中国方案的对外传播者"。首先，我们以产出导向为引领，以建设外语课程思政元素库、案例库为抓手，全面修订了教学大纲、教学设计，实现课程思政全覆盖，努力将专业课与外语思政深度融合，实现语言性、思想性、专业性、学术性多元深度融合。其次，着力打造多维叙事第二课堂外语思政活动品牌，通过课外活动、实习实践、志愿服务等环节推进专业思政。近年来打造了外语文化节、双语典礼、双语经典诵读、外语新闻采编、国际赛会志愿服务等跨文化育人品牌及活动平台。最后，成立了院级课程思政教学研究中心，组织开展系列课程思政交流研讨与研究活动，提升教师思政育人的能力和水平。

经过不断的努力，学院"三位一体"课程思政建设取得了一定成绩。新增省级课程思政示范课 1 门、省级课程思政研究项目 2 项、省级一流课程 6 门，获省级课程思政征文特等奖和二等奖各 1 项，其中省级一流课程"希罗神话与西方文化"入选新华网课程思政优秀案例。有 10 余名教师在校级以上教学创新大赛、课程思政微课专项赛等赛事中获奖。2021 年 8 月我们举办了"课程思政、专业思政、教师思政"三位一体外语思政建设研讨会，吸引了全国近百所高校 1500 余人次在线参会，在全国外语界产生了广泛的示范辐射效应。本案例集的出版也是我们课程思政和教师思政的固化成果之一。

案例选编成书的过程无疑是一个巨大的系统工程，凝结了案例作者、编者和校内外专家的大量心血。我们最初于 2021 年组织全面撰写课程思政教学案例，首批征集案例近 100 个；随后组织多期系列专题辅导会、专家点评辅导会、案例研讨会，帮助作者持续完善课程思政教学案例，并从中遴选出首批拟出版案例；随着"三进"工作的落实和课程思政建设的深化，2023 年又重新修订完善出版案例体例，历经多轮修改后终于结稿。每位编写者都从最开始的困惑、无所适从、信心不足，到逐步深化对课程思政教学的认识，完善课程思政整体设计，提炼课程思政教学特色，在撰写、改进案例的同时提升了自身开展课程思政教学的意识、能力和水平。

本案例选编最终收录了 31 个课程思政案例，涉及公共外语、英语专业、日语专业三大类外语课程。每个案例包括五部分：第一部分为课程概况，主要介绍课程的基本情况、教学目标、课程沿革。第二部分为思政元素，简要概述本课程思政元素的必要性、特色内容，罗列介绍核心思政元素。第三部分为设计思路，简要概述本课程思政教学的融合思路、方式方法及主要特色，展现课程章节、重要思政元素、相关联的专业知识或教学案例。第四部分为教学案例，包括课堂教学、学生作业、课外实践、第二课堂等环节中的思政教学实施具体实例，完整呈现整个过程中的课程思政教学设计，即在课前、课中、课后等环节如何分别融入和实施思政要素，也即课程思政具体怎么教，怎么做，怎么引导培养学生去树立、养成、实现相关的思政教学目标。第五部分为教学效果，围绕学生学习成果和课后体会、教师教学成长与反思体会等方面，整体上评价和反思课程思政教学的目标达成情况。

得到学校副校长虞晓芬教授对学院课程思政建设的持续关心、指导和支持，我们深感荣幸。感谢教育部课程思政示范课教学名师、东华理工大学廖华英教授在案例撰写过程中的指导、点评、把关和鼓励，感谢我校马克思主义学院章秀英教授、陈冲副教授分别对课程思政元素凝练、案例撰写的耐心指导。感谢南京大学的王海啸教授、哈尔滨工业大学的刘克东教授、浙江师范大学的俞明祥教授、浙江工商大学的王琳教授在我们召开的外语思政建设研讨会上对我们整体的课程思政工作给出的指导和肯定。他们的支持与帮助，无疑对本案例集的质量提升有着重大作用。感谢学院对于课程思政工作的大力支持和投入，使得本案例集编写的一系列工作得以顺利实施。感谢全体编写者尤其是李勇、金京淑、郭亚莉、刘丹凤四位副主编，他们的大力支持和全情投入是该案例集得以出版的关键。

本案例集仅是我们学院层面探索构建课程、专业、教师"三位一体"外语课程思政育人格局的一个初步小结，仍有很多需要进一步完善之处，敬请外语界同仁批评指正。随着"三进"工作的深入和大思政育人格局的构建，外语课程思政的理念、内涵、方法也在不断发展和深化，我们期待向外语界课程思政建设的佼佼者们学习，共同推进新时代外语人才培养质量提升和高校外语教育教学改革迈向新台阶。

彭国珍　李　勇

2023 年 10 月 26 日于语林楼

目　录 Contens

公共外语篇

大学英语	姚海芳 /	3
大学英语（健行学院课程）	戴剑娥 /	14
通用学术英语	姚海芳 /	25
国际学术交流英语（绿色制药专业课程）	朱晓江 /	36
中国概况	谢芳芳 /	46
大学基础英语	方敏明 /	56
研究生学术英语写作	沈　瑛 /	68
研究生学术英语情境口语	吴娟红 /	78

英语专业篇

语言学导论	王路明 /	89
词汇学	王　薇 /	101
希罗神话与西方文化	闫建华　张维亮 /	112
旅游英语	彭　燕 /	122
跨文化交际	周　易 /	132
美国文学	杨宁宁 /	140
英语短篇小说赏析	张维亮 /	151
中国神话与中国文化	张　平 /	159
英汉 / 汉英笔译	张丽娟 /	169
口译基础	童　琳 /	178

英语专业篇

时政翻译	马　鸣 / 189
科技翻译	孙然颖 / 198
综合英语	刘银燕 / 210
英语视听说	刘丹凤 / 221
英语阅读	陈晓霞 / 233
二外德语	乐波娜 / 244

日语专业篇

日本文化名篇选读	金京淑 / 255
日本文学名篇选读	邵明琪 / 266
日语视听说	陈化仙 / 277
综合日语	刘晓杰 / 287
日语阅读与讨论	方江英 / 297
日汉翻译实践	李　亚 / 307
日语口译理论与实践	李　珍 / 316

公共外语篇

大学英语

教 学 团 队：楼荷英　罗晓燕　姚海芳　许晓洁　郭亚莉等
案例撰写人：姚海芳

> 在短短的语言中，藏有丰富的智慧。
>
> ——索福克勒斯

一、课程概况

（一）课程简介

"大学英语"是一门面向全校非英语专业本科一年级学生的通识必修课，在一年级第一学期开设，共64学时，4学分。课程以英语的实际应用为导向，学习英语词汇、语法、篇章等语用知识，培养学生的英语听、说、读、写、译等基本技能；学习社会、文化、科技等领域的知识，拓展学生的国际视野；同时兼顾中外文化异同的认识与比较，培养学生的人文精神、跨文化交际能力和思辨能力。课程秉承"价值引领、知识传授、能力应用"三位一体的教学理念，以"产出导向"外语教学理论为指导，采用任务式、合作式、项目式等教学方法，在教学内容和活动设计中融入社会主义核心价值观和中华优秀传统文化，引导学生树立正确的世界观、人生观和价值观。

（二）教学目标

1. 知识目标

（1）理解并掌握英语语音、词汇、语法及篇章结构等知识。

（2）理解并掌握课程主题（社会、文化、经济、历史、科技等）相关知识。

（3）学习并掌握英语口头汇报、辩论、演讲、采访等交际任务的内容和基本范式。

（4）理解分析文化差异，学习跨文化交际中不同语境下的沟通策略。

2. 能力目标

（1）培养听、说、读、写、译等基本技能，能够达到《大学英语教学指南（2020版）》设定的"基础目标"，部分达到"发展目标"。

（2）培养跨文化交际意识和交际能力，能够在不同语境下用英语进行恰当有效的交流。

（3）培养自主学习能力，能够运用现代信息技术进行主题拓展学习。

3. 价值目标

（1）培养道路自信和制度自信，树立历史使命感和时代责任感。

（2）培养对外传播中国文化的意识，树立文化自信，用英语讲好中国故事。

（3）培养人文意识、国际视野，加强中外文化差异的认识与思辨能力。

（三）课程沿革

"大学英语"作为量大面广的基础课程，历经多轮改革与发展，最终成为一门相对成熟的课程。

基础阶段（2001—2009年）：前期，"大学英语"在全校非英语专业本科大一和大二两个学年开课，采用分级教学（大学英语二、三、四级）。后期，为满足学生语言技能的专项学习需求，课程采用模块教学方式，设置读写模块和听说模块，针对性地培养学生读写和听说的语用技能。

发展阶段（2010—2019年）：进一步优化分级分层教学。三级起点的"大学英语"基础课程模块设为一年级必修课程，专门用途英语和通识类的提高性课程模块设为二年级选修课程，其中提高性课程模块包括多门文化类课程，侧重中西文化对比和跨文化能力培养。2017年，"大学英语"获评校核心课程建设项目，最终验收获得优秀的成绩。

深化阶段（2020年至今）：以外研社《新编大学英语》推出第四版教材为契机，全面推进大学英语课程思政，优化课程结构，与"通用学术英语"并列为"大学英语课程群"主干课程：一年级上学期为"大学英语"，一年级下学期为"通用学术英语"。以"完整、有机、互联、贯通"的大学英语课程育人生态链理念为指导，建构大学英语教学体系。2023年校课程思政改革试点课程（建设项目）"大学英语课程群"顺利结题。

二、思政元素

"大学英语"是学校通识教育的重要组成部分，区别于专业必修课，具有鲜明的人文性特征，核心是"以人为本"，强调人的综合素质培养和全面发展，着力培养社会主义核心价值观，同时也注重对外国文化的学习与了解和对中国文化的阐释与传播。课程以内容为依托，单元主题多样，涉及社会、经济、科技、历史、文化等领域，涵盖国家生活、社会生活、个人生活，因此课程也从这三个层面挖掘思政元素。

中国情怀：课程单元主题凸显中国元素，教材内容紧扣中国文化、中国发展、中国精神，如中国休闲产业的发展、中国经济发展的成就、中国"千禧一代"的性格特征等。此外，各单元导读中的名言警句、课后汉译英和英译汉练习均选材于中国文化，在彰显中华优秀文化的同时，培养学生对中国文化的理解和阐释能力，帮助学生树立文化自信，学会向世界传播中国声音。

国际视野：课程也介绍展示世界的优秀文化，引导学生从全球视角认识世界、理解世界。游在欧洲、芬兰桑拿文化、三明治的发展史等主题学习，有助于学生立足中国，放眼世界，培养开阔心胸，探索多元文化，以语言学习为媒介，树立人类命运共同体意识，为迎接时代的机遇和挑战做好准备。

责任意识：课程融时政热点于单元主题，通过中国脱贫攻坚胜利、中国"种子银行"等文本、视听材料，帮助学生强化道路自信，培养爱国情怀，增强报效祖国、实现民族复兴的责任意识；通过小组陈述、英文海报制作、英语辩论等丰富的语言产出任务，鼓励学生关注社会，唤醒他们投身社会、服务社会的责任意识；通过认识"Z世代"榜样，学习青年模范事迹，强化学生坚定理想、脚踏实地、刻苦学习的责任意识。

人文素养：课程充分关注处于从高中到大学转型期的大一学生的身心发展，从学生实际生活中挖掘课程思政的着力点。以语言为载体，通过学习和探讨旅行的意义、阅读的价值、兴趣爱好的作用、网络流行语的利弊等内容，潜移默化地帮助学生摆脱迷茫，摆正心态，陶冶情操，提升自身人文修养，丰富自己的精神世界。

三、设计思路

本课程紧紧围绕教材单元主题和教学目标进行思政设计，同时结合学生实际生活和时政热点，充分体现"三化"理念，即"目标清晰化，手段一体化，课堂情感化"。从单元主题中延展思政元素，在文本讲解中强化思政元素，在讲课举例中渗透思政元素，在单元任务中融入思政元素，采用视频导入、文本分析、个人演讲、小组辩论、海报设计等多种教学方式，实现课程思政无声落地。各章节模块重要的思政元素、相关知识点和教学案例见表1-1。

表1-1　各章节课程思政设计思路

课程章节	重要思政元素	相关专业知识和教学案例
第一单元 认识差异 （Mind the Gap）	·道路自信 ·责任担当 ·爱国情怀	·知识点：中国脱贫攻坚胜利、千禧一代及"Z世代"性格特征、国别和代际差异等相关英文表述，数据描写、英语演讲基本策略 ·教学案例："中国故事"英文主题演讲
第二单元 行在路上 （On the Road）	·国际视野 ·美丽中国 ·人文素养	·知识点：旅行的重要意义、欧美国家旅游文化差异，用英文描述旅行见闻的策略、明喻和暗喻英文写作技巧 ·教学案例：小组英文展示"家乡文化之旅"
第三单元 休闲爱好 （Just Relax）	·修身立德 ·身心健康 ·陶冶情操	·知识点：长跑等健康爱好的重要意义、不同时代和文化背景下的休闲活动的变化发展，排比写作的基本策略 ·教学案例：撰写"变爱好为事业"的英文商业策划案
第四单元 性别差异 （Does Gender Matter）	·性别平等 ·文明和谐 ·制度自信	·知识点：男女在社会生活领域的差异的描述、性别歧视原因分析及对策，比较和对照写作方法 ·教学案例：制作"生活中的性别差异"英文海报
第五单元 文字力量 （The Power of Words）	·德美辞丰 ·精神文明 ·中华文化	·知识点：阅读的重要意义、语言和文化的辩证关系、网络用语利弊分析，反问修辞写作手法 ·教学案例：中外优秀文学作品英文推荐
第六单元 饮食文化 （You are What You Eat）	·国际视野 ·全球意识 ·文化传承	·知识点：三明治发展历程、移民及全球化进程对饮食文化的影响、食品产业发展和食品安全相关表述，按时间顺序写作的说明文写作策略 ·教学案例：英文展示中国饮食文化

四、教学案例

（一）案例1：以清晰的教学目标引导"弥合差异"

本单元重点学习《新编大学英语》第一单元课文"What Americans Don't Get about China"。学生通过课文了解美国人对中国发展存在的认识误区，辩证地认识国家、代际之间的差异，了解国家发展。教学设计遵循"认识差异—分析差异—弥合差异"的认知逻辑，将数据描写这一核心知识点与中国经济发展的教学内容巧妙串联，贯穿始终，教导学生用客观数据展现中国发展，消除世界对中国的误解，自信讲述中国发展故事，从而增强学生的爱国之情和道路自信。

通过课前预习、课堂分享与讲解、课堂拓展，串联what（什么是差异）—why（为何有差异）—how（如何弥合差异）的学习闭环，再以产出任务为抓手，巩固课堂所学。

1. 课前预习：what（什么是差异）

预习内容：学生采访校园内留学生或基于自身经历，就相关话题进行口头发言准备。

话题1：我所经历的中外文化差异。

话题2：留学生来中国前后的认识变化。

教学目标：学习源于生活。教师引导学生观察生活，从实际出发，对"差异"建立初步感性认识，理解"认知差异"的普遍性。

2. 课堂分享与讲解：why（为何有差异）

教学内容：分析课文《美国人所不理解的中国》中美国人对中国存在误解的几个方面，尤其关注课文中"美国人对中国发展现状了解不足"这一角度，组织学生讨论以下主题。

话题1：为何世界不了解/误解中国？

话题2：认知差异是如何产生的？

教学目标：通过递进式讨论，引发学生对认知差异的深层次思考，引导学生探寻产生差异的根本性原因，启发学生认识到"认知差异一方面源于无知，另一方面也源于根深蒂固的偏见"。

3. 课堂拓展：how（如何弥合差异）

视频学习：观看视频"How to Bridge the Gap between China and the West"（来源：CGTN），学习视频中列举的消除认知差异的方法，帮助学生增强自身文化认同，学习如何做好中国发展的对外宣传。

文本学习：重点学习"中国GDP增长速度、贫困人口、贫困率"的表达，学习并掌握"per capita、drop by/to 具体百分比"等数据表述、下降或上升等趋势的描述方法，把握精准数据表达的客观性和真实性。

教学目标：帮助学生学习数据描写的作用、策略，通过运用真实、准确的数据展现中国发展现状，认识到摆事实、列数据是消除外界对中国的认知差距和偏见的有效策略，唤起学生用客观数据向世界讲好中国故事的意识。

4. 课堂巩固：数据描写应用

课文分析："中国脱贫"思政专题教学。学习文中两个脱贫关键时间节点，即2017年中国贫困率下降到3.1%、2020年实现全面脱贫，巩固数据描写策略的同时，自然过渡到视听教学。

视频学习：学习兰坪县脱贫攻坚实例（来源：视听教材）。听记视频中兰坪县在生活质量、就业和教育三方面发展的具体数据，组内开展复述训练，继续巩固数据描写的基本句型和表达方式，同时可引导学生将脱贫作为讲好中国故事的有效素材。

教学目标：通过课文和视频相结合的方式，进一步帮助学生认识数据描写对消除认知差异的重要作用，以脱贫攻坚的伟大胜利激发学生爱国之情。

5. 课后应用

产出任务：英文演讲《作为一名"Z世代"，如何向世界讲述中国故事？》。

教师启发学生从自身实际出发，选取小切口，讲好中国故事。可结合所学专业，挖掘素材。如教育技术类专业学生谈中国高等教育、土木类专业学生谈中国基建，经贸类专业学生取材于中国电子商务等。同时要求在演讲稿中采用具体数据，增加表述的可信度。经过充分的准备，学生在下一堂课中组内展示，各小组产生最佳演讲者在班级内演讲。

"数据描写"这一知识点在以上各教学环节中贯穿始终，教材与实际生活、时政热点深度融合，充分训练听、说、读、写等技能，引导学生学会用数据、用事实说话，自信地向世界还原一个真实发展的中国，最终通过个人演讲这一口语展示环节,教会学生把新时代青年的个人奋斗目标和祖国发展紧紧联系在一起,将爱国情内化于心。

(二)案例2:以一体的教学手段理解"男女有别"

本单元重点围绕《新编大学英语》第四单元课文"Why Men Don't Like Shopping and Most Women Do"展开教学,引导学生学习日常购物中男女行为差异,帮助学生理性认识性别差异,探讨性别差异产生的根源,并探索性别平等、自由发展、社会和谐的途径。单元的核心知识点是比较和对照(compare and contrast)写作策略:认识相似点,厘清差异点。教学的各个环节始终实施"对比式教学",教师用严谨的教学逻辑无形中塑造学生的辩证思维。

1. 单元导入:中外引语对比

中国诗句赏析:Man and woman are both equal in wisdom and look, bravery and intelligence, as well as the rights given.(秋瑾)

秋瑾作为中国历史上第一位女革命家,勇敢倡导男女平等的思想。向学生介绍她1907年写下的"男女平权天赋就,岂甘居牛后?"的时代强音,组织学生共同讨论,帮助学生深刻理解中国语境下女性追求自由平等、独立自强的精神。

外国诗句赏析:Man for the field and woman for the hearth; Man for the sword and for the needle she. Man with the head and woman with the heart; Man to command and woman to obey.(丁尼生)

向学生介绍英国桂冠诗人丁尼生发表于1847年的诗作《公主》中的片段,点明英国维多利亚时期"男尊女卑"的观念。

教学目标:通过诗句赏析、英译汉练习,对秋瑾和丁尼生的理念进行比较与对照。分析不同文化、不同时代背景下男女地位、社会角色的差异,拓展语言文化知识,加深对中国社会制度下性别平等、和谐社会的理解与认同。

2. 课堂讲解和讨论:男女购物行为对比

(1)文本学习:男女购物行为差异

阐释文中两者不同行为的特征,分析作者如何由表及里、追溯到远古时代,分析行为差异,指出此种差异是由狩猎和采集的不同社会分工造成的。

教学目标:引导学生学会从性别差异的表象深入剖析背后的历史、文化等层面的因素,促进深度思考。帮助学生巩固写作中对比和对照的基本技巧,厘清两者的区别——compare 侧重相似点，contrast 侧重不同点，加强对事物、社会的客观认识。

（2）视频学习：男女购物差异（来源：CGTN）

组织学生分组讨论、比较视频与课文在相同主题阐释上的异同，在巩固语言表达的同时，帮助学生进一步认识到购物行为差异只是性别差异的表层现象，引导学生关注导致性别差异的个体生理、性格以及社会制度、文化环境等因素，为后续产出任务拓展思维。

教学目标：巩固性别差异的相关句式和词汇表述，培养学生看待事物的多元视角，帮助学生认识到刻板印象可能带来的后果——限制多样性、限制机会均等、限制个体能力发展等，鼓励学生打破性别壁垒，追求性别平等，维护社会和谐。

3. 课后任务：生活中的性别差异对比

产出任务：各小组可从求学、择业、婚恋、娱乐等角度，用图文并茂的英文海报展现性别差异。

具体要求：以调查问卷的方式搜集数据；运用对比和对照策略，具体分析生活中性别差异的具体表现，并运用前文所学的数据描写策略，具体阐释相似和不同之处；运用因果分析方法提供解决策略，以问题为导向，试提出真正实现男女平等的对策。

教学目标：巩固单元核心知识点"对比和对照"，串联 what—why—how 逻辑线，与前面的教学单元形成有机关联，在准备任务的过程中，学会观察生活，了解社会，培养平等、和谐的意识。

（三）案例3：以"情感课堂"体悟"文字的力量"

《新编大学英语》第五单元"The Power of Words"的教学围绕"文字、阅读、文化"展开，阐释文字对于个人成长和文明互鉴的重要作用。古人云，"读万卷书，行万里路"，单元主题自带鲜明的育人属性，宜采用情感互动式教学，营造生动人文课堂。

1. 文本解读：梳理主旨，触发共鸣

文本教学："Have a Lover, Have Friends, or Read Books？"

组织学生分小组梳理文章结构。课文指出阅读带来"治愈、增智、激励"等诸多益处，因而可重点引导学生认识阅读对改善精神健康的积极作用。

教学目标：在厘清文章脉络的同时，更好地激发学生的阅读兴趣，思考文字在个人心灵成长过程中的激励作用。

2. 主题分享：共享智慧，美育心灵

带读卡夫卡关于阅读的名言隽语——"阅读是砍向我们内心冰封大海的斧头"，进一步唤醒学生的阅读记忆。

组织"文字的力量"主题英文分享会，邀请学生分享印象深刻的文学作品、电影中的励志台词、振奋人心的演讲，并谈谈这些文字给予的力量。

教学目标：让学生感受中文的优雅凝练、英语的直达简洁，真正体会文字的力量，达到情智同育的效果。

3. 主题拓展：深度思考，思辨启迪

文本学习：语言在互联网时代的变迁。

继续带领学生深入剖析课文，从更宏观的角度分析语言与文化的辩证关系。开展分组递进式讨论：（1）常用网络流行语，如"YYDS、U1S1、OMG"等日常缩略语的使用；（2）媒体用语中的新兴网络语言与传统书面语言的对比。组织分组辩论，帮助学生认识到语言的发展有着时代发展的烙印，语言的使用既要遵循规范，又要与时俱进。

教学目标：帮助学生在运用语言、认识文化的过程中，认识到语言是思想交流、情感沟通最基本的工具，是民族文化最重要的载体，激励学生努力学好语言、提升人文素养，更深入地理解中华优秀传统文化，增强文化自信。

4. 创新思考：以语言为载体，助力文化输出

讨论话题：在网络传播发展日盛的当下，如何用鲜活的语言讲好中国故事，传播中国文化？

教师引导：呈现三个文化传播的成功案例。冬奥会吉祥物冰墩墩的英译为"Bing Dwen Dwen"，体现翻译中拼音和英语结合的巧妙性；二十四节气外宣图片，体现图片传递信息的直观性；李子柒乡村慢生活视频，体现短视频传播中国文化的有效性。教师用上述鲜活的时政素材，激发学生深度思考语言作为载体在传播文化方面的强大作用。学生可从亚运会口号翻译、中国旅游对外宣传片、成功的中国电影等多重角度探讨中国文化对外宣传的途径与手段。

教学目标：帮助学生了解文化传播的途径，开阔学生的视野，同时鼓励他们与时俱进，探索并掌握多种传播中国文化的手段，培养讲好中国故事的意识，提高文化交流的能力。

五、教学效果

（一）学生学科竞赛成果

课程积极拓展思路，将第一课堂和第二课堂紧密结合，让课堂思政演讲的辐射效应发挥到最大；搭建激励外语学习、展示综合能力、培养优秀人才的竞赛平台，全面提高了学生的外语能力、思辨能力、交际能力、创新能力和国际竞争力。学生在各级演讲比赛中均取得了不俗的成绩，近年获得"外研社杯"英语演讲大赛全国二等奖 2 项、省一等奖等省级奖项 5 项。

（二）学生课后体会与评价

根据学评反馈，学生通过"大学英语"课程的系统学习，取得了多方面的提升与进步，由此带来的满足感和获得感在他们学习和生活的方方面面中都起到了良好的辐射作用。

首先，课程所涵盖的内容丰富，取材广泛，突出鲜明的中国特色的同时又强调中西对比，具有很强的思辨性。

> 这门课帮助我拓展了许多学科知识，提供了分析问题和解决问题的多个视角，提高了我的综合思维能力。（谭祺臻，2022 届信息学院学生）

其次，课程将语言学习和能力培养相结合，丰富了学生对语言学习的认知，也提升了他们获取知识、应用知识的多种技能，学生的自主学习能力和团队协作能力有了明显的提高。

> 通过小组展示，我学会了 PPT 设计、视频制作、旁白配音等相关技能，很有成就感。（王峥，2021 届法学院学生）

最后，在课程的浸润与引导下，懵懂的大一学生树立了明确的学习目标，并将爱国之情践行于实际学习和生活之中。

> 经过课程学习，我开始认真地思考个人发展方向，为将来择业、求学谋划更清晰的目标。（王洋，2022 届理学院学生）

（三）教师教学成长与反思

经过多轮"大学英语"课程思政教学实践，教师们从教材本身、时代发展、学生实际等方面挖掘了更多的思政教学着力点，使得"大学英语"这一传统课程更加与时俱进、焕发出新的活力，在学生中广受好评。一线教师的思政意识有了极大的提高，教学视野不断拓宽，教学水平也有了进一步的提升，有多名老师参与校级示范课建设，起到了榜样引领作用。

在具体的教学实践中，教师们深刻认识到只有形象化、具体化、生活化的思政教学才能真正发挥课程思政育人实效。在今后的教学中，我们将更加注重学生的反馈意见，了解学生对思政元素融入课程的态度和感受，并根据学生反馈灵活调整教学内容和教学策略，以达到更好的教育效果。

大学英语（健行学院课程）

教学团队： 戴剑娥　蒋慧丽　何　君　许晓洁　朱晓江
案例撰写人： 戴剑娥

> 我教学生，从来不以教会几句英语或教会一种本事为目标，而是要教会怎样做人，是英语教育；用英语来学习文化，认识世界，培养心智，而不是英语教学。
>
> ——许国璋

一、课程概况

（一）课程简介

"大学英语（健行学院课程）"［后简称"大学英语（健行）"］是浙江工业大学为培养精英人才开设的通识必修课程，面向健行学院的一年级新生。课程开设在第一学期，共64学时，4学分。"大学英语（健行）"致力于培养学生的英语应用能力、跨文化交际意识和交际能力，同时发展学生的自主学习能力，提高学生的综合文化素养，培养学生的人文精神和思辨能力，使他们在学习、生活、社会交往和未来工作中能够有效地使用英语，满足国家、社会、学校和个人发展的需要。

（二）教学目标

1. 知识目标

（1）掌握英语语法、语音、词汇和句法知识。

（2）掌握语篇、衔接和行文组织原则知识。

（3）了解跨文化交际知识和跨文化交际策略。

2. 能力目标

（1）提高语言技能：根据《大学英语教学指南（2020版）》中规定的提高目标，要求学生能够使用英语进行较为独立的交流，能够较好地理解阅读材料内部的逻辑关系、篇章结构和隐含意义，能够就较熟悉的主题或话题进行较为自如的口头和书面交流。

（2）提高跨文化交际能力：能够运用跨文化交际知识和策略，较好地应对文化和价值观等方面的差异，体现出跨文化的共情能力和认知力。

（3）培养思维能力：通过论辩、分析、论证以及评价等途径，提高学生分析和解决问题的能力，使学生的表述清晰严谨，思维具有逻辑性、批判性，创新思维能力得到提高。

3. 价值目标

（1）培养学生以"对话"视角学习英语，胸怀中国，放眼世界，培养学生平等、包容、开放的国际视野。

（2）通过中西方文化的对比，坚定学生理想信念，厚植爱国主义情怀，培养学生的国家认同和民族自信。

（3）培养乐观向上、善思博识和包容豁达的个人品质和求真务实、开拓进取的科学精神。

（三）课程沿革

初期建设（2013—2016年）：健行学院提出了"培养知识、能力和素质协调发展，数理基础厚实、人文素养高，富有家国情怀、创新精神和国际视野的未来优秀科学家和行业领军人才"的目标。为适应健行学院精英人才培养目标，"大学英语（健行）"重新设定课程目标，构建以语言能力和学术素养为重点的教学目标，同时修改学业评价体系，建立了"以评促学"的多元评价体系，以项目式教学法和探究性、互动性课堂教学为主，培养学生自主学习能力、思辨能力和综合能力。

中期建设（2017—2019年）：在"大学英语（健行）"的教学中，落实立德树人根本任务。2018年，课程获得校课程思政改革试点课程建设项目立项。课程组通过不断摸索，修改了课程育人目标，通过挖掘单元主题的思想政治教育内涵，提炼蕴含其中的文化知识和价值范式，在知识学习中融入理想信念层面的精神指引。

近期建设（2020年至今）：在前期课程思政改革、项目中期反馈以及教师自我反思的基础上，课程思政突破难点，走向广度和深度，课程从学习内容、教学活动、课后拓展等方面融入思政内涵，形成以育人目标为内在逻辑的有机整体。同时，课程组继续探索课程思政的新切入点，新增"讲述浙江故事，展现浙江精神"为另一个重要的思政结合点，引导学生不断增强文化认同，提升民族自豪感。在此期间，"大学英语（健行）"两次成为校示范课程。

二、思政元素

本课程以教材、补充文章、视频等语料为依托，以"识辨西方文化，拓展国际视野；探讨公民品格，增强公民理性；述评时政热点，培养思维能力；讲述中国故事，提升文化自信；展现浙江精神，厚植社会主义核心价值观"为价值目标，深入挖掘思想政治教育内涵，使知识传授、能力培养和价值塑造相统一。

国际视野："大学英语（健行）"的重要任务之一是进行跨文化教育。学生通过"大学英语（健行）"的学习，增强对中外文化、价值观和思维观的理解。例如，围绕中美老年人生活态度和方式的差别，以及所折射出的不同价值观和思维观，培养学生在全球化背景下形成跨文化认识的能力，拓展国际视野，增强跨文化交际意识和交际能力。

公民理性：罗尔斯把公共理性视为公民的理性，其目标是公共的善和根本性的正义。在本课程的设计中，始终贯穿着真善美、坚持真理的思政教育。通过与学生的课堂主题讨论，让学生明白基于科学事实和公共立场进行理性思考的重要性，提高学生辨别真假的水平，不盲信盲从。

辩证思维：本课程除课本知识外，进一步拓展教学内容，增加课文主题相关的新闻述评环节。帮助学生从跨文化的视角认识和观察世界，以批判的目光学习西方文化，形成正确分析和判断现实问题的立场、观点和方法，全面地提升学生的思辨能力。

文化自信：在"大学英语（健行）"的教学中，拓展书本内容，融入中国传统文化、思想、政治、科技生活等内容，把"讲好中国故事"作为贯穿整个课程的教学目标。探讨版权问题，通过分析国家近些年对于原创性的重视以及中国原创科技在世界上的崛起，一定程度上可以提升学生的文化自信，增强学生的民族认同感和自豪感。

浙江精神：浙江精神是浙江文化的内核，根植于浙江人的内心。浙江精神也是社会主义核心价值观的具体化呈现。在本课程的教学中，始终以展现浙江精神为单元任务。学生在完成任务的过程中了解浙江精神，将浙江精神转化为个人的品格，从而形成优秀的个人品格和正确的价值取向。

三、设计思路

为了充分挖掘课程中的思政内涵，寓价值观培养于知识传授和能力培养中，在本课程每个单元的教学设计中，教师以"问题导入""思辨性讨论""交互合作性学习"为主要教学方式，在单元主题知识构建、核心问题探讨、语言知识技能习得、项目研究等过程中融入思政教育。各章节模块重要的思政元素和教学案例见表2-1。

表2-1　各章节课程思政设计思路

课程章节	重要思政元素	教学案例
第一单元 语言和经济：选择英语专业既有趣又赚钱（Language and Economy: Majoring in English for Fun and Profit）	·人文精神 ·辩证思维	·教学案例：人文学科在高等教育中的重要性 ·思政材料：杜克大学校长关于人文学科重要性的访谈等（视频展示）、人文学科"有用"抑或"无用"（文章分析） ·小组任务：浙江省高校的人文精神（调研）
第二单元 无名英雄：职业父亲意味着什么（The Unsung Heroes: What about Working Dads?）	·公民理性 ·浙江精神 ·家国情怀	·教学案例：谁是英雄？ ·思政材料：英雄精神的特征（文章分析）、中西方对于英雄的定义、西方的个人英雄主义和中国的集体主义（电影片段展示） ·小组任务：新冠疫情中的浙江逆行者、浙江的无名英雄（视频制作）
第三单元 文化：优雅地老去（Culture: On Growing Old Gracefully）	·尊老敬老 ·文化自信 ·国际视野	·教学案例：中美老年人的生活方式对比 ·思政材料：电影《推手》（电影片段展示）、《中国日报》中讨论老龄化问题及对策的报道、展现四世同堂的抖音视频 ·小组任务：中美两国老年人生活、中美家庭观以及所反映的价值观（调研）

续表

课程章节	重要思政元素	设计思路和相关联的教学案例
第四单元 版权：网络版权执法——赚钱之道（Copyright: Enforcing Copyrights Online for a Profit）	·法治意识 ·科学精神 ·国家认同 ·创新精神	·教学案例：抄袭文化与学术不端 ·思政材料：西方媒体评论稿《中国留学生的抄袭现象及论文代笔》、国家对学术不端的应对政策、CGNT中国科技创新视频 ·小组任务：抄袭文化的过去、现在及将来（调研）
第五单元 商业道德：华尔街的反人类经济罪（Business Ethics: Wall Street Economic Crimes against Humanity）	·公民理性 ·人道主义 ·社会责任 ·知行合一	·教学案例：华尔街的金融犯罪 ·思政材料：电影《艾希曼》《汉娜·阿伦特》（电影片段展示）、课文中关于"是非观""平庸之恶"的要点（文章梳理）、中国古代哲学（《孟子》）中的是非观 ·小组任务：浙商的发展、浙商精神、浙商企业文化和商业道德（纪录片制作）
第六单元 心理健康：拥抱压力（Mental Health: Embracing Pressure）	·自信乐观 ·豁达包容	·教学案例：如何积极应对大学中的压力 ·思政材料："积极心理学"的课程视频片段、TED演讲《如何让压力成为你的朋友》 ·小组任务：浙江高校大学生的心理健康现状（调研）

四、教学案例

"大学英语（健行）"课程的教学中，基本是以随堂调查、问题驱动、课堂研讨、课堂讲解、对比分析、案例分析、课后调研等为教学环节，运用图片、视频展示、媒体热点分析、文本分析等手段，将语言能力培养、知识传授和思政教育结合起来，达到较好的教学效果。

（一）案例1：华尔街的反人类经济罪

本案例是《新编大学英语》第五单元"商业道德"中的第一篇课文"Wall Street Economic Crimes against Humanity"。文章用阿伦特的"平庸之恶"来对比分析2008年金融危机中华尔街金融人的行为和第二次世界大战战犯艾希曼的罪行。通过课文的教学增强学生的公民理性，培养学生敬畏生命之心和正直、诚信、友善的个人品格，同时通过分析浙商精神的案例增强学生的国家认同、民族自信心和自豪感。

1. 问题驱动

引导学生观察图片,引出启发性问题:"图片中华尔街和二战集中营、华尔街的金融家们和二战战犯艾希曼的相似性是什么?"

组织学生讨论后,播放电影《汉娜·阿伦特》、《艾希曼》及纪录片《2008华尔街金融危机分析》的片段,引导学生逐渐接近本单元的主题:在华尔街金融危机和二战中备受煎熬的人们,他们的绝望挣扎缘何而来?为何小人物能造成大规模的杀戮?为什么华尔街的经济犯罪是反人类的罪行?其程度何以与二战战犯所犯之罪相比较?

2. 文本分析

引导学生带着问题剖析文章。本篇课文是比较类文章,分析比较类文章的框架结构,然后引导学生通过深入阅读、思辨性讨论、总结,找出共性:无论是艾希曼还是华尔街的金融家都漠视他人苦难,缺乏思考能力、是非判断能力、对生命的敬畏。

3. 互动研讨和案例分析

结合课文的主要观点,呈现几个涉及网络暴力的案例,展示新冠疫情初期外媒对中国抗疫的评论及亚裔遭受歧视和暴力的新闻,以及在国内疫情控制后部分国人在社交媒体上对他国遭受严重疫情幸灾乐祸的言论,引发学生思考这类事件的共性,并讨论现实生活中的平庸之恶(the banality of evil)。

4. 引经据典

进一步强调核心价值,以《孟子·公孙丑上》中"由是观之,无恻隐之心,非人也;无羞恶之心,非人也;无辞让之心,非人也;无是非之心,非人也"的翻译练习作为主题升华。

5. 小组调研任务

本单元的课后任务是以"浙商的发展史、浙商企业文化和商业道德、浙商精神"为主题进行小组调查研究,搜索分析材料,制作纪录片。学生的展示精彩纷呈,比如有小组以"When Business Ethics Meet with Zhejiang Merchants"为主题,探讨了浙商精神的形成历史,介绍了从唐宋明清时期的龙游商人、宁波商人到改革开放以后勇立潮头的温州商人、越商等的浙商代表人群,从沈万山到马云、任正非等的典型人物,分析了浙商的求真、务实、诚信、创新、与人为善以及心怀天下的精神。在与华尔街商业欺诈、自私冷漠的商业行为的对比中,增强学生的国家认同、民族自信心和自豪感。

（二）案例2：优雅地老去

本案例是《新编大学英语》第三单元"文化"中的第一篇课文"On Growing Old Gracefully"。文章分析了中美两国老年人的生活态度以及两国的家庭观。通过本课的教学，培养学生尊老敬老的品格，同时通过对比分析中美两国养老政策、家庭观，帮助学生理解中国传统文化中的"和谐、友善、讲仁爱、重民本"，增强学生的国家认同。

1. 案例分析

播放电影《推手》的片段作为案例，从影片主人公老朱退休、被儿子接到美国生活后面临的种种困境和与家人的矛盾着手，组织学生分析探讨老朱面临的困境与家庭矛盾的具体表现、本质原因和解决办法。通过分析，学生认为电影的主要冲突是由两代人生活方式的差异和中美家庭观的不同引起的。

2. 文本分析

基于电影分析，从电影中的矛盾延伸到课文主题：如何优雅地老去？作者分析了中美老年人的生活：中国老人会选择家庭养老模式，享受天伦之乐是养老的主要方式；而美国大多数老人习惯独立的养老方式，选择在自己家中安享晚年或住进老年公寓和养老院。

3. 课堂讨论

基于课文分析，教师引导学生探讨不同生活方式折射出的中西方价值观，即美国的个人主义和中国的集体主义哲学背景。教师通过让学生观看《马丁·雅克一语道破中西方文化的最大不同：家庭观》"Filial Piety Still Valued in Contemporary China"等视频，进一步让学生了解外国人眼中的中国传统家庭观，即"忠孝"和"尊老敬老"。

4. 媒体热点分析

中美老年人的生活方式各有其优点，但近年来，中国大家庭其乐融融的温馨氛围也被其他国家民众所称道。教师展示一段温馨的中国四世同堂的抖音视频，这段视频引起了国外民众的纷纷效仿，国外多家主流媒体对这一段视频进行了评述。教师通过各主流媒体报道文章的主要观点的梳理，进一步指出中华民族优良传统："孝道""和谐"。只有传承"孝道"，家庭和睦，老人们才能老有所乐。

5. 深化主题讨论

随着生活节奏加快以及独生子女的生活压力增大,越来越多的年轻人没有精力去照顾老人。预计到2050年,我国独居和空巢老人将占总人口的54%以上,老龄化问题越加严重,"养儿防老"也越难适应时代的发展。教师引导学生拓展阅读《人民日报》(英文版)关于老龄化问题及对策的文章,以及设计习近平总书记在重阳节关于老龄化问题的讲话的翻译练习,让学生了解我国政府完善养老体系的决心,使学生感受我国政府的人文关怀和讲仁爱、重民本的大国情怀。

6. 小组调研任务

学生分小组进行调研:通过文献阅读,总结、对比中美两国老年人生活、中美家庭观及其所反映的价值观。通过小组活动,增强学生对中国传统文化的认同感。

(三)案例3:选择英语专业既有趣又赚钱

本案例是《新编大学英语》第一单元"语言和经济"中的第一篇阅读"Majoring in English for Fun and Profit"。文章辩驳了人们对于英语专业的偏见,阐述了选择英语专业既有趣又可以带来经济利益的原因。通过本课的学习,让学生了解学习人文学科的重要性,以及通过人文学科的学习生发出来的人文精神。

1. 随堂调查

展开课堂小调查:你会选择语言学、哲学、人类学等人文学科吗?你的父母在你选择人文学科、工科或理科上是否给了你建议?

通过小调查导入主题问题,即为什么人文学科往往会被认为是奢侈品,是一个锦上添花的东西?在以科技作为主要衡量标准的现代社会,还需要开设看似无用的人文学科吗?美国高校联盟对企业主做了人才需求调查,93%的企业主认为他们雇佣的大学毕业生需具有思辨能力、表达能力、解决复杂问题的能力、正直的伦理道德、跨文化交际能力以及继续学习的能力,那么这些能力如何在高等教育中获得?高等教育的目的是什么?

2. 视频及媒介文章学习

以上述问题为驱动,分享企业家埃里克·贝里奇的 TED 演讲《为什么科技也需要人?》以及杜克大学校长理查德·布罗德赫德关于人文社科重要性的访谈节目,引导学生阅读 "Why 'Worthless' Humanities Degrees May Set You Up for Life"(《为何看起来无用的人文学科能成就你的生活》,刊载于 BBC 网站)等文章,梳理其中的主要观点。引导学生通过观点梳理，重新认识人文学科及人文教育的重要性："自然科学教会了我们如何创造事物，人文告诉了我们要创造什么，以及为什么而创造""一个受过高等教育的人不仅仅知道如何工作，更应该知道如何认识这个世界，让这个世界更加美好"。

3. 课文分析

在导入阶段的深度分析后，引导学生解读课文。本篇文章是一篇辩驳性文章。通过对整个篇章结构的分析，带领学生掌握辩驳性文章的结构要点，以及如何通过反证、举例等手段支撑观点。

引导学生分析作者观点：为什么选择英语专业既有趣又赚钱？通过分析英语专业学生在美国医学院入学考试（MCAT）、法学院入学考试（LSAT）、工商管理职位考试和政务公务员考试等学业、职业考试中的优势，可以明显看到英语专业学生在阅读、分析、阐述和准确交流、批判性思考、跨文化交际等方面有突出表现。该课文的观点与课程导入阶段的视频和拓展阅读的观点不谋而合。通过文本分析，让学生深入体会学习人文学科、加强人文素养的重要性。

4. 小组调研任务

本单元的小组任务是调研"浙江省高校的人文精神"。以浙江工业大学为例，浙江工业大学作为学生"精神成人"的基地，始终秉承"厚德健行"校训，以培养具有崇德笃行、大气包容、奋发有为、自强不息精神的工大人为己任。教师引导学生通过调研，深入理解校训的人文内涵，为以后的学习和生活提供明确的精神指引和行为导向。

五、教学效果

（一）学生对课程育人的评价

近三届的学生问卷调查显示，学生基本认同"大学英语（健行）"课程能提高自主学习能力和批判性思维能力，并在课堂中潜移默化地培养了爱国情怀、理想信念、守法诚信等人生观和价值观。由此可见，"大学英语（健行）"课程基本达到了思政育人的教学目标。

具体数据参见表2-2（收回问卷134份，表中为平均比例）。

表 2-2 学生对课程育人的评价反馈情况

评价维度	非常同意/%	同意/%	不确定/%	不同意/%	非常不同意/%
1. 通过本学期的英语学习,我在英语方面的理解能力、表达能力、思辨能力和跨文化沟通能力得到了提升。	75.15	22.96	1.89	0	0
2. 本学期的"大学英语(健行)"课程主要以学生为中心,通过交谈、提问、课堂讨论、项目开展、小组汇报等形式,让学生从"心"出发,用心参与,培养了学生的自主学习能力和批判创新思维能力。	82.85	17.15	0	0	0
3. 本学期的教学中,老师结合热点时事、热点社会问题,让学生分组讨论、收集资料、展示成果,培养学生的团队合作精神,学生在分析思考问题的同时培养了人文爱国情怀、理想信念。	88.71	9.12	2.17	0	0
4. 在教材的处理上,老师除了讲解语言知识、课文理解等,还尽量地挖掘课文中的价值内涵,与学生探讨积极心理、法制诚信、伦理道德、人文情怀等,潜移默化地影响学生。	83.04	14.79	2.17	0	0
5. 通过讲解补充人文知识,尤其通过中西方文化的对比,引导学生理性客观地、以批判的眼光看待事物,扩大国际视野,培养学术批判精神。	79.3	18.81	1.89	0	0

从毕业生回访结果来看,"大学英语(健行)"课程有明显的后效,"大学英语(健行)"的学习在他们的心里埋下了种子,在他们往后的学习和工作中发挥了一定的作用。

"大学英语(健行)"课程引入了非常丰富的案例,比如世界名校校长访谈、TED 演讲、媒体评论等。在学习中,学生"体悟了东西方文化差异背后的思想体系和价值理念差异(潘圣益,2017级健行理工一班学生,国家奖学金、省政府奖学金获得者,现已就读于浙江大学计算机科学与技术专业;朱锦涵,健行2017级理工一班学生,现已毕业于耶鲁大学文理学院计算机专业)。

"大学英语(健行)"也潜移默化地推动着学生以人文视角看待世界,每个单元都传递了"诚实、追求真理等重要的人文价值,鞭策着学生砥砺前行,使学生受益终生"(朱锦涵,潘圣益)。

"大学英语(健行)"的课堂也无疑在潜移默化中培养着学生的文化自信,让学生在学习知识、提升自身素质的同时,对身为中国人而感到自豪。对于以西方文化为主线的英语教材,课堂中也穿插中国传统文化,对学生起到耳濡目染的作用（陆胤瑜，2018级健行理工一班学生，省政府奖学金、校优秀学生一等奖学金获得者）。

（二）多彩的第二课堂教学生态

作为"大学英语（健行）"课程的第二课堂，各类词汇、写作、演讲比赛形成了多彩的第二课堂教学生态，较好地呈现了第一课堂的教学成果，极大提高了学生的英语学习积极性。尤其是"The Voice of Jianxing"（健行之声）英语演讲比赛至今已经举办了四期，参与度高，覆盖面广，演讲主题紧紧围绕着"大学英语（健行）"课程主题，把"讲述中国故事"作为演讲的一个要素。每一位演讲者以流利的英语、自信的姿态和清晰流畅的说理思路表达了自己对主题的思考。

"大学英语（健行）"课程作为健行学院国际化教学建设的主要阵地之一，为培养具备国家意识、人文情怀、科学精神、专业素养、国际视野的健行领军人才添砖加瓦。

通用学术英语

教 学 团 队: 楼荷英　罗晓燕　许晓洁　姚海芳　郭亚莉等
案例撰写人: 姚海芳

> 语言是思想的外衣。
>
> ——塞缪尔·约翰逊

一、课程概况

(一)课程简介

"通用学术英语"是一门面向全校非英语专业本科一年级学生的通识必修课,在一年级第二学期开设,共64学时,4学分,与"大学英语"共同构成学生大学阶段英语学习主干课程。课程旨在进一步提升学生听、说、读、写、译等语言技能,帮助学生初步掌握通用学术英语知识,掌握相关专业的学术表达。

课程基于线上线下混合式教学模式,以任务型教学为导向,由线上单元导入、文本分析和主题升华三个部分组成的慕课视频(29个)和线下单元主任务牵引,培养学生学术英语能力,提升学生的学术英语核心素养,并让学生在此过程中形成科学的思维观,丰富表达的思想性,促进视野的国际化,提升正确的价值判断和选择能力,涵养兼容并蓄的胸怀和家国情怀。

（二）教学目标

1. 知识目标

（1）理解并掌握通用学术英语词汇、语法及篇章结构等知识。

（2）学习并掌握通用学术英语写作基本策略。

（3）学习学术交流的基本范式，掌握制作学术海报、撰写学术汇报等的策略。

2. 能力目标

（1）进一步培养听、说、读、写、译等方面的语言技能和语用能力，并在此基础上获得在未来专业学习和研究中所需的英语学术能力。

（2）培养学术思维能力，能够批判性地思考和分析学术问题，形成合理观点并能够进行逻辑推理和论证。

（3）培养合作学习和完成学习任务的协作能力，提升沟通能力。

3. 价值目标

（1）培养信息素养和文化素养，提高学生在未来深入学习、工作和社会交往中的综合竞争力。

（2）培养跨文化交际意识和全局意识，使学生更好地为中国发声，与世界对话。

（3）培养批判性思维、逻辑思维、科学思维等基本学术素养，提高学生的学术研究和创新能力。

（三）课程沿革

基础阶段（2017—2018年）：从2017—2018年第二学期开始，探索开设通用英语向通用学术英语过渡的桥梁课程，于是开设本课程，与"大学英语"并列为"大学英语课程群"核心课程。基本确立任务导向、突出写作的教学内容，重点强化篇章结构、段落组织、语义衔接等方面的通用学术写作技巧。

改革阶段（2018—2019年）：录制校本特色微课，涵盖课前导入（lead-in）、教材篇章体裁结构分析（text analysis）、写作策略（writing skills）等版块，尤其强化思政导向，特设单元思政微课版块（enlightenment），将政治认同、国家意识、人格、品德修养的培养与语言教学相融合。同时，组织开展线上线下混合式试点教学。第一轮于2019年9月在本校"通用学术英语"课程重修教学中试点，第二轮在2019级本科生中部分试点,两轮共涉及1138名学生,教学效果良好。

深化阶段(2019年至今):课程进一步深化发展。2020年2月开始,全面开展线上线下混合式教学,将思政元素融入多元语料中,采用课前线上自主预习、课堂文本分析、任务展示评测、课后主题反思的一体化模式,将思想政治教育与语言教学相融合,思政教学实践获得丰硕成果。课程先后获评浙江省高等教育"十三五"第二批教学改革课程(2019)、校课程思政改革试点课程建设项目、校核心课程、校精品在线课程(2019)、省本科教学线上线下混合式一流课程(2020)、省本科高校"互联网+教学"优秀案例特等奖(2020)。

二、思政元素

"通用学术英语"作为"大学英语"的进阶课程,仍以内容为依托,涉及经济、环境、社会、数学、全球化五个主题。在思想政治教育上体现延续性,即延续英语课程对人的综合素质的培养和全面发展的目标。同时,课程的思政教育体现渐进性,即充分考虑学生语言能力和专业能力的发展,与"利用英语提高专业学习、学术交流能力,从事专业工作"的目标相辅相成。课程思政元素展开如下。

家国情怀和责任意识:课程区别于单一的专业课程,以语言为载体传授通识专业知识,学生在吸收多重学科养分的同时,实现思想铸魂。学习"无形之手"经济学原理,了解政府"有形之手"协同发力的重要性,正确认识中国经济发展的道路,培养建设祖国的责任意识;学习关于工作满意度的社会学调查,建立正确的价值取向,将个人发展与社会发展、国家命运相结合,勇敢肩负实现中华民族伟大复兴的历史使命。

学术精神和创新意识:课程也对教材主题进行合理拓展,充分结合我校理工科专业强校特色,以培养学生学术精神为目标,衍生单元子话题。围绕"强基础学科,促中国发展""大数据利弊之我见"等话题开展主题讨论,让学生了解国家发展的需求,向学生强调基础学科研究的重要意义,培养学生严谨踏实的学术态度,鼓励学生刻苦学习,勇于探索,不断创新,用过硬的专业知识和本领报效祖国。

全球视野和国际竞争力:课程注重融入与主题相关的前沿科学技术、当今文明发展情况以及国际时政热点,不断丰富学科知识,引导学生建构"置身校园,立足中国，放眼世界"的格局。通过介绍关于碳达峰、碳中和、日本核污染水排海计划等的相关知识，组织关于"一带一路"、杭州亚运会与文化交流等的主题讨论，让学生了解全球化趋势和国际竞争的现状，培养全球视野和国际竞争力，深悟人类命运共同体理念。

三、设计思路

"通用学术英语"坚持"知识、能力、价值"三位一体，秉承思政具象化理念，将思政元素内嵌在核心知识和核心技能的训练和培养中。在课程思政设计中，教师充分考虑不同思政素材与知识点和技能点的契合度，以及学生的认知水平和生活实际，由思政导向问题做牵引，设定具体单元任务；学生则在探索答案、完成任务的过程中，实现正确价值的培养、能力的锻造和知识的提升。各章节模块重要的思政元素、相关知识点和教学案例见表3-1。

表3-1 各章节课程思政设计思路

课程章节	重要思政元素	相关专业知识和教学案例
第一单元 经济学	·懂得感恩、服务他人 ·关心社会、社会责任 ·心怀国家、为国奉献	·知识点：改革开放以来中国经济取得的瞩目成就、中国互联网经济的蓬勃发展、疫情后中国经济的强劲复苏，写作中开篇段落的组织策略及其应用 ·教学案例：讨论陈述"为什么中国经济能腾飞？"
第二单元 环境学	·生态优先、绿色发展 ·尊重自然、和谐共存 ·忧患意识、责任意识	·知识点：全球变暖等环境问题、中国环境保护的重要举措、家乡/杭州的绿色发展成果，口语和写作中因果分析的基本策略及其应用 ·教学案例：英文海报"我能为环境保护做什么？"
第三单元 数学	·探究精神、科研精神 ·刻苦学习、报效祖国 ·中国智慧、道路自信	·知识点："中国智造"的重大成就、大数据研究及应用实例、中国尖端前沿技术的发展成果等，口语及书面展示中举例与列举的基本策略及其应用 ·教学案例：小组调研"基础研究的重要意义是什么？"
第四单元 社会学	·敬业精神、职业理想 ·奋发图强、奉献青春 ·超越小我、心怀社会	·知识点：疫情中的逆行者、大国工匠、共和国勋章获得者事迹等，口语及写作中下定义、段落组织（主题句+支撑细节）的基本策略及其应用 ·教学案例：文本写作"什么样的工作能带来真正的快乐？"
第五单元 全球化	·国际视野、胸怀天下 ·开放包容、与时俱进 ·文化自信、文化共情	·知识点："一带一路"、"人类命运共同体"具体实例、全球化与本土化的关系；写作中引用的基本策略及其应用 ·教学案例：讨论展示"要向世界展现怎样的中国形象？"

四、教学案例

（一）案例1：工作与使命

本案例是"通用学术英语"第七单元社会学单元第一篇课文"Work and Personal Satisfaction"，文章围绕工作满意度展开论述，分析工作的三种定位，揭示幸福工作的真谛在于奉献自我，服务他人。思政教学结合"定义式段落"写作技巧传授，同时把脉学生思想动态，针对专业学习、毕业求职这一学生关切的话题，用先锋模范和当代青年追求使命的事迹引导学生，用青年榜样感化学生，教导学生脚踏实地，明确目标，报效祖国。

1. 思政导入：解读海报，抛出问题

展示电影《幸福来敲门》（*The Pursuit of Happiness*）的海报，解读"happiness"拼写的深意——"There is no 'y' in happiness; There is an 'i' in happiness"，提示幸福真意：幸福没有为什么（y谐音why），幸福要自己（I）去奋斗创造。继而抛出本单元的核心思政问题：什么样的工作能带来真正的快乐？在学生给出"收入高、工作舒适稳定、名声好、地位好"等答案后，引导学生认识到工作幸福的真谛不在于名利，而在于不断提升自我，为他人奉献。

教学目标：通过小组讨论与分享，帮助学生建立对工作的初步认识，感悟幸福工作的深刻内涵，明确奋发图强、奉献青春的价值取向。

2. 文本桥梁：文本解读，建构认知

文本学习：课前布置学生自学线上课文分析微课，课上小组讨论、教师重点分析课文核心内容——"工作的三种定位"：①以满足生存需求为目的的谋生手段（job）；②为获得丰厚收入、个人提升以及威望和权力的事业（career）；③为更多人的利益或更伟大的事业做出贡献的崇高使命（calling）。引入马斯洛需求层次理论，从学术角度分析工作的三重递进式含义，请学生举例说明哪些工作可以称为使命。

教学目标：帮助学生掌握职业相关学术词汇、"下定义"写作策略、口头阐释个人观点的基本技巧，帮助学生认识到使命不仅限于丰功伟绩的伟大事业，还包括平凡岗位的日常坚守。使命与幸福关联的意义在于奉献他人，服务社会，进一步强化作者观点——对使命的不懈追求是谋求工作满意、生活幸福的基石。

3. 思政分析：视听助力，加深理解

在掌握"使命"这一基本概念的基础上，抛出第二个问题"使命的深刻内涵是什么？"，引发学生深度思考；同时结合"定义式段落写作"的知识点，进行专题式思政教学。

（1）视频学习

基于文中"全情投入""为了更多人的利益、更伟大的事业"两个定义关键词，播放 BBC 短片《二十世纪最伟大的科学家之———屠呦呦》、袁隆平英文采访片段，了解屠呦呦"以身试药"的故事和袁隆平的两个梦想，学习屠呦呦投身工作的忘我精神和袁隆平服务他人的博大胸怀。

教学目标：通过段落填词、复述视频内容等训练，学习模范追求使命的精神，加深对"超越小我，奉献社会"的使命内涵的理解。

（2）视频配套练习

对视频中的关键词进行词汇替换，如："surprising—alarming""unusual—unconventional""in danger—at stake"等，学习并掌握高级词汇，继而通过口头复述视频内容，娴熟运用这些高级词汇。

教学目标：通过上述视频相关听说训练，在"蒿草青青，报之春晖"和"禾下乘凉梦，一稻一人生"中感悟"工作即报效祖国、实现个人价值"的使命意义，体会坚守使命背后所蕴含的奉献精神和敬业情怀。

4. 思政深化：摒弃怀疑，自我成长

（1）课文实例强化

学习课文"Work and Personal Satisfaction"中的实例——医院勤杂工的工作场景的相关表达，学习写作中动作、心理、环境描写的基本技巧，结合"普通人的使命与追求"这一思政目标展开教学，提示学生使命追求源于爱岗敬业。

（2）生活实例展示

展示快递小哥、消防员、校园里的核酸检测员等平凡人物的工作场景图片，引导学生使用叙述技巧，描写其外貌、动作、神态、心情等细节。

教学目标：帮助学生学习表述普通大众的工作状态，进一步树立"爱国、敬业、诚信、友善"的社会主义核心价值观；鼓励学生脚踏实地，明确"把自己的理想同祖国的前途、把自己的人生同民族的命运紧密联系在一起"便是追求使命的基石。

（3）TED 视频巩固

播放 TED 演讲 "Contentment and Satisfaction with Work and Life"（《快乐工作，幸福生活》），组织听译视频中的细节，抓取实现人生职业理想的四点建议。

教学目标：通过听记抓取材料细节、口头复述相关内容，鼓励学生勤奋刻苦、学好专业本领，为将来工作打下扎实的基础。

5. 问题解答：完成习作，升华理解

课后拓展：了解时代楷模黄文秀的事迹。

以上述材料为主要写作主题，学习"最美奋斗者"黄文秀扎根基层、奉献生命的感人事迹，完成"我理解的使命"习作。重点要求在习作中体现课堂所学"定义式段落"写作技巧，遵循"what—why—how"逻辑顺序，完成"什么是使命—为什么使命重要—如何追求使命"的阐释，围绕"使命感"圆满解答"什么样的工作能真正带来快乐？"这一单元核心思政问题。

教学目标：通过专题写作，明确爱岗敬业、追求使命是快乐工作的正确途径，引导学生学习当代青年榜样，树立正确的择业观，在择业时服从社会需要，把工作和使命追求相统一，把个人理想和国家发展相统一。

（二）案例 2：环境保护

"通用学术英语"第四单元以环保为主题。学生学习课文 "The Green Movement at 50: What Next?"，了解环保事业已取得的巨大成就以及所面临的挑战，构建因果逻辑思维。通过了解环境科学家的工作职责，思考个人投身环保运动的可行性，深悟"保护环境，人人有责"，培养环保意识和社会责任感。

1. 思政导入：党政方针汉译英，树立核心环保理念

汉译英练习：翻译党的十九大报告中的"绿水青山就是金山银山"、党章中的"增强绿水青山就是金山银山的意识"、宪法中的"生态文明"。

教学目标：通过翻译练习准确掌握环保相关表述，自然导入本单元的环保主题，凸显当今中国的时代命题，明确"环境保护，人人有责"，培养当代大学生的环保意识和责任意识。

2. 文本讲解：分析写作策略，培养学术逻辑

文本分析：学习课文 "The Green Movement at 50: What Next?"，梳理当今全球面临的环境问题以及由此带来的严重后果，学习作者从国家、企业/组织、个

人三个层面提出环保举措的行文逻辑。

教学目标：由表及里引导学生初步建构写作中因果分析逻辑概念，让学生意识到破坏环境所产生的严重后果，增强危机意识，建立环保行动意识。

3. 思政拓展：学习视听材料，培养问题意识

播放视频：播放 China Daily 网站视频 "China's Pioneering Eco-redline"，介绍入选联合国生物多样性全球典型案例的中国生态保护红线制度，学习环保相关的双语表达，如 water conservation（水源涵养地）、wind proofing and sand buffering（防风固沙）、land desertification（土地沙化）等。

教学目标：文本与拓展视频深度结合，帮助学生了解中国政府采取的积极环保举措，激发学生的制度自信和爱国情怀。

4. 单元任务：实践课堂所学，感悟生态文明

布置单元任务："What I Can Do for Environment Protection" 主题展示。

具体要求：在实地走访、街头采访、问卷调查、网络搜索的基础上，收集相关资料，制作完成英文版环保调查视频和环保行动海报。要求各小组在内容呈现中运用因果分析策略，具体分析某一环保现象的原因和影响。

教学目标：引导学生关心校园，勤于观察，在调查过程中深刻感受各级政府、组织为持续改善生态环境所作的种种努力；鼓励学生用实际行动践行生态和谐理念，将"生态中国"作为心向往之并为之奋斗的时代使命。

（三）案例3：全球化与本土化

"通用学术英语"第八单元以全球化为主题，学习课文 "Paths of Globalization from Berbers to Bach"。课上以大提琴家马友友在达沃斯经济论坛上的演讲展开论述，分析全球化对于文化交流的促进作用，深刻把握构建人类命运共同体理念。同时教师引入本土化视角，引导学生思考全球化与本土化的辩证关系，使之认识到在全球化时代传承、传播本土优秀文化的重要性。

1. 思政导入讨论：认识全球化

专业导向切入：引导学生从自身专业出发开展主题陈述，探索本专业学习和全球化的关系，这一切入点能较好地激发学生的学习兴趣。如建筑专业的学生讲述各国室内设计风格差异以及背后的文化因素。食品工程专业的学生探索各国饮食文化的差异。中文专业的学生则聚焦孔子学院在海外发展的历程；经贸

学院的学生关注中美贸易战,分析其原因和影响。

教学目标:在与专业相结合的探究式学习中,让学生们深切感受全球化所带来的巨大变革,帮助学生明确自身肩负的重任,鼓励学生加强专业学习以更好地应对全球化带来的机遇与挑战。

2. 文本学习:分析全球化

课文剖析:从课文《马友友的"丝绸之路"音乐旅程》凝练出与课文相关的主题讨论:从"一带一路"到"人类命运共同体"。可组织学生讨论列举体现"人类命运共同体"理念的实例,如课程前面所学单元关于大数据、全球环保问题等的内容,构建单元之间的有机关联。

小组讨论:学生分小组展开讨论,各小组分别代表某"一带一路"沿线国家或西方主流国家。经过课后讨论、资料搜集等准备工作,各小组形成书面稿,在课堂上口头陈述该国在全球化过程中所做的贡献、面临的挑战等。

教学目标:在这一过程中,培养学生开放包容的国际视野,训练其查找、整合资料的能力。引导学生分析全球化的利弊,加强学生的辩证思维。

3. 思政深化:展望全球化

新闻拓展学习:播放 CGTN 关于李子柒海外影响力的视频,阅读《人民日报》相关通讯《文化走出去,期待更多"李子柒"》;学习中国文化传播相关词汇表达。

课堂讨论:与学生共同分析李子柒系列视频受欢迎的原因:根植本土优秀文化才能获得世界认可。各小组可在各大主流媒体平台上搜集相关的中国文化输出的视频,分析其内容和视角,并在此基础上构想场景展示方式,即"假如由我当博主,如何展现一个关于中国文化的片段,向海外输出优秀的中国文化"。

教学目标:引导学生思考全球化与本土化的关系,在全球化背景下树立文化自信,培养讲好中国故事的意识,在世界舞台上发出中国强音。

五、教学效果

(一)学生学科竞赛成果

课程教师团队积极拓展思路,将第一课堂和第二课堂紧密结合,课堂内外相辅相成,多维度持续实施课程育人。团队创建微信公众号"十四亿日记",结合课程思政教学，定期展示学生的主题感悟，用文字、音频、视频等多种方式讲好中国故事。此外，搭建各类竞赛平台，充分起到提升学生外语学习能力、展示综合能力、培养优秀人才的作用，全面提高了学生的外语能力、思辨能力、交际能力、创新能力和国际竞争力。经过课程的写作专项训练，2018 年、2022 年均有学生斩获"外研社·国才杯"英语写作大赛浙江省三等奖。2020 年浙江工业大学英语写作大赛 6 名一等奖获得者中，非英语专业学生 5 人，占比 83.3%；二等奖 14 名获得者中，非英语专业学生 7 人，占比 50%。

（二）学生课后体会与评价

通过学生学评反馈来看，本课程在教学内容、教学方式、思政引导、课堂氛围等方面均获得了学生的高度认可，课程思政取得了启智润心的效果。

一是课程在语言技能教学中体现出很强的系统性和针对性，学生的学术英语能力有了很大提升，学术规范意识也有一定的提高，为他们今后深入学习、从事学术研究打下了扎实的基础。

现在我在复旦大学物理系继续深造，从事自己热爱的物理研究。当年打下的良好英语基础让我能够更加从容地研习大量英文学术资料。（牟毅成，2020 届理学院毕业生，现复旦大学物理学系直博研究生在读）

二是课程采用任务型教学，将传统教学方法与创新型任务有机结合起来，既提升了学生的学习兴趣，又促进了他们综合学习能力的培养。

课程有口语、写作、视频拍摄、海报制作等输出任务，不同的任务有不同的特点，但都为我们掌握语言、拓宽视野提供了丰富的学习体验。（张懿萱，2022 级食品科学与工程学院学生）

三是课程充分运用来自教材、CGTN、*China Daily* 网站、"哔哩哔哩"网站等的多样化教学资源，使学生能多角度地吸收知识，开展深度思考，启迪人生理想，激发学生树立远大理想。

课上有一场关于"职业理想"的讨论，让我印象深刻。当时播放的两弹元勋为祖国科学事业献身的视频，让我感受到基础研究的无穷魅力，鞭策我学好自己的专业学科，不断努力奋进。（莫英伦，2021 级机械学院学生）

四是课程始终以学生为中心，打造"有情怀的课堂"，师生之间亦师亦友的关系让学生浸润在良好的氛围之中，无形中培养了他们积极的人生态度，促进他们身心成长。

虽然通用学术英语课只有短短的一个学期，但学习过程中，老师的敬业与专业让我受益良多。学无止境，学习英语亦是如此。（陈跃洁，2019届人文学院毕业生，现就职于华数传媒网络有限公司总编室）

（三）教师教学成长与反思

课程的思政教学实践促进教师快速成长，教师的教学能力有了很大的提高，多位课程骨干教师参与了各项思政相关比赛，屡次斩获佳绩。葛俊丽老师、姚海芳老师分获校第二届、第三届思政专项比赛科组一等奖，许晓洁老师获得校首届教师教学创新大赛中级组一等奖、教学设计一等奖，蒋慧丽老师获得第三届教师教学创新大赛二等奖。通过比赛，他们自信展示已有水平，学习同行高水平的教学模式，推动课程思政建设站上了新台阶。同时，课程教师团队也积极参与校级示范展示、交流有效的教学方法，拓宽了思政教学的思路，以饱满的教学热情、优秀的教学素养，做出了课程思政教学实践的最佳示范。

国际学术交流英语（绿色制药专业课程）

教学团队： 朱晓江　刘百军　徐衍洁　陈　瀛（国际处）
　　　　　尤丽芳（国际学院）等
案例撰写人： 朱晓江

> 我们应该维护各国各民族文明多样性，加强相互交流、相互学习、相互借鉴，而不应该相互隔膜、相互排斥、相互取代，这样世界文明之园才能万紫千红、生机盎然。
>
> ——习近平

一、课程概况

（一）课程简介

"国际学术交流英语"是为我校药学院协同中心绿色制药专业本科二年级学生开设的专门课程，共32学时，2学分，以实现该中心"培养具有国际从业竞争力和行业急需的拔尖创新人才""强化基础知识和国际化视野，突出专业学习能力和英语应用能力"的本科生培养目标。本课程通过与学术交流有关的视听说读写、课堂讨论、场景模拟、现场交流等手段传输文化、规范、习俗等相关背景知识，培养学生参与国际会议与交流、申请交流项目、制作个人简历以及正确解读和应对不同文化的差异的能力。本课程是培养和发展学生参与国际学术交流所需的语言技能、跨文化意识和交际能力的必修课程。

（二）教学目标

1. 知识目标

（1）了解国际学术交流活动的主要形式：组织和参加学术研讨会，学术交流活动中提供校园导览服务及参观和介绍实验室等。

（2）掌握学术交流活动的语言特点和应用规范：学术会议文件类型和撰写要点、学术演讲和问答环节的语言特点和规范。

（3）掌握书面申请材料撰写和出国准备要点：出国留学和参加学术交流的申请材料类型、个人陈述和简历的撰写要点、行程规划和出国准备事宜。

2. 能力目标

（1）提高语言技能。能够使用英语参与学术交流；能够就学术性主题进行口语交流；能够通过学术报告、学术会议等形式传递信息、交流看法，并符合相关文体规范和语体要求。

（2）提高跨文化交际能力。能够结合文化背景和涉外礼仪知识积极应对文化、习俗和价值观等方面的差异，有效完成交流任务。

（3）培养思维能力。通过学术交流活动中的辩论、分析、论证和评价等活动，提高学生分析和解决问题的能力；培养批判性思维能力、逻辑性思维能力和创新思维能力。

3. 价值目标

（1）从广阔且深刻的国际视野出发，正确看待和理解国际学术交流与合作过程中的各种差异现象。

（2）通过中西方文化比较，深刻理解本国文化的鲜明特色和伟大成就，坚定理想信念，热爱中华文化，增强文化自信。

（3）以学术交流方式比较研究学科发展历史和文化特色，厚植爱国主义精神，培养报国之志，弘扬家国情怀。

（三）课程沿革

初期建设（2014—2016年）：为培养具有国际化视野和英语应用能力的本科生，本课程确立了以学术交流能力培养为重点的教学大纲和计划。以项目式教学法为主，以探究性、互动性课堂教学为主，培养学生自主学习能力、团队合作能力和跨文化交流能力。

中期建设（2017—2018年）：通过专门的课程建设项目，对本课程进行了相应的改革，加强学术交流项目的建设，突出课程的实用价值，以满足协同中心对学生英语综合素养的要求。

近期建设（2019年至今）：在前期课程建设和改革的基础上，探索课程思政的切入点，加入了思政元素，引导学生加强文化认同，培养爱国精神和使命感，追求独立学术人格，提升民族自豪感。

二、思政元素

国际学术交流英语课程的设立是为满足绿色制药专业高年级本科生参与我校和加州大学欧文分校等美国知名院校的学生联合培养项目的实际需要。教学团队在培养学生参与国际学术交流（聆听学术报告、修习美方学分、开展课堂讨论、进行学术汇报等）的基础上，有效融入课程思政元素；在讲授有关学术语言、文化因素、学术规范等知识的基础上，加入对西方文化、习俗、价值观的批判性讨论，使学生能够正确看待和理解与国外高校师生进行学术交流与合作过程中的各种差异，坚持以社会主义核心价值观为指导思想，树立以我为主、平等合作、互惠互利的对外交流基本原则。

国际视野：本课程通过培养学生参与国际学术交流的语言能力和跨文化交际能力，加深他们对文化、价值观和思维方式等方面差异的理解，拓宽他们的国际视野，以便他们在参加相关活动时，展现良好的跨文化交际意识、学术语言表达能力、独立的学术人格和自强不息的学术精神。

系统思维：本课程除教授与教材有关的国际学术交流形式等知识外，还增加涉外礼仪和学术交流行为规范等主题，拓展了教学内容。以学生研讨和项目合作为主要教学方式，帮助学生从跨文化和不同价值观的角度出发，以批判思维、反向思维、发散思维、反省思维等综合思维方式来看待和理解国际学术交流活动，了解不同文化，全面地提升解决实际问题的能力。

文化自信：本课程的一个重要作用是培养学生对外介绍国内绿色制药学科发展和讲好中国药学发展历程和特点的能力。在教学中，需要适度充实和拓展与社会主义核心价值观有关的内容，融入文化传统、思想变革、政经科技等重要内容，便于学生在学习相关语言知识和锻炼技能的过程中，加深对我国药学科研发展历程的理解，珍视文化传统和社会主义核心价值观，加强民族和文化的认同感和自豪感。

家国情怀：本课程在教学过程中注重潜移默化地培养学生的爱国主义精神。通过比较中西方高等教育的发展历程和特点，学习跨文化交际和中西方文化差异的要点，研究和讨论我国药学学科"从无到有"和"从有到强"的发展历程等系列教学活动，增强学生的家国情怀。

经世致用：本课程鼓励学生要理论联系实际，脚踏实地，注重实效。要把学术交流的理论和实践活动有效结合起来，在学术研讨会筹办、校园导览等具体交流活动中注重细节和实效。既要志存高远，又要从点滴做起，凡事落到实处。

三、设计思路

本课程在讲授有关学术语言、文化习俗、学术规范等的知识的基础上，注重将思政元素与国际学术交流的理论知识和实践操作相结合，帮助学生正确应对中外交流的各种差异，帮助学生培养独立自主、自尊自爱、自强不息的学术精神和学术人格。各章节模块重要的思政元素、相关知识点和教学案例见表4-1。

表 4-1　各章节课程思政设计思路

课程章节	重要思政元素	相关专业知识和教学案例
第一单元 国际会议类型和主要会议文件	·文化自信 ·国际视野	·知识点：国际会议词汇和句型、会议材料 ·教学案例：研讨式学习绿色制药国际会议相关会议文件
第二单元 国际会议演讲和讨论	·文化自信 ·国际视野 ·系统思维	·知识点：学术报告和问答环节语言特点、文化元素和身份认知 ·教学案例：模拟会议，介绍制药产业发展现状和研究方向
第三单元 筹备和举办国际会议	·国际视野 ·系统思维 ·经世致用	·知识点：语言和非语言表达的规范、跨文化交际 ·教学案例：与美方合作学校师生举办英文研讨会
第四单元 国际学术交流中的礼仪规范	·文化自信 ·国际视野 ·家国情怀	·知识点：学术交流口语、着装标准和行为规范、中西文化差异 ·教学案例：模拟国际学术研讨会各个环节
第五单元 校园导览和相关致辞	·系统思维 ·国际视野 ·经世致用	·知识点：欢迎辞和答谢辞、校园导览、专业术语和学术口语 ·教学案例：通过团队合作方式为留学新生提供校园导览

续表

课程章节	重要思政元素	相关专业知识和教学案例
第六单元 国际旅行规划和安全措施	·国际视野 ·文化自信 ·系统思维	·知识点：国际旅行规划、风险防范意识培养和应对措施、西方社会现象分析 ·教学案例：对中美校际交流项目进行研讨和案例分析
第七单元 海外交换与学习：材料和调研	·国际视野 ·系统思维 ·家国情怀	·知识点：申请材料的撰写、学科背景介绍和表达、学术交流的意义和价值 ·教学案例：通过研讨和项目合作的方式准备中美校际学生联合培养项目事宜

四、教学案例

充分挖掘课程相关思政元素，将价值观、世界观的培养自然地整合进专业知识传授和英语能力培养中。在教学设计中，教师以项目/任务需求、思辨讨论、合作学习为主要教学方式，在各个板块的知识构建、核心问题探讨、语言知识技能习得、项目合作研究等过程中融入思政教育。

（一）案例1：校园和实验室参观导览

本案例属于第五单元"校园导览和相关致辞"的实践性内容，教学目标是培养学生向学术交流活动中的外国来访者进行全英文校园导览和实验室介绍的语言能力。邀请留学新生扮演学术交流项目的外方参与人员，组织学生通过团队合作方式为留学新生提供校园导览。课程采用任务式教学法，规划使用8个学时，分阶段开展各个环节的准备工作，并以开展实地交流活动的形式予以实践和考核评价。

1. 教学内容

学校和学院官网上的介绍，专业课程设置和专业术语，专业实验室设备、规格和功能的描述，学校图书馆和专业资料室的基本情况，学院和专业的对外交流情况，校园的软硬件设施条件，学生俱乐部概况和校园文化等，以及其相应的英文表达。

2. 思政元素

系统思维、国际视野和经世致用。

3. 教学过程

（1）课前准备：组织学生通过小组合作的形式查找、汇总、讨论和确定学校历史和文化、校园设施和生活、专业背景和成就、导览常用口语等主题的重要信息和对应的英文表达方式。

（2）课中实践：在准备的基础上，组织学生开展有关主题汇报和信息分享活动，使学生熟悉校园导览各个环节的英语介绍和问答技巧，为后续交流活动打下基础。通过课内研讨的形式引导学生分析讨论文化差异对人际交流的影响。研讨中鼓励学生综合运用发散性思维、批判性思维和反思等系统思维能力来分析和理解校园导览活动中中外学生的关注差异，例如留学新生对图书馆和实验室资源的丰富性关注度不高，而普遍对中国文化习俗感兴趣等。通过实际接触和课内研讨，发现留学生来自不同的教育背景，进入我校专业学习时间太短，也欠缺对学校情况的全面认识，因此督促学生在对外交流时多关注和研究外方情况，换位思考，扩大国际视野，并努力把交流细节工作做到实处，践行学以致用的原则。

（3）课后准备：组织学生利用课余时间撰写有关介绍内容，规划参观路线，并实地演练，实现参观路线和导览词的高度匹配和熟练表达。

（4）交流实战：组织学生以3人小组为基本单位，带领国际学院留学新生参观校园，介绍我校教学特色、科研发展、学科现状、校园生活，中国文化习俗等。

4. 考核方式

过程性评估和学生互评相结合。就每个环节的准备情况展开及时的评价和反馈，如课堂全英文汇报情况和模拟演练情况、留学生对中方学生表现的评价、中方学生对留学生交流积极性和效果的评价。考核以10分制进行，并基于反馈情况来明确改进要点和提升交流效果，最终由任课教师汇总和统计，占据总评（百分制）的15%。

（二）案例2：举办模拟国际研讨会

本案例属于第三单元"筹备和举办国际会议"的内容。教学目标是培养学生参加国际学术研讨会的语言和非语言能力。采用项目式和任务式相结合的教学方法，与美方合作学校学生联合举办模拟国际学术研讨会。模拟国际学术研讨会以全英文进行，以中美文化差异比较研究为主题，通过中美学生合作的方式来切实加深学生对于国际学术交流重要性的认识，培养学生的学术交流意识和跨文化交际能力，并使学生掌握基本科研方法。

1. 教学内容

国际会议知识，会议通知、会议日程及相关文件的知识，学术论文概要知识，学术演讲和问答知识，着装和礼仪知识、口语演讲知识、跨文化交际知识等。另还涉及文献搜索、论文撰写、演讲排练等内容，需在课堂外开展。规划使用 16 个学时。贯穿在其他版块的教学过程中。

2. 思政元素

国际视野、系统思维和经世致用。

3. 教学过程

（1）课前准备：组织学生通过小组合作的形式调研和讨论国际会议的类型、场地设施、主要环节、会议文件等基本知识。

（2）课中实践：以项目研讨的教学方式教授演讲的语言和非语言技巧、问答环节的应对技巧、学术活动的着装和礼仪知识等。鼓励学生脚踏实地、注重实效，力争各项准备工作落实到位。例如深入分析非语言技巧在学术交流中的重要性，对演讲站姿、站位、走动范围、目光交流、手势运用等诸多方面的技巧进行细致入微的研究、探讨和演练，积极践行经世致用的文化传统。此外，督促学生在与美方学生交流过程中综合运用系统思维能力，正确看待中美学生在语言文化和行为方式上的各种差异，加强国际合作意识，拓展国际视野。

（3）课后准备：组织中美学生合作查找文献、设计和发放问卷、收集和分析反馈数据、研讨并撰写论文，组织学生利用课余时间举行学术研讨会排演。

（4）交流实战：与美方合作学校师生合作举办研讨会。邀请美方合作校教师、绿色制药专业和外语专业的师生参加，并向本校其他专业的师生开放。

4. 考核方式

过程性评估和学生互评相结合。任课教师和中方学生对每个环节进行评价，美方学生对中方学生的演讲和问答技巧进行评价，中方学生对美方学生的交流表现进行评价。考核以 10 分制进行，通过双方书面评价和反馈意见来明确改进要点和提升交流效果，最终由任课教师汇总和统计，占据总评（百分制）的 20%。

（三）案例 3：海外交换与学习的准备工作

本案例属于第七单元"海外交换与学习：材料和调研"的内容。教学内容为学习讨论如何准备申请文件及调研外方学校和学科情况。教学目标是满足学生赴美参加学生联合培养项目及后续赴美攻读学位产生的对学术交流英语能力的实际需求。教学方式以任务式为主,结合大量的课内讨论和课外调研。规划10课时。

1. 教学内容

从学生交换和联合培养项目的实际需要出发,着重培养学生撰写海外交换生或留学生资格申请的书面材料的能力。引导学生调查和研究外国(以美国为主的)高等教育体系的特点,比较研究中外(以中美为主)高等教育体系在人才培养方面的差异。

2. 思政元素

国际视野、系统思维和家国情怀。

3. 教学过程

(1)课前准备:教师组织学生合作开展中西高等教育比较研究,系统了解和分析美国高等教育的特色。

(2)课中实践:引导学生"立足中国,放眼世界",比较研究当前我校制药专业与国外合作学校相关专业的现状,找到差距,例如美方合作院校在北美拥有广泛的校企合作关系,与各大著名制药企业联合培养学生、转化科研成果。针对此情况,应适时鼓励学生从国际视野出发,正视差距,为专业发展和成长建立愿景和长远的目标。此外,引导学生辩证分析中美学生在文化传统、社会习俗、思维方式等方面存在的主要差异。组织学生开展高等教育、文化习俗、旅行规划等相关主题的课内分享报告,进一步强化学生的学术演讲和交流技巧,例如调整演讲的节奏以抓住观众的兴趣、解读和分析数据以促进观众的理解、应用演练问答环节的技巧和有效使用视觉辅助手段以改善交流的效果等。

(3)课后准备:组织学生撰写和修改个人简历、个人陈述等主要书面申请材料,并对美方合作学校和专业开展调研。

(4)交流实战:邀请参加过中美学生交换项目的往届学生和中方带队教师参与课内研讨,分享外方课程选修情况、实验计划、研讨交流情况等项目细节,访学旅途中的注意事项以及个人经历。

4. 考核方式

过程性评估和学生互评相结合。任课教师和学生就每个主题的准备和实践情况进行评价。教师结合学生互评结果,对学生的书面材料和课堂报告进行评价。考核以 10 分制进行，最终由任课教师汇总和统计分数，占据总评（百分制）的 15%。

五、教学效果

（一）学生海外交流项目开展情况

根据协同中心的项目执行情况反馈，各批次赴美交流学生在外学习交流期间，在精神面貌、专业背景知识、人际交流技巧等方方面面都表现得极为优秀，完全达到了项目预期。学生在美学术交流期间积极参与外方学校的教学科研活动，还通过扎实的学术英语能力顺利完成了专业课程的学习，并取得了相应的学分。学生在学习、科研和文化交流等各方面的出色表现得到了外方师生的一致认可和赞许。项目开展颇具成效，也为学生后续的求学规划打下了扎实的基础。

（二）学生课后体会与评价

本课程涵盖的内容很广，涉及会议、语言、交流技巧、着装标准、礼品交换、西餐礼仪、留学申请、中外高等教育比较等方方面面内容。学生"充分演练了学术报告技巧，在对外宣传学科发展和科研成就方面效果突出"（张佳乐，2018级学生）。

通过本课程系统、高效的训练，学生对如何制作符合学术规范的文字材料、如何面对英语听众进行口头学术报告、如何准备和参加海报环节、如何在研讨会的问答环节进行符合学术讨论规范的观点交流等方方面面的细节都进行了深入的了解，并较好掌握了相应技巧。课程实现了学生"用规范得体的语言讲述学科发展历程、分享文化历史知识、探讨专业问题的愿望"（徐旭亮，2018级学生）。

通过本课程中的中美高等教育体系比较、中西方文化和礼仪比较等主题，向学生较为全面和深入地介绍了不同价值观、文化历史、社会体制等因素在学术交流中的影响，鼓励学生综合运用国际视野和系统性思维来看待学术交流形式和有关内容。

在学习过程中，我深刻认识到了我国教育体系完整、独具特色、富有竞争力的现状，增强了文化自信、责任感和使命感。（夏闻阳，2019级学生）

（三）教师教学成长与反思

课程主要内容以任务、项目和研讨等形式进行，需要整合各单位资源，为学生提供充足的锻炼机会和实战场景。资源的整合需要教师投入大量时间和精力，以便有效协调时间安排。教学过程中融入课程思政元素，批判性讨论西方文化习俗、价值观、教育目标和体系，也需要教师投入一定的时间和精力比较研究中西方社会文化和教育特点。学术演讲和问答环节等活动需要教师课外投入时间和精力参与学生的排练，并及时给出反馈。同时，课程在思政和实践等方面都需要教师较多的投入来加强指导和实践。通过几轮教学实践活动的验证，课程教学效果显著，学生和专业学院评价突出。课程通过了校级课程建设项目的结项验收，并得以继续推进各项工作的深化改革。

中国概况

教 学 团 队： 谢芳芳　李　勇　张其亮　吴娟红　方　萍
案例撰写人： 谢芳芳

> 吾广漠美丽最可爱之中国兮！而实世界之天府，文明之鼻祖也。
> ——鲁迅

一、课程概况

（一）课程简介

"中国概况"是为全校各专业留学生开设的一门通识类必修课。课程开设在第一学年，共64课时，4学分。本课程以中国社会和文化为纲，从中国地理、历史、思想、习俗、科技、教育、政治制度等多方面系统概括和分析中国国情和社会文化，是外国留学生了解中国和感知中国国情文化的重要窗口，同时也是传播中国文化、培养知华友华国际人士的重要阵地。

（二）教学目标

1. 知识目标

（1）了解中国的地理概貌和历史发展。
（2）了解中国的多元政策和教育体系。
（3）了解中国社会的文化现象。

2. 能力目标

（1）提高留学生对文化差异的敏感性、宽容性以及处理文化差异的灵活性，提升其跨文化交际能力。

（2）提高留学生独立思考及客观评价能力，使其能够客观评价中国文化。

（3）提高留学生的汉语学习能力。

3. 价值目标

（1）消除留学生对中国的片面认识和误解，帮助其树立正确的对华观念。

（2）培养留学生的中国文化素养和多元文化视野。

（3）提升留学生对华的认同感，鼓励他们担当中华文化的友好传播者，积极介绍和推广中国文化，爱华护华。

（三）课程沿革

课程初创阶段（2013—2016年）：课程团队在整理参考了各类有关中国国情的中英文文化书籍及教材的基础上自编了教学讲义，同时制作了相应的PPT课件，完成了"'中国概况'全英语授课课程"校级优秀课程建设项目。

课程发展阶段（2016—2019年）：针对留学生的学习特点与规律，并结合本课程特点和目标，课程团队大胆改革教学形式，采用项目式教学模式，以问题和任务为导向提高学生的主体参与度。2017年完成了"留学生'中国概况'全英语授课课程主体参与式教学改革与实践"校级教改项目。

课程提升阶段（2020年至今）：教学团队对课程进行全面深化改革，构建多模态教学模式，即以学生为主体开展多感官体验式学习，实现课前阅读练习、课堂教学展示、课后实践体验的有机结合。2021年课程获留学生"中国概况"校级一流本科国际化课程培育项目立项，2022年获留学生"中国概况"省级一流本科国际化课程立项。

二、思政元素

留学生来自有着不同社会意识形态和文化的国家，他们的教育经历、价值观、理想信念、道德准则与中国学生有巨大差异，这难免会对他们在中国的学习和生活造成障碍。部分留学生来中国求学之前对中国的认识大都来自外国媒体对中国的报道，他们对中国的政治制度、各类政策和具有鲜明中国特色的事物认识片面，一知半解，甚至存在很深的误解和不友好的态度。作为一门中国国情和文化课程，"中国概况"是留学生了解中国的重要窗口。本课程在教学实践中以讲好中国故事为主线，以传播中国文化为切入点，向留学生展现真实、立体、全面的中国，实现全员、全过程、全方位育人。

文化认同："中国概况"课程通过12个板块的教学，向留学生客观真实地展现了中国地理地貌特征、中国历史发展、中国人口现状及政策、中国传统节日和民间习俗等有关中国国情的方方面面，有效地消除了留学生之前对中国的片面认识、刻板印象和误解，帮助学生树立了正确的对华观念。另外，课堂文化微体验和课外社会实践环节可以让留学生近距离感知中华文化的独特魅力，培养学生的中国文化素养，提高他们对中国文化的认同感并激发他们对中国文化的热爱。

多文化视野：课程在每个板块的教学中都会引导留学生将所学中国文化知识与自己本国文化进行对比分析，比如在学习完有关春节的知识之后，让学生选取自身文化中最重要的传统节日和春节进行对比。这种跨文化对比认知能切实培养与提升留学生的跨文化思辨能力，拓宽其多文化视野。

尊重自然，天人合一："古代中国人的生活"板块从衣、食、住、行四个方面介绍了中国古人社会生活的各个方面。比如"住"这个部分课程选取皇家建筑的典型代表故宫和老百姓住所的代表四合院向留学生介绍。结合观看相关古建筑介绍和建筑学家专访的视频，留学生进一步了解了中国建筑中"尊重自然，天人合一"的设计理念。

和谐友爱："中国传统思想"板块重点介绍了先秦时期的"百家争鸣"。向留学生讲授儒家思想的"和合"观和"仁、义、礼、智、信""己所不欲，勿施于人"的为人处世准则、墨子的"兼爱""非攻"思想内核以及道家思想中的自然和谐、人际和谐和政治和谐主张等，进而引伸到新时代中国特色社会主义核心价值观，让留学生能够充分理解"和而不同、美美与共"的新时代国际交流内涵。

三、设计思路

"中国概况"课程内容主要包括中国地理人口概貌、中国历史发展、中国社会文化等，几乎涵盖了中国国情的方方面面，其重点之一是加深留学生对中国国情的了解和理解,并助其树立正确的态度。基于心理学关于态度内涵的"认知、情感、行为意向"的三维框架观点,结合上述课程内容及重点,本课程采用"认知—认同—践行"螺旋式上升路径,旨在丰富留学生对中国的总体认识,增强他们的跨文化交际能力,培养他们的"知华、友华、爱华"情感。

  具体从以下两方面入手:一是聚焦跨文化对比认知。跨文化对比认知可以加深留学生对中国文化的了解。通过情感迁移,留学生可以很快地认同文化中相同相似的地方,而对于文化差异,可以引导学生以正确的心态理解包容这种差异,在尊重文化差异的基础上,增进对中华文化的认同。二是拓宽德育平台。课程将课内知识学习和课外社会实践体验结合起来,充分发挥和调动了留学生学习的主动性和学习兴趣,让留学生对中国有一个真实、多样、丰富的感受和认知,感受中国精神、中国价值、中国力量和中国智慧,并最终爱上中国,乐于从自身视角讲好中国故事。各章节模块重要的思政元素、相关知识点和教学案例见表5-1。

表 5-1 各章节课程思政设计思路

课程章节	重要思政元素	相关专业知识和教学案例
中国的国土	·文化认同 ·多元文化视野	·知识点:中国的地理环境特征及其对中华文明的影响 ·教学案例:参观西湖博物馆(实践)
中国人口、民族和语言	·中国文化素养 ·和谐友爱	·知识点:汉字的起源、演变和发展,汉字的造字法和特点 ·教学案例:朗诵唐诗(实践)
中国历史简介	·文化认同 ·中国丝路精神	·知识点:中国古代王朝的更迭及主要事件、中国近现代史及马克思主义在中国的传播和影响 ·教学案例:汉朝丝绸之路开辟的意义(讨论)
中国传统思想	·中国智慧 ·和谐友爱	·知识点:儒家思想、道家思想 ·教学案例:儒家思想对中国社会的影响(调研)
中国古代科学技术	·中国智慧 ·科学精神	·知识点:中国古代的四大发明、中国的丝绸和陶器 ·教学案例:参观中国丝绸博物馆或南宋官窑博物馆或杭州手工艺活态馆(实践)
中国传统节日	·文化认同 ·多元文化视野	·知识点:中国五大传统节日的时间、来历、传统习俗和节日食物的象征意义 ·教学案例:本国文化中最重要的节日和中国春节做对比研究(讨论)
中国民间习俗	·文化认同 ·多元文化视野	·知识点:十二生肖、中国文化中颜色和数字的寓意 ·教学案例:中国红在日常生活中的使用(调研)

续表

课程章节	重要思政元素	相关专业知识和教学案例
古代中国人的生活	·中国智慧 ·尊重自然，天人合一	·知识点：中国古代建筑 ·教学案例：基于"王澍人物访谈"影像材料理解中国古代建筑的特点（讨论）
中国饮食文化	·文化认同 ·多元文化视野	·知识点：中国八大菜系、餐桌礼仪 ·教学案例：学做中国菜（实践）
中国传统戏剧	·文化认同 ·多元文化视野	·知识点：京剧、昆曲、越剧、黄梅戏 ·教学案例：比较中国京剧与古希腊悲喜剧或世界上其他的古老剧种（讨论）
中国教育体系	·文化认同 ·多元文化视野	·知识点：中国古代教育发展史、中国当代教育体系 ·教学案例：对比中国教育与本国教育的长短处（讨论）
游在中国	·多元文化视野 ·尊重自然，天人合一	·知识点：北京、西安、上海、杭州概况 ·教学案例：录制一个宣传杭州的小视频（实践）

四、教学案例

（一）案例1：丝绸之路的开辟及其意义

课程的第三板块是"中国历史简介"。在学习"古代中国史"小节时，课程选取了对中国社会影响深远的几个主要历史时期和重要历史事件进行讲解，比如汉朝丝绸之路的开辟。在留学生了解陆上丝绸之路开辟的历史背景及意义的基础上，课程进一步引入海上丝绸之路的开辟和发展，并基于"一带一路"核心内涵的讲解和文明发展脉络的梳理，增强留学生对中国"一带一路"倡议的理解和认同。其思政元素包含丝路精神、文化认同。

针对丝绸之路的教学，我们通过问题导入、主题讨论、课外调研等环节，结合文献记载、考古发现、纪录片和采访实录影像材料等，将知识传授和价值引领融合。

1. 问题导入

古代中国出产的丝绸、瓷器等商品是怎样到达欧洲的？

教学意图：通过引导学生思考古代的贸易通道有哪些，引出丝绸之路，激发学生的学习兴趣。

2. 教师讲授

教师讲授陆上丝绸之路和海上丝绸之路开辟的历史背景、路线、发展演变及意义。

陆上丝绸之路开辟于西汉汉武帝时期，繁荣鼎盛于唐朝，是中国古代经过中亚通往南亚、西亚以及欧洲、北非进行陆上贸易交往的通道；海上丝绸之路形成于秦汉时期，发展于三国至隋朝时期，繁荣于唐、宋、元、明时期，是已知最为古老的海上航线。

教学意图：通过梳理丝绸之路发展脉络，展示丝路沿线文明交流互鉴的史实，让留学生理解丝绸之路作为东西方政治、经济和文化交流桥梁纽带的重要意义，同时加深留学生对中华文明发展形成的认识，感受到中华民族一贯亲仁善邻的处世之道和海纳百川的宽广胸怀。

3. 主题讨论

丝绸之路对沿线国家和地区的作用表现在哪些方面？

视频强化：观看纪录片《丝绸之路》。

教学意图：结合本国情况的主题讨论可以使留学生更具体更切实地感受到丝绸之路对沿线国家和地区社会经济发展的重要推动作用。纪录片可以让学生形象直观地了解丝绸之路在各历史时期的发展和路线图。

4. 课外调研

以小组为单位，选取若干地点调研"一带一路"中的部分环节或场景，实地了解"一带一路"背景等相关信息，深刻理解其战略意义和丝路精神，形成小组调研报告。

教学意图：通过小组实地调研学习，增强留学生对以"和平合作、开放包容、互学互鉴、互利共赢"为核心的丝路精神的感性认识，使其深入理解"一带一路"对经济共生、文化共荣和促进世界和平发展的重要现实意义。

（二）案例2：中国古代四大发明

课程第五板块"中国古代科学技术"的一个主要教学内容是中国古代四大发明的具体内容和发展演变。其思政元素包含中国智慧、科学精神。

针对中国古代四大发明的教学，我们通过问题导入、主题讨论、课外体验等环节，运用视频等多媒体教学手段，将育人和知识传授融合。为使留学生更深入了解四大发明，课前布置了关于四大发明的阅读任务。

1. 问题导入

在现代书籍出现之前，信息是如何被记录和传播的？

教学意图：通过引导学生回顾人类文明发展中信息载体的演变历程，引出造纸术和印刷术发明的重要意义。

2. 视频观看

观看 2008 年北京奥运会开幕式视频片段。

教学意图：引导学生观看视频时辨认开幕式中的中国古代四大发明元素，激发学生对学习主题的兴趣。同时让学生正确认识到西方世界宣称的许多发明并不是他们的原创，而是从中国借鉴来的。

3. 教师讲授

教师讲授造纸术和印刷术发明的历史背景和发展演变。

西汉时期，中国人就基本掌握了造纸的方法，东汉蔡伦改进了造纸工艺，并开始大规模推广造纸术。到 3 至 4 世纪，纸已经基本取代简牍绢帛，成为人们的主要书写材料。

印刷术的发展分为雕版印刷和活字印刷两个阶段。北宋毕昇发明的活字印刷术比德国人约翰内斯·古腾堡的铅活字印刷术早约 400 年。

教学意图：分析讲解造纸技术和印刷技术的出现和发展，展示中华民族的智慧和敢于创造、精益求精的科学精神。

4. 主题讨论

中国古代四大发明是如何传播到世界各地的？它们对世界文明的贡献表现在哪些方面？

视频强化：观看纪录片《先人的智慧：古中国人》中涉及四大发明的部分。

教学意图：组织留学生结合本国情况开展主题讨论，让学生更切实具体地感受到中国四大发明对世界文明的贡献。纪录片可以让学生更形象直观地了解四大发明。

5. 课外体验

以小组为单位参观杭州手工艺活态馆、浙江省科技馆和杭州国家版本馆等，全方位了解当代中国在科技、人文等领域的成就贡献，形成小组学习报告。

教学意图：通过这样近距离、在真实场景中的体验学习，课上所学知识不再只停留在学生头脑层面。在"知华"的基础上,这样的体验学习能激发留学生从情感上"友华、爱华"。

(三)案例 3:制作"我最喜爱的中国菜"

中国自古以来就有"民以食为天"的说法。在中国,饮食不仅仅是人们的基本需要,更是有着深刻的文化内涵。

留学生来自不同的国家,其文化背景和宗教信仰差异巨大,饮食习惯也各不相同。初到中国时,他们难免会以自身的饮食标准来看待和评判中国饮食,产生诸多曲解。针对课程第九板块"中国饮食文化",在完成了"中国饮食的主要特点、八大菜系的划分和菜肴特色、中国的餐桌礼仪"的主要教学内容后,布置学生进行实践学习。

1. 思政要点

中国文化认同、多元文化视野。

2. 实践目的

通过制作自己最喜欢的中国菜并进行主题分享,学生从"做"中学,在真实场景中了解中国饮食的主要特点,体会"色、香、味"三个评价标准的内涵,纠正自己对中国饮食的误解和片面认识。在小组合作中,学生学会尊重不同文化下的饮食习惯,并能和来自不同文化背景的人合作沟通。

3. 实践设计

组织学生 3 至 4 人为一组,利用一周时间,合作制作一道中国菜,把食材采购等制作过程录制剪辑成视频,挖掘菜品背后的文化内涵,形成小组报告并在课上分享。

4. 报告形式

菜肴成品、菜肴制作视频、小组报告。

五、教学效果

(一)留学生学习成效显著

留学生"中国概况"全英文授课课程自 2013 年开设以来,教学团队不断优化课程的教学内容,持续改进教学形式和实践,同时也取得了良好的教学效果,受益学生人数多达 2000 余人。通过本课程的学习，留学生对中国国情和社会文化有了客观正确的认识，无论从他们平时参与教学的积极性和学习热情，还是教师与其日常的交流和学业成果展示来看，留学生们对华认知更加深入，态度更加正向。

（二）留学生社会实践丰富

通过平时的课程知识积累和情感培育，留学生在多家国家级媒体、省市级地方媒体和学校举办的文化活动中"现身说法"，表现出良好的言语能力和文化理解力，产生了积极正面的社会影响。参加这些活动后，学生纷纷表示获益匪浅，不仅提升了他们的社交技能，而且增强了他们的集体荣誉感和对中国传统文化的喜爱之情。学生在参与这些活动的过程中，不仅收获了友谊、增进了对当代中国的了解，更重要的是在彼此互动中进一步提升了对多元文化的认知和包容，更能以一种成熟而多样的视角来看待不同的文化民俗现象，学生的社会交际能力从语言层面向思维层面升华。

（1）2020 级学生 Merveille 和 Yasmina 参与录制杭州市委宣传部与浙江广播电视集团海外中心共同推出的杭州三大世界文化遗产国际传播系列片第三集《在良渚看见光》，对外宣传良渚文明。

（2）2022 级学生 Bollini 作为中新网特约洋主播，在"良渚与世界——'良渚古城·雅典卫城'中希文明对话"活动期间，参与录制介绍良渚博物院、宣传良渚文明的视频。

（3）同为 2022 级学生的 Mostafa 和 Bollini 一起作为中新网特约洋主播，参加了中国新闻社浙江分社主办的 2023 年"浙里年礼"大型融媒公益行动，宣传中国春节的各种民俗。

（4）2022 级学生 Mostafa 作为主讲人之一，在浙江广播电视集团海外中心（国际频道）录制的《走向共同富裕·外国人眼中的中国（浙江）记忆》融媒系列节目第八期《Mostafa：未来鸡鸣山 国际幸福里》中宣传义乌江东街道鸡鸣山社区，向外国友人介绍鸡鸣山国际融合未来社区的发展。

（5）Michael 等 2019～2022 级多名学生和 2015 级学生 Ahmet 积极参加由杭州市委宣传部指导、杭州文化广播电视集团主办并由 FM89"杭州之声"制作播出的"杭州国际青年创意营"系列活动。

（三）留学生助力国际赛会宣传、志愿服务

在杭州全力举办第 19 届亚运会之际，留学生也充分展现了热爱亚运、参与亚运、服务亚运的极大热情。来自不同年级的 20 多名留学生创作了情景剧《共赴亚运之约》，参加以"诗画江南，活力浙江"为主题的浙江省第十六届外国留学生"梦行浙江"系列活动——中华才艺展演，借此表达他们对杭州举办亚运会的期待和追梦中国的心愿。

在杭州市委宣传部和杭州亚组委宣传部指导，《都市快报》、杭州外宣处主办的"Z 世代·我的亚运我的城"亚运国际播报团高校活动中，我校多名 2019～2022 级学生以录制发布视频、编演情景剧和参与志愿服务队等多种形式，表达了他们对亚运的期待，为宣传杭州亚运助力。

留学生志愿者们纷纷表示，参加这些活动不仅丰富了他们对亚运项目、杭州亚运场馆的认识，还使他们真切地感觉到自己是杭州市的一分子，有做好东道主的责任。与此同时，各级留学生还积极加入学校的志愿者组织，服务校园和周边的社区，获得了广泛关注和好评。

大学基础英语

教学团队：胡颖琳　方敏明　施　蕾　盛　菀　钱逸昀
案例撰写人：方敏明

> 学习外语不要把自己圈在只读洋文的狭小天地里。
> ——许国璋

一、课程概况

（一）课程简介

"大学基础英语"是面向人文艺术类专业本科一年级学生的通识必修课，在第一学年开设，共128学时，8学分。以"大学基础英语Ⅰ"为例，课程旨在培养学生的英语听、说、读、写、译基本技能，为其后续的学习奠定良好的基础，同时为其顺利通过大学英语四六级考试提供足够的知识储备。此课程以"价值塑造、知识传授、能力培养"三位一体的教学理念为指导，集合多种教学模式和方法，注重培养学生的语言运用能力、应用能力、交际能力以及思辨能力，使他们在未来的生活和工作中准确有效地输出英语。

（二）教学目标

1. 知识目标
（1）掌握语音、词汇语法、句法、语篇等知识。

（2）掌握基础口语表达句型和基本应用文写作技巧。

2. 能力目标

（1）提高听、说、读、写、译语言技能，具备流畅的口头表达以及良好的书面信息交流能力。

（2）培养跨文化交际能力以及跨文化国际传播力，以融通中外的方式讲好中国故事，展示真实、立体、全面的中国。

3. 价值目标

（1）拓展学生的国际视野，使学生充分了解与尊重中外文化的异同。

（2）培养学生国家认同和民族自信，培养学生传播中国文化的意识。

（三）课程沿革

创设阶段（2001—2009年）："大学基础英语Ⅰ"分为"读写译"和"视听说"两个基础模块，课堂教学模式以教师为中心，学生为知识接受者进行教学，培养学生"读写译"和"视听说"的能力。学生掌握了语音、词汇、语篇学习以及口语表达、基本应用文写作技巧等相关基础知识。

优化阶段（2010—2018年）："读写译"和"视听说"这两个教学模块合为"大学基础英语Ⅰ"综合英语模式。在这阶段，课堂教学模式以教师为中心转向以学生为中心，注重培养学生的语言运用能力和跨文化交际能力。在2018年，"大学基础英语Ⅰ"团队教师申报了基于课程建设的校教改并立项。

提升阶段（2019年至今）：课程形成了较为完善的体系，在教学内容和教学方式设计上融合了思政元素，提升外语思政育人的水平。2020年，教师团队参与了外教社"大学英语思政数字资源包"的建设，联合学生创建课程微信公众号（YOUNG VOICE），作为教师思政教学和学生成果的输出阵地。

二、思政元素

本课程将教材内容与习近平新时代中国特色社会主义思想、社会主义核心价值观、中华优秀传统文化等内容相融合，课程团队从教学实践中提炼出以下六大思政元素。

文化自信和中国梦想：在教学中融入中华优秀传统文化、当代人民幸福生活体验、科学技术现代化等内容，把讲好中国普通老百姓故事和中国现代化进程故事作为不可或缺的环节。树立外宣意识，提高外宣能力。课程增强了学生民族认同感，提升了学生的文化自信。通过课文中"中国梦"的阐释，让学生深入理解实现中华民族伟大复兴的中国梦。

家国情怀和传统美德：课程中融入中国传统美德故事，使学生懂得了尊老敬老、认同中华民族最核心的价值理念"仁爱"、传承了中华优秀传统文化。学习《习近平谈治国理政》英文版本，学生更加了解了中国深厚的历史文化底蕴以及人类文明的有益成果，拓展了学生的人文视野，培养了人文精神，提高了综合素质。

天人合一和美丽中国：环保主题的讲解以及项目式学习输出，促进学生尊重自然、保护自然、践行绿色低碳生活；爱祖国、爱人民、爱家乡，深度了解美丽乡村建设，提倡人与自然的和谐共生。通过课文学习和实地调研，学生加深理解了"生态良好、物质富裕、人民幸福"的生态文明建设之路。

职业精神和拼搏精神：课程引导学生勤奋学习，开拓进取，像课程中的航海家和作家一样热爱工作，坚持理想，勇往直前。引领学生把个人发展和社会发展、国家命运相结合，通过学习各个领域的先进个人的典型事例，培养崇高的职业理想和职业道德，树立刻苦学习，勇于拼搏的意识。

文明和谐和身心健康：在习近平总书记"养成良好的生活习惯""在体育锻炼中健全人格锤炼意识"的金句的指引下，课程探讨了当下如何培养文明健康的生活习惯。引导学生建立健康的兴趣爱好，实现精神富有和全面发展。帮助学生陶冶情操，塑造身心健康。使学生理解"实现人与自身的和谐"是构建和谐社会的基础，也是培育和践行和谐这一社会主义核心价值观的首要要求。

国际视野和命运共同体：学生通过学习中西方语言文化大师的经典语录，探索了中西方语言文化差异，增强了对中外文化、价值观的理解。通过学习"海上丝绸之路"历史以及"一带一路"路线，学生形成了在全球背景下跨文化意识、人类命运共同体意识，提升了国际视野和交际沟通能力。

三、设计思路

"大学基础英语Ⅰ"课程的教学设计中，以课本每个单元的内容为基础，引入时政热点，拓展思政素材。采用线上线下相结合的教学模态，结合学生的专业特色，采用个人演讲、小组讨论、小组话剧表演、海报设计汇报、视频制作等多种教学方式来体现思政元素和课程内容的自然融合。教师做到在传授语言知识和应用技能的同时，深入挖掘教学内容中的思政元素，并将育人理念自然融入教学当中。各章节模块重要的思政元素、相关知识点和教学案例见表6-1。

表6-1 各章节课程思政设计思路

课程章节	重要思政元素	相关专业知识和教学案例
第一单元 学习策略（Some Strategies for Learning English）	·文化自信 ·家国情怀 ·国际视野	·知识点：英语学习的策略、中西方语言对比及对外传播力，英语演讲基本策略 ·教学案例：朗读学习英文版《习近平谈治国理政》第357至387页关于"Chinese Culture"的内容
第二单元 环球航行（Sailing Round the World）	·拼搏精神 ·中国梦 ·命运共同体	·知识点：世界地图、地理知识，英文描述航海路线，海明威小说《老人与海》介绍，浙商出海经商的事迹，思维导图的写作 ·教学案例：小组英文演讲，有关航海路线以及海上丝绸之路和"一带一路"的英语讲解
第三单元 老人礼物（The Present）	·尊老敬老 ·文化传承 ·文明和谐	·知识点：中西方送礼的差异，尊老敬老，文化传承，中西方价值观差异，培养看图描述的能力 ·教学案例：小组讨论中美老人生活方式的差异以及原因分析
第四单元 身心健康（Turning Off TV: A Quiet Hour）	·身心健康 ·精神富有 ·人文情怀	·知识点：不同年代下的休闲活动的变化发展，掌握"对比"和"比较"的写作方法 ·教学案例：小组讨论"习近平强调的'野蛮其体魄'的原因"
第五单元 作家写作（I Never Write Right）	·爱岗敬业 ·职业理想 ·职业道德	·知识点：了解工作和职业的区别，如何通过努力来改变命运；了解人物传记的文学作品形式以及仿写 ·教学案例：观看"感动中国十大人物"视频并围绕"职业理想，爱岗敬业"主题进行讨论
第六单元 地球生命（Is There Life on Earth?）	·环境保护 ·绿色发展 ·社会责任	·知识点：掌握以"环保"为主题的词汇，了解学习反讽的写作方式 ·教学案例：小组讨论"如何建设美丽中国、转变经济发展方式"

四、教学案例

（一）案例1：保护环境

本案例来自"大学基础英语Ⅰ"第六单元，由美国《华盛顿邮报》幽默专栏作家阿特·布奇沃德所写的两篇小说"Is There Life on Earth?"和"Fresh Air will

Kill you"。作者用明褒暗贬的写作方法揭露现代人对环境的污染和对自然的亵渎。通过课文教学让学生理解"天人合一""人与自然和谐共生"的道理,培养学生尊重自然,保护自然的优秀品质。

1. 课堂导入

组织学生观看美国网红环保博主劳伦·辛格的TED演讲《为什么我要过零浪费生活》("Why I Live a Zero Waste Life")以及辛格自制牙膏的视频,引导学生对比自己的生活方式和辛格的生活方式。引导学生了解零垃圾运动倡导的精神理念,然后自然导入本单元的"环保"主题,凸显当今中国的时代命题。

2. 课本分析

引导学生讨论了零垃圾的生活方式和当下的污染问题以及中国政府一直在致力的环保举措和年轻人为环保力所能及做的事,通过师生互动和讨论,引入第一篇课文,即科幻小说"Is There Life on Earth?",介绍文本作者以讽刺的笔法描写了地球人的尴尬处境,视角独特。作者对地球上污染日益严重的现状表示忧虑,从金星人对地球的研究写起,得出结论地球不适合居住,充满反讽效果。学生在课前完成补充的阅读材料科幻小说《致命的新鲜空气》("Fresh Air will Kill You")。

在讲解完第一篇课文后,结课前阅读材料,让学生分组概述文章大意,即主人公习惯了在有污染的空气中生活,呼吸新鲜空气反倒觉得难受,故意到汽车排气管呼吸半小时才有活力。让学生体会到作者将"呼吸新鲜空气有益健康"倒过来写成"新鲜空气可以致命"的写作手法,运用反讽的手法深刻讽刺了美国社会发展过程中对环境保护的忽视。通过分析课文,学生学习了反讽的写作方式,通过比喻、荒诞、夸张等手法让读者产生思考和判断,去发现人或事物的本质。

3. 课堂拓展

(1) 时政话题

引入时政新闻作为拓展,从美国退出《巴黎气候协定》的事件入手让学生了解《巴黎气候协定》的定义以及作用。美国是目前世界上二氧化碳排放量第一的国家,却不负责任地单方退出巴黎气候协定。而习近平主席在第七十五届联合国大会一般性辩论上提出力争于2030年前达到峰值,努力争取2060年前实现碳中和。学生通过两组新闻的比较,运用思辨能力,体会中国展示的大国担当。

(2) 引经据典

结合《庄子·天道篇》中"天地固有常矣,日月固有明矣,星辰固有列矣,禽兽固有群矣，树木固有立矣"，引导学生理解"尊重自然，强调人与自然的和谐统一"是庄子的思想精华。人顺应自然而生活，自然是人类生存的家园，热爱自然就是关爱人类，维护自然就是维护人类自己的家园。组织学生英译《庄子·天道篇》，升华主题。同时向学生展示习近平总书记在浙江安吉考察时提出的金句"绿水青山就是金山银山"。组织学生翻译本句话，并提供官方英译版本（Lucid water and lush mountains are invaluable assets.）以及澳大利亚广播公司英译版本（Clear water and green mountains are as valuable mountains of gold and silver.），提高了学生的翻译能力和语言综合素养。

（3）视频学习

课前安排学生观看联合国前秘书长科菲·安南、美国著名影星莱昂纳多·迪卡普里奥、中国歌手王俊凯在联合国做的环保主题演讲，并通过学习演讲视频掌握环保相关的词汇和句型。在此基础上，在课堂上指导学生做信息型公共演讲，进而提升传播力。

4. 任务产出

本单元的课后任务围绕"环保"主题展开。学生通过调研、讨论研究等团队协作，完成了形式多样的各类小组任务，例如采访留学生谈论对杭州垃圾分类的看法、去旅游景点清理垃圾并用双语向游客宣传环境保护的重要性等。鼓励学生将调研活动制作公众号推文和视频，上传到课程微信公众号和个人自媒体平台，让学生加深对"人与自然和谐共生、生态友好、美丽中国"理念的理解，提升学生的思政传播力。

（1）课内，家在农村的学生分享自家民宿的照片，制作小海报讲述乡村美好生活，让其他同学了解"美丽乡村建设"。组织学生在假期以小组为单位，以"美丽乡村"为主题走访家乡，拍摄视频，配以英文讲解或者中英文双语字幕，上传到自媒体平台，把"绿色环保、美丽乡村"的概念辐射到更多人身上。

（2）课后，布置学生结合爱尔兰艺术家芭芭拉·丹尼尔斯的漫画《统治人类》，运用"动物统治人类地球"的设定展开想象，模仿阿特·布奇沃德的讽刺的写作方式完成写作练习，强化环保意识。

（3）课后，师生分享用闲置玻璃瓶腌制的美味泡菜，使学生体会"零垃圾零污染"的生活方式，将学生手绘的中英双语环保食物菜谱上传到课程微信公众号和个人自媒体平台。

（4）课后，学生分小组走出校园，寻访西湖、西溪湿地等旅游景点，记录杭城变化，感受生态和谐之美；学生分组采访校内留学生，交流各国垃圾分类的举措并录制成宣传视频；学生还自制了中英双语版本的环保宣传小手册，在校园里宣传环境保护、垃圾分类的重要性。

（5）课后，带领学生以小组为单位，走访吉利汽车集团。外籍管理人员接受学生的采访，并带领学生参观了汽车博物馆；探讨了绿色电动车的前景以及吉利汽车在欧洲落地销售的事项，事后学生分组写成调查报告。

通过课内外的一系列学习、实践活动，学生深刻感受到环保的重要性，了解了政府与企业所做的工作，让"环保""生态"概念走进自己生活的每一天；同时也结合自己的双语知识，对内对外双重宣传中国的绿色环保工作的成效以及美丽乡村建设成果。

（二）案例2：语言学习

本案例来自"大学基础英语Ⅰ"第一单元两篇阅读文章 "Some Strategies for Learning English" 和 "How to Improve Your Study Habits"，向学生介绍英语学习的方法、策略和习惯，鼓励学生以语言学习策略为媒介，对比中外学习策略以及不同年代学习方法的异同。本单元还将带领学生学习英文版《习近平谈治国理念》，体悟个体与家国情怀间的关联，引导学生把个人价值实现与国家发展融为一体，增强学生的文化自信意识。

1. 课堂导入

播放 TED 演讲《学习一门新语言的秘密》（"The Secrets of Learning a New Language"），引导学生讨论演讲者多语学习的经历及语言学习策略。该活动呼应课前任务讨论语言学习动因，解决语言学习"为什么学"以及"如何学"的问题。结合课文，以"语言学习的秘密"为主题开展小组活动，讨论 "Why could the speaker learn languages?" 和 "What strategies do polyglots employ to learn languages?" 等问题，自然导入课文 "Some Strategies for Learning English"。

2. 课本分析

课文重点阐释了英语学习的方法和策略。引导学生多层面阅读，从总体阅读到细节阅读，最后到批判性阅读，带领他们分析文章结构、掌握连词在写作中的用法，以了解学习语言学习的有效策略并找出最适合自己的方法。除了讲述英语学习方法和策略,还会讲解信息型演讲(informative speech)的特点,要求学生学习信息型演讲的结构并练习。

3. 课堂拓展

(1)时政话题

以语言学习策略为媒介,对比学习策略和方法在不同国家、不同年代的异同,培养学生的思辨能力。以课文词汇为出发点,学习英文版《习近平谈治国理政》的相关句子,能够正确使用思政英文表达。学生通过学习《习近平谈治国理政》英文文本,把时政学习和英语学习完美地互相融合。

(2)引经据典

以文化大师学习策略关键词为索引,用英文描述他们的学习策略。引导学生理解读钱锺书、季羡林、许国璋三位中国大师以及莎士比亚、泰戈尔等国外大师的学习策略,对比中西学习策略的异同,进而体会中国文化软实力的发展。

(3)视频学习

组织学生观看中央电视台主持人刘欣舌战美国女主播以及刘欣应对西方记者的视频,视频呈现了西方媒体对我国的误解与偏见,借此提升学生的思辨力。最后讲述刘欣在学生时代语言学习的经历让学生更加了解好的学习策略可以帮助语言学习。

4. 任务产出

(1)组织学生以小组为单位用英语讲述身边的小故事。通过语言学习和课程思政拓展学习,运用课文中第五条语言学习策略(即"抓住一切机会说"),讲述"中国三代人语言学习的故事",传递新时代语言学习的新机遇,表达文化自信。

(2)组织学生以小组为单位用英语讲述中国大故事。通过单元语言学习和课程思政相结合的研究性学习,能够运用课文中第六条语言学习策略(即"定期写作"),讲述中国脱贫攻坚的历史壮举,传播文化自信。安排学生扮演CGTN记者,用英语来报道"中国脱贫攻坚"的成就,并录成视频,发布在"哔哩哔哩"网站等社交媒体上。借此让学生增强外宣意识和提高外宣素养。

(3)组织学生阅读《习近平谈治国理政》等书籍,组织学生以小组为单位用英语来探讨"中国梦"和"美国梦"的定义、"中国梦"和"美国梦"的区别、实现"中国梦"和"美国梦"的方式和路径,最后学生以小组为单位把讨论结果绘制成海报,并在课程微信公众号上展示。

(三)案例3：环球航行

本案例来自"大学基础英语Ⅰ"第二单元"Sailing Round the World"。这个单元讲述的是一位65岁的英国老人弗朗西斯·奇切斯特在1931年独自环球航行的故事。本单元的思政元素是"拼搏奋斗""命运共同体""中国梦"。

1. 课堂导入

采取了翻转式课堂的教学方式，要求学生在课前通读课本、收集历史知识要点。在课堂上，带领学生完成课前任务，组织学生以小组为单位，报告课文主人公的航海路线，讨论主人公的拼搏精神，顺势导入课文精读环节。

2. 课本分析

课文以65岁的英国老人的旅行为线索，让学生了解了五大洲七大洋的地理知识。要求学生用思维导图来描述老船长的探险路线。结合海明威的小说《老人与海》，提出两位航海老人的梦想是什么，进而询问学生他们自己的梦想是什么，完成梦想需要付出多少拼搏努力。最后教师教导学生将"青年梦"与"中国梦"紧密联系起来，坚定理想信念，练就过硬本领，锤炼品德修为，树立正确的人生观和价值观，增强强国兴邦的使命感和责任感，积极进取，开拓创新，脚踏实地，迎难而上，让个人的梦想在追求中国梦的过程中得到升华，为实现中华民族伟大复兴贡献力量。

3. 课堂拓展

（1）时政话题

习近平总书记提出："这个世界，各国相互联系、相互依存的程度空前加深，人类生活在同一个地球村里，生活在历史和现实交汇的同一个时空里，越来越成为你中有我、我中有你的命运共同体。"为了让学生"如盐入味"般地理解思政元素，在课堂上，组织学生以小组为单位比较郑和、哥伦布、麦哲伦的航海路线，并适时讲解丝绸之路、海上丝绸之路以及"一带一路"倡议。通过这样的课堂组织，提高学生的人文素养和思辨能力，开拓学生的国际视野。

（2）引经据典

组织学生于课后收集中外名人或文学作品中关于"梦想"主题的金句。该任务可帮助学生积累人文知识，提升人文素养。

（3）视频学习

课后组织学生观看新冠疫情期间拍摄的《最美逆行者》、"最美教师"张桂梅校长的宣传片，并讨论中国历史上的英雄和当今时代的英雄、西方人对英雄和中国人对英雄的定义。组织学生观看中央电视台对马丁·雅克的访谈"Chinese Dream and European & American Dream"，并讨论中国梦和欧美梦的区别。这一环节的设置让学生进行跨文化对比、批判性思维等高阶实训，扩展思维的广度和深度。

4. 任务产出

（1）要求学生课后用英语叙述身边"普通人的梦想"（the dream of ordinary people），让学生更加了解国家"青年梦""中国梦""世界梦"的内涵与关联，表达"My Chinese Dream"。制作中英双语视频，并上传社交平台。

（2）布置学生制作奇切斯特的公海航行路线图、"一带一路"路线图，让学生心怀天下，了解当下新型的国际关系。

五、教学效果

（一）学生学习成果

"大学基础英语"课程的教学始终以学生为中心，多方面提升学生的综合素养，提高了学生的语言运用能力、交际能力和思辨能力。学生在课程学习最后的项目产出环节中举办了《习近平谈治国理政》英文手抄报展、中华美食视频以及我的家乡风光秀视频比赛。这样的项目产出环节是教师的教学成效也是学生的学习成果。多名学生在校内英语配音、英语演讲比赛中取得好成绩，多名学生参加了涉及外语输出的志愿者活动、申报了学生创业创新项目。课程教师陪同学生深入农村，运用英语能力借助跨境电商平台直播带货，为当地农民拍摄双语宣传片。通过这样的课堂拓展实践活动，增强了学生的爱国情怀，也提高了学生的语言运用能力以及综合素养。

（二）学生课后体会

课程改革后的内容以及授课方式提高了学生的学习积极性、参与度以及语言综合应用能力。课程得到了很多学生正向的回馈。

一是教学方式丰富多样，如 TED 视频学习、时事新闻阅读、小组讨论、上台演绎、话剧表演、邀请留学生和企业家作为课堂嘉宾等等。

这样的教学内容和方式拓展了我们的国际视野，提高了学生的思辨能力和综合素养。（李挽澜，2019届播音与主持专业毕业生，现为华东师范大学研究生）

二是课程内容结合了中华优秀传统文化以及中西方文化对比的知识，让学生了解到了不一样的世界，夯实了学生的家国情怀又提升了学生的跨文化交际能力和国际传播力。

这门课程为我研究生阶段的学习打下了夯实的基础。（周超，2018届播音与主持专业毕业生，现为重庆大学研究生）

三是课程中有很多的师生互动，"激发了同学之间探讨交流的热情。课程内容与设计类学生专业结合，充满创造性，给学生未来的学习和工作带来很大的帮助，提高了学习的内驱力以及为今后个人的发展有了更好的铺垫"（李天吉，2021届设计专业毕业生，现为浙江工业大学研究生）。

（三）教师教学成长与反思

在起初教授"大学英语基础"时，团队教师会因为学生基础较弱而担心达不到教学目标，完不成教学任务。当团队根据学院提议改革了"大学英语基础"的大纲和教案，融入了思政内容后，课程团队发现了教师的教学能力和学生的学习效果都有很大的提高。

首先，教师团队教学素养得到提升，团队老师就"如何通过多元评价来提高学生的学习主动性"为主题申请到了校教改项目、参加了"上海外研社的思政案例数字资源包"的建设。整个团队通过大纲和教案的改革，更加深入了解习近平新时代中国特色社会主义思想、社会主义核心价值观、中华优秀传统文化、红色文化、法制教育、职业理想道德以及共产主义理想信念等等，并将这些元素与课程进行有机自然融合。

其次，团队教师分析了学情，团队所教授的学生所在专业限为播音主持和艺术设计。团队教师一改之前以教师为中心、一味灌输听说读写译内容的教学方法。在新的思政大纲的指导下，教师采用以项目为驱动的教学模式，以学生为中心，结合学生的专业和特长，帮助学生完成融入思政元素的项目输出，并且使其应用到社会实践中。

最后，教师团队非常欣喜地看到学生素养和能力的提升，激励了教师不断反思，教学相长，继续学习先进的教学理念，通过教学实践和分析调查学生学情，改进教学内容和教学方法，使这门课成为人文艺术类学生成长和发展道路上不可或缺的一环。

研究生学术英语写作

教学团队：沈　瑛　张艺宁　吴　瑛　王　芳　宋丽娟　刘玉霞
　　　　　　许慧洁　杨晓东
案例撰写人：沈　瑛

> 文所以载道也。轮辕饰而人弗庸，徒饰也，况虚车乎？文辞，艺也；道德，实也。
>
> ——周敦颐《通书·文辞》

一、课程概况

（一）课程简介

"学术英语写作"是为全校非英语专业的学术学位研究生开设的通识必修课程，共16学时，2学分。课程以培养适应国家经济建设和社会发展的人才为目标，以专业知识及综合素养的提高为核心，旨在提升学生在专业情境和学术语境下进行有效书面交流的能力，帮助学习者开拓国际视野、恪守学术诚信、坚定文化自信，并激发学习者学术志趣、工匠精神、革故鼎新精神，树立为祖国强国梦想贡献一己之力的坚定理想信念。

（二）教学目标

1. 知识目标

（1）掌握英语学术词汇，巩固学术写作语法知识，了解学术英语语体特征。

（2）了解英语学术论文写作规范，掌握学术论文写作知识。

（3）了解其他常见英语学术文体的特点和写作规范。

2. 能力目标

（1）掌握阅读技能，对所读内容进行分析、归纳和总结，对作者态度和文章观点进行批判性思考。

（2）正确引用学术文献和他人观点，提出自己观点，并且组织恰当、论证有力。

（3）完成不同学术体裁的写作，语法正确、表达流畅、符合规范和语境。

3. 价值目标

（1）培养学生良好的学术写作习惯，遵守学术规范，具有较高学术道德。

（2）引导学生树立崇高的职业理想，追求过硬的职业操守、严谨求实的治学态度、精益求精的职业精神。

（3）引导学生将自己的人生目标与祖国的需要结合，树立为祖国的民族复兴贡献一己之力的理想信念。

（三）课程沿革

基础阶段（2006—2011年）：早期，研究生英语课程主要以综合英语为主，旨在提高学习者"听、说、读、写"等语言技能，注重语言学习输入及语言成果输出，以培养具备思辨能力、创新能力和国际视野的高素质人才为教学目标。

发展阶段（2012—2019年）：根据教育部、国务院学位委员会关于不断改革和完善我国学位与研究生教育制度的精神，根据学术学位和专业学位两种不同类型的研究生及其培养目标，分为侧重学术性语言能力培养的硕士英语课程和侧重语言应用技能培养的应用英语课程。2014年，研究生英语课程群成功申报校研究生核心课程建设项目。

提高阶段（2020年至今）：为响应国家"加强研究生课程思政"以及学校对于培养学术学位研究生"立足学校、育人为本、德育为先、能力为重、全面发展"的要求，研究生英语课程全面实施课程思政教学改革。本课程于2020年成功获得校研究生院课程思政改革试点项目。研究生英语课程群于2022年成功申报校研究生核心课程建设项目、2023年浙江省"十四五"研究生课程思政示范课程项目。

二、思政元素

研究生学术英语写作课程强化学术写作运用能力和思辨能力，为培养高素质人才夯实基础。学术英语写作课程的本质是对科学、对社会、对人类的善意关心，是分享和探索促进社会向前发展的思想、创新和价值观的课程。学术英语写作课程中将习近平新时代中国特色社会主义思想、社会主义核心价值观、职业理想和职业道德、共产主义理想信念等思政元素与教学内容深度融合。

工匠精神、锲而不舍：学术英语写作课程是基于学术研究基础上，将研究成果语言化的过程。在科研工作中，锲而不舍的工匠精神至关重要，反映了科研工作者的职业道德、职业能力、职业品质。在学术英语写作课程中，通过对学术词汇、学术论文体裁、句式等教学内容的输入，阐释学术的严谨性、科学性和真实性，培养学习者探索真知、兢兢业业的敬业精神，专业专注的工匠精神，以及对科学的敬畏精神。

诚实守信、社会公德：学术英语写作课程涉及学术写作规范教学，并且反复强调写作中的学术诚信。学术英语写作教学区分有意的学术剽窃及无意的学术剽窃，并从英语作为外语的角度探讨如何避免学术剽窃的写作技巧。在这一过程中，通过对学术不端的定义、学术写作规范、从语言角度避免剽窃的写作手法教学，通过展示学术剽窃的不良写作样本，加深学生的学术规范意识，并树立脚踏实地、学术诚信的正确学术观念。

革故鼎新、大胆探索：学术英语写作成果反映了人们的聪明才智、创新精神和创造能力，展示了社会文明在人们的推动下不断向前发展的趋势。因此，学术英语写作课程中蕴含着人们不懈追求、大胆探索的革新精神，是驱动社会发展的强大力量。而学生在这一过程中，不断思考、反思、归纳、总结、推陈出新，进行有创新性、独立见解的分析、分享和展示。

社会责任、家国情怀：学术英语写作课程的出发点是关注国家、社会、科技和文明的发展，并以语言文字的形式记载、分享和探索，因此，学术英语写作课程和社会责任感天然联结。此外，在学术英语写作过程中，学者将国内的科技进步、文明进步与全世界学术界人士分享、探讨，传播中华学术、中华文明；或是借鉴国外先进技术和科学，促进国内经济文化等方面的进步，激发学术传播者社会担当、家国情怀。

人类命运共同体：学术英语写作过程是将国内科技、文明传播出去，将国际学术动态引进来的过程，是站在中西学术写作和社会发展的角度辩证性地思考中西文明的过程，是从国家意识、社会责任、个人发展的眼光思考问题的过程，是立足于中国、放眼世界的过程。与世界学术同行携手共进，目的在于协同推进构建人类命运共同体。

三、设计思路

研究生学术英语写作课程中，实施思政教学的三条路径分别为：第一，在教学内容中植入思政元素，耳濡目染、潜移默化，实现知识传授、能力培养和价值引领相结合相统一；第二，在教学活动中载入思政内容，在课堂教学互动中，引导学生提高全球意识站位、坚定中华文化自信、加强思想品德修养、提升学生综合素养；第三，拓宽课程思政教学渠道，将线上教学资源引入课程思政内容，激发学生学术志趣、提高高阶思维能力，实现思政教育始终贯穿于课程教学。各章节模块重要的思政元素、相关知识点和教学案例见表 7-1。

表 7-1 各章节课程思政设计思路

课程章节	重要思政元素	相关专业知识和教学案例
第一章 阅读技能及文献阅读	·文化自信 ·制度自信 ·工匠精神 ·锲而不舍 ·人类命运共同体	·知识点：段落和篇章的组织结构，段落内和段落间的连接表达，略读、寻读及批判性阅读策略 ·教学案例：外文选读并研讨 "All Roads Lead to China"（*Nature* 杂志 2019 年刊文）和 "A Low-carbon Future for China's Tech Industry"（*Science* 杂志 2022 年报道）
第二章 学术英语写作特点	·工匠精神 ·锲而不舍 ·革故鼎新 ·大胆探索 ·社会责任 ·家国情怀	·专业知识：学术写作常见类型，学术论文框架结构，学术写作语体特征 ·教学案例：研讨学科领域中国学者发表在国际期刊上的英文文献及其研究成果的意义和国际影响力

续表

课程章节	重要思政元素	相关专业知识和教学案例
第三章 防止学术不端	·诚实守信 ·社会公德	·知识点：学术不端的概念与行为，避免学术剽窃的写作技巧，引用、归纳、释义、信息综述及引述动词的使用 ·教学案例：选取学科领域外文文献中的段落，利用引用、归纳、释义写作技巧进行改写
第四章 学术写作实践	·工匠精神 ·锲而不舍 ·社会责任 ·家国情怀	·知识点：学术论文写作中的名词化、被动态、修饰语（形容词、副词）、模糊语以及学术词汇的使用 ·教学案例：将文章"Motivation in Workplace"中的段落由非正式语体改写为学术语体
第五章 文本逻辑	·严谨治学 ·工匠精神	·知识点：衔接和连贯，过渡段（句、短语、词）衔接，词义连贯，标点符号使用 ·教学案例：研讨上一章节写作任务中论文初稿和终稿及其修改依据

四、教学案例

（一）案例1：学术英语阅读能力及批判思维精神

第一章阅读技能及文献阅读旨在引导学生立足中国、放眼世界，帮助学生增强社会责任感和家国情怀。教学内容分为三部分：第一，段落和篇章的修辞结构；第二，段落内和段落间的连接表达；第三，略读（skimming）、寻读（scanning）及批判性阅读（critical reading）策略。选择的阅读材料包括雅思（学术类）考试难度相当的阅读文本，以及学生学科专业领域权威期刊中已发表的学术论文。

1. 解读论文构成，比喻启发

首先，展示、解读并解构不同英文段落，解释段落的结构组成（主题句 topic sentence + 支撑句 supporting sentence(s) + 结尾句 concluding sentence），其中支撑句可以例证、因果、对比对照等关系拓展和深化主题句，并可以不同的连接短语进行衔接，使段落流畅通顺。第二，布置课堂小任务，将一个段落中的数个句子打乱顺序，要求按照逻辑关系、连接短语将句子排序，构成逻辑通顺的段落。第三，以样文"The World's Game"和"Styles of Popular Music"对议论文三部分，即开头、主干和结尾，以及段落与段落间的连接表达进行解释。与此同时，将论文写作由"词—段落—文章"的演进形式比喻为砖块搭建成房屋的过程,其中包含着写作工作者遵循写作规范、一丝不苟的辛勤劳动。

教学目标:掌握篇章结构构建知识,启发学生关注论文结构规范性,感悟一篇高质量文章的写作凝聚着作者的心血和创造力的发挥,激发学生锲而不舍的工匠精神。

2. 学习阅读技能,循序渐进

第一,借助问卷强调学术阅读技能培养的意义,如大量文献阅读促进学生对学科知识的构建、研究现状的了解、研究思路的打开、研究方法的学习、写作能力的提高以及批判性思维能力的培养等,因而,学术文献阅读对于科研工作同样"开卷有益""多多益善"。第二,播放略读和寻读技巧的视频,并布置阅读"What is Beauty?"和"Racing to Rescue Koalas"两篇文章和进行阅读理解实践,借阅读题目的解答介绍批判性阅读能力。信息化时代下更容易获取信息,却更应具有批判性思维精神,不能"人云亦云"。

教学目标:以问卷、视频及阅读练习,教授学术阅读技巧,培养学术阅读能力,批判性思维精神。

3. 再次实践研讨,推进升华

首先,布置学生课后阅读外媒对于中国的两篇报道"All Roads Lead to China—China's modern-day silk routes are reshaping science around the globe"(*Nature*杂志2019年刊文)和"A Low-carbon Future for China's Tech Industry"(*Science*杂志2022年报道),并思考:借助什么阅读技巧帮助获取主要内容及具体信息?第一篇文章中,中国在现代"一带一路"中起着什么作用?第二篇文章中,中国如何提高通信基础设施的能源效率和如何减少重复建设带来的碳排放?接着,收集学生答案,并在网络端班级群讨论、发布优秀答案。

教学目标:课后拓展阅读再次消化论文篇章结构知识、应用阅读技巧,并探讨外媒视角中中国的发展,感知中国在促进人类命运共同体中所做的贡献,激发制度自信、文化自信。

(二)案例2:学术写作能力及国际话语素养

第二章学术英语写作特点旨在培养学生锲而不舍的工匠精神,大胆探索的革故鼎新精神,并且增强社会责任和家国情怀。教学内容主要为:不同类型的学术英语文本,学术写作语体特点及结构特点。

1. 文本对比分析，规范语言使用

第一，利用图表对比介绍包括论文、研究报告、项目申请书等在内的学术写作类型及其适用场合。第二，利用图形展示经典的学术论文 AIMRaD 结构（abstract, introduction, methods, results and discussions）以及不同学科在经典结构上的变体，尤其为数学、计算机领域的学术论文在介绍部分（introduction）后没有研究方法部分（method），取而代之的是算法分析（algorithm）和模型建立（model）。第三，介绍学术写作的文体特征，包括客观性、正式性、准确性、专业性等。此外，强调学术论文不同于其他文体的写作，具有鲜明特点，并且每个行业的论文还有不同结构范式。

教学目标：通过对学术论文类型、结构特点、语言特点的介绍，使学生感悟学术写作的规范性、严谨性，更激发学生锲而不舍、认真为学的工匠精神。

2. 搜索阅读分析，切身感受

第一，组织学生课前搜索并选取一篇本专业领域权威期刊发表的英语论文和一篇本专业领域中国学者或其研究团队在国际期刊发表的英语论文进行文献分析。要求不仅分析学术文本语体特征、篇章结构，而且探讨中国学者在国际学术界的成就及中国在该领域所取得的进步，如布置环境学院学生研读发表于 2023 年 *Science Advances* 杂志的论文 "Satellite Reveals a Steep Decline in China's CO_2 Emissions in Early 2022"；计算机学院学生研读 2000 年图灵奖获得者中国科学家姚期智在 2009 年 *Computer Science* 杂志上发表的论文 "Note on the Feasibility of Generalized Universal Composability Mathematical Structure"；材料科学与工程学院学生研读来自浙江工业大学材料科学与工程学院和中国科学技术大学两家研究团队发表于 2023 年 *Nature* 杂志论文 "A $LaCl_3$-based Lithium Superionic Conductor Compatible with Li Metal" 等等。第二，课堂上和全体同学分享课前阅读的中国学者学术论文，探讨其篇章结构、写作特点，及该项目的研究意义，了解中国科研工作者所取得的科研成果，感受丰硕成果背后科研工作者所做的勤恳努力。

教学目标：通过学生对专业领域内学术论文及中国科研工作者发表的具体论文文献进行阅读与语言分析，使学生感知中国科研工作者的科学素养、敬业精神与革故鼎新的创新实践，坚定自己的学术志趣、社会责任感，为促进科技进步、社会发展贡献自己的力量。

3. 拓展背景了解，感悟精神追求

简短介绍中国科学家的成长故事和奉献精神，如老一辈科学家钱学森排除万难回到祖国怀抱，邓稼先、钱三强等科学家在艰苦的环境下为祖国的两弹一星事业不懈奋斗等；近期有姚期智、杨振宁等科学家放弃外国国籍回到祖国进行科研工作（*Science Insider* 杂志 2017 年报道），屠呦呦研究团队以中医药研究为人类健康谋福祉，等等。

教学目标：通过分享中国科学家的故事，坚定学生学术志趣，进一步增强为科技强国做贡献的家国情怀以及促进社会进步的社会责任感。

（三）案例3：培养学术志趣，恪守学术诚信

第三章防止学术不端旨在增强学生诚实守信精神及社会公德。教学内容分为两部分：第一部分为学术英语写作中"学术不端"的定义；第二部分为避免学术不端所采用的写作方法，如引用、释义、总结等方法。

1. 问题导向，探讨解决

第一，在课堂上利用关于学术不端的问卷调查进行问题导入，引导学生思考：什么是"学术不端"？如何避免这种行为？学术不端包括违背科研诚信，违背出版诚信。违背科研诚信包括捏造、伪造和剽窃，违背出版诚信则包括自我剽窃、不当署名和抄袭。第二，以负面例子强调学术诚信的重要性，如因各种学术不端行为而造成名誉受损、被开除学籍的案例（韩国生物科学家、曾任首尔大学动物医学院首席教授的黄禹锡伪造多项研究成果，美国斯坦福大学第十一位校长马克·泰西耶·拉维涅学术不当，日本理化学研究所发育生物学中心小保方晴子捏造和篡改实验数据等）。第三，讲解如何利用学术写作技巧，从语言角度避免学术不端，如归纳、解释、引用等学术写作技巧；并对比质量较高的归纳、解释、引用的写作样本和较差的样本，指出问题及修改方法。

教学目标：以问卷调查增强学生对于学术诚信的了解，以学术不端的负面案例强调科研工作者恪守学术诚信，引导学生树立学术诚信的正确观念，培养强烈的社会责任感。

2. 任务驱动，升华认知

布置课后搜索并选择一篇学科领域权威期刊上发表的英语论文中的某一段落，利用所学习的写作技能，进行正确引用、改写、概括，练习如何避免学术剽窃

的写作技巧，并强调在人工智能时代保持"慎独"、恪守学术诚信。

教学目标：学生利用所学到的写作技巧避免就学术不端进行写作实践，引导学生始终如一恪守学术诚信。

五、教学效果

（一）具有学术性、思想性、内驱性的研究生英语课堂

自2020年全面实施研究生英语课程思政教学建设以来，已将进行三届学生的课程教学。受益面涵盖我校五大优势学科群（即经济管理、生命健康、绿色化工、先进制造、文创设计）学术学位硕士研究生每学年800人。

研究生英语课程以其兼具人文性和工具性的外语语言课程性质，发挥通识课程量大面广的辐射效应。与此同时，研究生学术英语写作课程教学团队深入挖掘课程内容知识体系中的思想价值和精神内涵，结合教学内容积极开展激发学习者学术志趣、引导学习者正向学习态度的教学活动，拓展课程的广度、深度与温度，助力学生全人发展，课程获得学生极高评价。

（二）学生对课程育人价值的评价

1. 问卷调查

2021年春学期研究生学术英语写作课程思政教学结束后，通过问卷调查形式就学术英语写作课程思政教学效度进行了调查，其中共收集到浙江工业大学研究生五大优势学科群（即经济管理、生命健康、绿色化工、先进制造、文创设计）14个学院259份有效问卷。学生以极高的比例赞同学术英语写作课程中获取的正向价值观念和树立的积极人生态度（参见表7-2），充分反映研究生学术英语写作课程思政在立德树人方面的价值和意义。

表7-2 研究生学术英语写作课程思政效度调查表

序号	选项	人数 非常同意	人数 同意	百分比（%）
1	习得了学术论文写作规范	119	137	98.84
2	提升了学术诚信意识	141	115	98.84

续表

序号	选项	非常同意	同意	百分比（%）
3	了解本学科发展动态，开阔了国际视野	98	142	92.67
4	了解中国学者在国际期刊上论文发表情况，增强了文化自信心	102	136	91.89
5	发扬了作为科研工作者的"工匠精神"	111	137	95.75
6	增强了作为学生科研者的社会责任感	107	140	95.37
7	坚定了作为学生科研者的理想抱负	94	152	94.98

2. 访谈

2021年和2022年春学期学术英语写作课程结束后，分别对研究生随机访谈，以下为部分受访学生在学习过程中在思想道德角度所受到的学习体会和启发。

首先，通过研究生学术英语写作课程，学生感悟到"学术写作和学术研究一样，并非易事，而是一个日积月累、精益求精的过程"（吴鳅鹏，2020级机械专业研究生）。第二，做学问、写论文如同做人，都需要讲求并且恪守道德准则，"对学术的态度决定了能做出科研成果的上限"（彭俊达，2020级数学专业研究生）。第三，尽管科研有时很枯燥，但"既然选择了继续深造，就要善于发现科研的乐趣，致力于创新性地解决科学技术上有待解决的科研问题"（周兴泉，2021级化工专业研究生）。第四，在学习过程中，"了解到专业领域中中国学者在国际学术界所做的贡献，为中国学者所取得的成就感到骄傲和自豪"；同时，"要以实现人类社会可持续发展的目标去促进社会的进步，人人都应具有社会责任"（李雅丽，2020级计算机专业研究生），包括学习者自己。第五，"感慨科技发展所带来的日新月异的变化，要关注科技发展最新动态"（刘伟伟，2021级材料工程专业研究生），和国内外同行精诚合作、共同创新，促进社会生产力持续发展！

学习者在问卷调查和访谈中充分肯定了研究生学术英语写作课程对于个人学习和成长的正向和积极的作用，其中部分被调查和受访的学习者已顺利完成硕士阶段学业，步入职场或继续深造。

研究生学术英语情境口语

教学团队： 吴娟红　张艺宁　沈瑛　刘玉霞等
案例撰写人： 吴娟红

> 口者，心之门户，智谋皆从之出。
>
> ——鬼谷子

一、课程概况

（一）课程简介

"研究生学术英语情境口语"是一门面向全校非英语专业研究生的必修课，共32学时，2学分。本课程教学内容为学术情境中的英语口语交际，是一门以实际应用为导向，旨在培养学生参与学术讨论和研讨会能力，提升他们学术场合下语言表达能力的实用性课程。

（二）教学目标

1. 知识目标

（1）巩固语音、语调和语法知识，掌握语篇、衔接和行文逻辑知识，了解书面语与口语的差异。

（2）学习并掌握合适的肢体语言和视觉辅助手段，学习特定交际语言的构架以及交际策略。

（3）学习并掌握研讨会、学术报告、学术演讲的语言情境和开展形式，以及与之相符的语言风格和要求。

2. 能力目标

（1）掌握与情境符合的语言，包括选词、用句、段落结构、篇章构架，形成观点明确、逻辑清晰、语言流畅、具有说服力的口头表达。

（2）学习多角度、多方向、多层面的思考，提升有逻辑、有批判、有创新的思辨能力。

（3）体会语言中的文化内涵和人文精神，提升综合文化素养和既"达"又"雅"的语言表达能力。

3. 价值目标

（1）激发学生将自己的职业理想与祖国的需要结合，树立为中华民族伟大复兴贡献一己之力的理想抱负。

（2）了解中华优秀传统文化的魅力和力量，增强民族自豪感和文化自信。

（3）增强学生的社会责任意识，培养勇于担当时代使命的精神。

（4）培养学生探究真相、缘事析理、辩证思考的习惯，提升思维素养。

（三）课程沿革

本课程建设与改革，可以分为以下三个阶段：

初创建设（2017—2020年）：这一阶段，研究生的英语课程为"综合英语"课程，各项基本技能包含在一门课程中，使用的是"综合英语"教材。这一阶段的口语教学与"读、写"融合在一起。针对研究生求学期间和未来职业中参与各类学术活动的需求，口语部分的教学注重提高学生做学术研讨和演讲时的语言表达能力。

发展探索（2020—2021年）：2020年秋季学期开始，研究生英语教学展开改革："综合英语"课程分为口语和写作两门课程。针对研究生的学业和将来职业的特点，课程进一步聚焦于学术英语。学硕类的学生在第一学期开设"研究生学术英语情境口语"。至此，口语从综合英语中分离出来成为一门独立的课程，有自己的教学目标、教学内容和教学形式。

改革提升（2021年至今）：2021年，该课程入选研究生院课程思政改革试点课程建设项目，展开课程思政教学内容、方法和模式的探索和实践。该课程团队人员撰写了课程思政元素表，建设了思政元素教学材料库和思政教学实践案例库，同时建设了"五一三阶段"的思政教学模式，即在课程的"前期输入""中间内化""后期输出"三个阶段利用"一句名言、一篇文章、一个话题、一段视频、一项作业"展开多样教学活动，保证思政育人融于教学的整个过程。

二、思政元素

研究生群体较之本科生有很大的不同。他们年龄稍长，将更快面临择业、治学、婚恋等人生大事，有更多现实压力，在自我价值和名利追求的取舍上可能面临更多现实困惑。同时，他们在校大部分时间在钻研学术，生活、心理、情感方面与导师交流较少。在繁重的科研压力和社会期待下，研究生群体更易出现"急功近利、社会责任感缺失、学术道德失范"等行为，有些人甚至出现悲观、浮躁、抑郁等心理健康问题。针对研究生的这些特点，本课程结合课程教学情境主题设定以下课程思政元素：

理想抱负："职业"是研究生即将面临的现实压力，也是本课程的情境主题之一。通过思考职业的意义，认识他人的职业选择及其原因，激发学生将自己的职业理想与祖国的需要结合，树立为中华民族伟大复兴贡献一己之力的理想抱负。

文化自信：本课程为情境口语，使用语言是英语，而情境之一是讨论"语言"。通过对中文和英语的比较，促使学生了解中国文字的深远起源、内涵丰富独特的造字法、隽永至美的书写，引导学生发现中文"意、音、形"统一和谐的美，从而认同中华优秀传统文化的魅力和力量，树立文化自信。

社会责任感：该课程设置的许多情境与中国当下的社会现象或者问题相关，比如"环境保护""粮食危机"。带领学生深入了解这些社会问题，了解社会各方面为此做出的努力，可以增强学生的社会责任意识和时代使命感。

辩证思维：本课程每一个情境主题的教学中都设计相关话题的讨论和辩论，同时呈现给学生同一话题诸多知名人士的视角和观点，引导学生遇到任何社会现象学会追查真相，尊重客观事实，缘事析理，多角度、多层面辩证思考。

传统美德：本课程结合不同的情境主题培养学生诸如"勤俭节约不浪费、身体力行勇担当、自尊自爱守护身心健康、乐于助人关爱周围他人"等优秀的中华传统美德。

三、设计思路

"研究生学术英语情境口语"课程思政教学遵循"五一三阶段"的思路。"五一"指"一句名言、一则文本、一个话题、一段视频、一项作业",是学习内容,也是思政元素的载体;"三阶段"是指语言学习的"前期输入、中间内化、后期输出"的三个阶段。在前期输入阶段,选择"五一"中的一个或数个恰当的"一",触动学生,引发思考。中间内化吸收的环节,立足于学生输入环节的感受,就某一个或两个"一"展开师生之间、学生与学生之间,甚至学生与自己之间的讨论、交流和辩论。最后在语言学习的输出阶段,学生进一步思考、总结并独立表达自己。各章节模块重要的思政元素、相关知识点和教学案例见表 8-1。

表 8-1　各章节课程思政设计思路

章节内容	重要思政元素	相关专业知识和教学案例
第一单元 工作	·职业理想 ·社会责任 ·辩证思维	·知识点:工作的意义,"他们"的职业选择和职业祈求 ·教学案例:小组讨论"我们如何做出职业选择?"
第二单元 食物	·文化自信 ·传统美德 ·社会责任	·知识点:食物的象征意义,我国的粮食危机,李子柒是谁? ·教学案例:调查"校园的食物浪费现象"
第三单位 语言	·民族自豪 ·文化自信 ·社会责任	·知识点:中文与英文的异同,中文独一无二的特点和美 ·教学案例:例证鲁迅之言"中文具有三美:意美以感心,一也;音美以感耳,二也;形美以感目,三也。"
第四单元 健康	·探究真相 ·辩证思维 ·守护健康 ·乐于助人	·知识点:生活方式与身心健康,抑郁症及其如何面对 ·教学案例:调查"我校研究生群体生活方式及其健康状况",辩论"熬夜使我快乐,我要不要继续?"
第五单元 环境	·社会责任 ·时代使命	·知识点:中国近 10 年的环保举措及其成果,校园最环保和最不环保的行为 ·教学案例:制定自己的"Go green"(绿色环保)方案。

四、教学案例

(一)案例1:我国粮食现状与勤俭节约、社会担当

"研究生学术英语情境口语"第二单元的情境主题是"食物"。教材以两篇关于转基因和饥荒的文章为载体,围绕"食物"这一情境主题以及上述教学活动和目标,补充教学素材,融入思政育人。主要补充材料包括习近平总书记数次关于"节约粮食、杜绝浪费"的讲话和TED演讲《食物的浪费如何解决?》("The Global Food Waste Scandal")。习近平总书记的讲话分析了我国粮食面临的局势并做出重要指示,强调"厉行节约、反对浪费",推动建设节约型社会。而TED演讲提供了解决食物浪费问题的途径。秉持"五一三阶段"的教学思路,学生在教材内容的基础上,结合这两份材料进行话题讨论、现状调查以及课后作业等教学活动。

1."前期输入"阶段

给学生提供"五一"中的"一"则文本:习近平总书记关于节约粮食、杜绝浪费的讲话。在阅读习总书记的讲话之前,学生关于我国粮食危机的认识比较少而浅显,甚至部分学生觉得现在物质生活水平很高,不缺粮食,人人都能吃饱饭。读了习总书记的讲话之后,学生全面深入了解我国农业生产,粮食种类、产量、消耗和保存状况以及我国当前的粮食局势等,也充分认识到我国面临的粮食危机和反对浪费的必要性和紧迫性。

2."中间内化"阶段

学生就"一"个话题进行讨论和自由表达:"我校食物浪费有多严重?",并观看"一"段视频:TED演讲《食物的浪费如何解决?》从而掌握更多主题相关的词汇和表达结构。结合视频内容,学生进一步讨论如何解决我校食物浪费的问题。

3."后期输出"阶段

我们布置给学生"一"项任务:学生以小组为单位进行题为"校园食物浪费现象"的翔实调查并提供解决方案。调查需包括调查背景、调查方法和过程、数据分析和发现以及结论。各小组形成文字报告,并借助图表、视频等视觉辅助工具以PPT的形式在课上进行陈述。学生在设计和实施调查、撰写调查报告、课上陈述的过程中,对校园食物浪费现象有了更加深入、准确的认识。他们的解决

方案多样、可操作，无论是倡议书还是宣传标语和海报，都为杜绝校园食物浪费提供了切实可行的指南。学生从自身做起，从小事做起，力所能及地承担社会责任。

（二）案例2：研究生群体的生活方式与认识疾病、守护健康以及辩证思维

"研究生学术英语情境口语"第四单元的情境主题是"健康"。教材提供了世界卫生组织发布的"全球十大健康威胁"和"肥胖：现代流行病，正迅速成为世界健康的最大危险"两篇文章，设计了讨论、辩论等教学活动以提升学生独立思考、辩证分析以及恰当表达正反意见的能力。本案例围绕"健康"这一情境主题以及上述教学活动和目标，补充"研究生的生活方式与身心健康"以及疾病"抑郁症"为思政教学素材。

主要素材包括世界卫生组织科普视频"I Had a Black Dog, His Name is Depression"和《奇葩说》"熬夜让我快乐，我要不要继续？"的辩论。世界卫生组织关于抑郁症的科普片介绍了抑郁症患者的症状以及患者自己和周围的人该如何应对。奇葩说关于"熬夜让我快乐，我要不要继续？"的辩论，从各个角度、各个思维层面呈现了深刻的思考和丰富的观点。结合这两份材料，学生同时开展话题讨论、现状调查以及课后作业等教学活动。学生强烈意识到他们是未来社会的中坚力量，是祖国经济建设和发展的栋梁之材。他们养成良好的生活习惯，保证身心健康，练就强健的体魄对祖国的建设和发展非常重要。

1."前期输入"阶段

学生就"一"个话题展开讨论："你觉得你目前的生活方式健康吗？"学生通过自由表达和互相交流，初步清晰认识研究生群体的生活方式存在"缺乏锻炼、过度熬夜、饮食不合理、压力难以排解"等问题，较容易导致肥胖和抑郁症这两项健康隐患。

2."中间内化"阶段

学生在课堂上一起观看"一"段视频：世界卫生组织官方科普片"I Had a Black Dog, His Name is Depression"。之后讨论回答以下问题：什么是抑郁症？面对抑郁症患者（自己或者他人），我们应该怎么做？

学生在讨论和回答中反复提到以下三点：（1）在生活中要努力让自己心态阳光，精神明亮，追求正能量；（2）同时也要积极面对负面情绪，不逃避、不隐瞒、寻

求专业科学的帮助;(3)面对他人的疾病能够给予科学的、正确的、有效的帮助。从学生的表达中可以看出课程思政育人效果的显现。

3."后期输出"阶段

学生进行"一"场题为"熬夜让我快乐,我要不要继续?"的辩论。为了让学生有更多的时间思考、倾听和自由地表达,也为了将课程思政教育延伸到课堂之外,辩论采用线上文字或者语音发言的方式进行,为期一周。

教师参与其中,进行适当的引导和启发,激发学生更宽阔和更深入的思考。辩论之后,学生回到课堂,一起观看同一主题《奇葩说》辩论选手的发言,一方面进一步清晰认识熬夜有害身心健康,而身为未来祖国建设的主力军,守护好自己的身心健康责无旁贷;一方面听取他人的观点、论据和论证,体会思维的多角度和多层级,感受独立、理性、辩证思维的意义和魅力。

部分学生在观看辩论选手的发言之后,激动地感慨"原来思考是有 level(层级)的,而看问题的角度可以如此多样。"部分学生说看了这些辩论选手的发言之后,觉得自己以前的思维太狭窄、肤浅了,看问题的角度也太单一;觉得拥有像辩论选手这样的思维和看问题的角度,生活中会心胸更开阔、更宽容、更积极向上。

(三)案例3:我国环保之路与社会责任意识及时代使命感

"研究生学术英语情境口语"第五单元的情境主题是"环境"。教材以"全球气候趋势"和"全球污染趋势"两篇文章为载体,借助收集信息、形成结论、进行汇报等教学活动提升学生总结汇报观点的能力。本案例围绕"环境"这一情境主题,补充相关素材,展开课程思政。习近平总书记在十九大报告中将人与自然的关系阐述为"生命共同体",践行"绿水青山就是金山银山"的理念被写进党的十九大报告,"增强绿水青山就是金山银山的意识"被写入党章,生态文明写入宪法。作为时代的佼佼者,研究生如何以主人翁的姿态直面时代命题,承担时代使命?

本案例将我国近十年的环保举措及成果和个人环保行为作为思政教学内容。主要教学素材包括一个电视节目片段"How Green You Are?"和一则文本"How Can We Help the Environment?"以及一段视频"Zero Household Waste Cases"。学生通过听力任务、文本阅读、视频观看、现状调查、计划制定和执行等教学活动,深刻感受我国环保之路的艰辛和成就并思索、践行自己能为环保事业所做的实事,承担时代赋予的使命。

1."前期输入"阶段

学生首先完成"一"项听力任务。聆听"一"个电视节目片段"How Green You Are?",完成听力练习,并开启关于自己"日常生活行为是否环保?保护环境,我能做什么?"的思考。

2."中间内化"阶段

学生完成"文本阅读"和"视频观看"的任务。学习"一"则文本:"How Can We Help the Environment?"和一段视频"Zero Household Waste Cases"。通过文本阅读和视频观看,学生意识到"环保并不是一个只是与环保专家或环保组织有关的事情,而是与我们每个人息息相关的。"几乎所有的学生都意识到自己之前的一些不环保行为,并决心在日后改正。

3."后期输出"阶段

学生完成"一"项课后作业:现状调查、计划制定和执行。以小组为单位,收集文字、音频、视频等资料,整理一份题为"中国近10年的环保举措及其取得的成果"的总结文字,并制作PPT在课堂展示。同时结合自身的实际情况制定自己的"Go green"方案,形成文字计划,并在实际的生活中践行,坚持三个月后汇报执行情况。

完成课后作业的过程中,学生进一步认识"两山理论""五水共治""生命共同体"等环保理念和政策,感受到中国近几年生态环境持续改善的背后各级政府所做的诸多努力,对国家的制度、党的路线生发认同和自信,同时也将"保护自然和环境"作为自己的时代责任和使命。"Go green"方案执行情况汇报中,每一个小组都很自豪,因为他们都百分之百完成了自己的方案。有一个学生当时承诺两周不点外卖,半年之后他跟他的任课教师和学习小组成员汇报说"至今都没有点过外卖"。

五、教学效果

"研究生学术英语情境口语"自2020年独立开设到2021年探索课程思政教学,几年中思政育人取得了良好的效果。

(一)学生课后体会与评价

本课程改变了传统的以知识传授为主的教学模式,将思政育人融入知识传授的过程中,教学素材和形式发生了很大改变。各单元"结合教学主题提供给学生恰当的补充材料,引导学生就这些材料进行提问、讨论和辩论"(王波,2021级化学工程学2112班研究生)。

这门课程带给学生的收获也更多样。课堂讨论和辩论的过程中,学生"多角度、多维度进行独立、辩证的思考"(马春疆,2021级生物与医药2班研究生),他们的思维素养得到了提升。

本课程还引入了许多现实案例,比如政府讲话、电视节目、新闻报道等,在学习中,学生能够"体悟到这些案例折射出的精神境界和价值追求"(李欢,2021级生物与医药2班研究生)。

(二)教师教学成长与反思

本课程思政教学的探索和实践中,课程教师获得很多收获和成长。首先,课程教师更加深刻理解教育的真正意义。教育不只是知识传授,更要助力学生思想和精神的成长。开展课程思政教学之后,课堂上学生不再只是关注知识点和最后的考试成绩,而是更加关心,甚至期待每一次课上跟同学和老师的交流和辩论,开始关注自己的思考和表达。课程教师一致认为这是最大的收获。其次,课程教师也越发坚信独立思考、讨论交流、思维碰撞、相互启发、相互影响的以学生主体参与为主的教学模式更有助于培养学生的思维能力和解决问题的能力;有助于培养他们开阔、开放、宽容、积极的人格品质。最后,秉持课程思政教学"润物细无声"的原则,为避免生硬的、与课程内容脱节的、为了思政而思政的教学,课程教师精挑细选思政教学素材,反复打磨课堂设计,真正实现以"溶盐于水"的方式将思政元素与课程教学无痕结合。课程教师将继续不断探索、积极实践,将这门课程建设得更好,使之对学生的发展和成长产生更深远的影响。

英语专业篇

语言学导论

教学团队：王路明　王　薇　田启林　杨晓东　王竞天
案例撰写人：王路明

> 所谓的"毫不费力""清晰易懂"或"完全自动"都不过是一些假象，它们掩盖了语言系统的丰富与精美。
>
> ——史蒂芬·平克《语言本能》

一、课程概况

(一)课程简介

语言学（linguistics）采用科学方法研究人类复杂的语言系统。"语言学导论"为英语专业学生必修的一门专业核心课程，中英文双语授课，共32学时，2学分。本课程通过讲解语音学、音系学、词汇学、句法学、语义学等基础模块，揭示语言内部规则；通过比较英语和其他语言，展示跨语言共性和差异；通过介绍语言学与其他学科的交融现状，为后续语言学方向课程如心理语言学、社会语言学等进行铺垫。课程内容既注重语言学的基础模块知识，也注重跨语言、跨学科的发展趋势。在跨语言对比中让学生对语言系统（主要是英语和汉语）的各个模块形成明晰的理性认识，在跨学科交融中激发学生的专业兴趣和科学思维，助推新文科建设和文理人才培养。

（二）教学目标

1. 知识目标

（1）掌握语言学的基本内容，包括语音学、音位学、词汇学、句法学、语义学的专业术语和常见议题。

（2）丰富对世界语言的认识，除了熟悉英语和汉语的语言事实之外，还了解日语、德语、法语等其他语言的突出特征。

（3）了解语言学的跨学科属性和发展趋势，初步具备心理/神经语言学、社会语言学等语言学分支领域的背景知识。

2. 能力目标

（1）能够对日常生活中的语言现象产生问题意识，洞察这些现象背后的语言学规则，提高发现问题和分析问题的能力。

（2）能够根据所学语言学知识自主查找文献进行拓展阅读，能够利用现代工具开展简单的探索性工作，提高综合运用知识的能力和实践能力。

（3）能够大致了解语言学分支领域的重要议题和研究方法，拓宽学术视野，形成专业兴趣，不断提高自我定位的能力。

3. 价值目标

（1）通过讲解复杂精妙的语言系统，唤起学生的自然规则意识。

（2）通过跨语言对比，掌握英语和汉语的突出特征和文化背景，尊重世界语言多样性，理解国家的语言政策。

（3）通过跨学科交流，懂得解决复杂问题的不同思考角度、不同求证渠道，有意识提高理论实践相结合的文理素质。

（三）课程沿革

从2014年至今，共有10届学生参与"语言学导论"课程的学习，每届覆盖全年级约130名英语专业学生。课程经历以下几个发展时期：

初级探索期（2014—2016年）：形成由青年博士组成的课程团队，着力课件制作和试题库建设。考试内容侧重课本知识的记忆和理解。

发展成熟期（2017—2020年）：确立文理交融教学理念。通过第一课堂的跨语言对比，培养学生的问题意识和逻辑分析能力；通过第二课堂的跨学科讲座和

第三课堂的脑科学实验,落实文理交融。

改革升级期(2021年至今):全面推行课程思政、理论和实践一体化教学理念,使用中国慕课SPOC课程进行线上线下混合式授课。通过小组讨论、课外实践提高学生的思辨能力和实践能力。考试内容开始侧重语言学知识的综合运用,实行电子阅卷、考教分离。

目前本课程已形成"传帮带"机制,利用校级示范课程、基层教学组织的课程研讨,迅速培养新的授课成员。5个教学班已在教学内容和教学方式上全面打通,形成教学资源共建共享。2022年,本课程获得校一般教学改革立项(并于2023年获得优秀结项)、校一流课程培育项目立项。

二、思政元素

本课程具有语言平等观、科学精神和语言文化自信三大思政元素,这些元素浸润于整个教学内容。此外,本课程创造性地加入跨语言对比、跨学科交融的教学活动,达到思政育人的广度和深度。

语言平等观:语言作为人类本能,有"其之所以然"的规则及精妙之处。任何语言都具有同等的研究价值,它们没有高低贵贱之分,也没有文明或未开化之别。从第一节课"什么是语言"开始引导学生思考人与动物的区别。通过列举英语和汉语、白人英语和黑人英语、通用语和方言、成人语言和儿童语言、强势语言和濒危语言,引导学生思考语言研究价值,懂得世界语言多样性,反对种族歧视和地域歧视,克服社会经济带来的语言自卑或者盲目自大心理,更客观地把握汉语特性和所学外语的特性。

科学精神:语言具有自然属性,它是人类大脑的产物,其结构必定遵循某种认知规则。语言学采用科学方法揭示人类语言的规则,是人文社科类学科中最接近自然科学的学科之一。然而,语言学常被误认为是学习各种语言或是语文学。因此,本课程需要强调语言学是一门科学。从第一节课"什么是语言学"开始训练学生掌握语言学的基本思维和研究方法。反对"想当然"和"瞎联系",形成科学求证、实事求是的习惯,注重格物致知、不断试错的人格养成。

语言文化自信:语言不但具有自然属性,也具有社会属性。无论说哪种语言,势必带有特定族群的色彩。在语言平等观基础上发展起来的语言文化自信,是一种在了解世界语言文化基础之上的母语自信和中国自信。通过案例讲解，介绍中国语言学家对汉语音系学、形态学、句法学、语义学的洞见和贡献；通过英汉对比，让学生看到语言之间的差异，指出语言学研究需要从语言事实出发，寻找最适合的分析理论，而不是套用其他语言的研究成果；通过跨学科交流，让学生感受中国语言科技的进步。

三、设计思路

针对课本知识点庞杂，学生普遍存在理解困难的现状，实施"课堂讲解—小组讨论—课外实践"的全程思政，以理论和实践相结合为特色。课堂讲解是以教师为主导的案例式思政，小组讨论和课外实践是以学生为主、教师为辅的辨析式思政和探究式思政。各章节模块重要的思政元素、相关知识点和教学案例见表9-1。

表9-1 各章节课程思政设计思路

课程章节	重要思政元素	相关专业知识和教学案例
第一章 绪论	·语言平等观：国际视野、社会主义核心价值观（友善、平等） ·科学精神：问题意识、求证意识	·知识点：语言定义、语言的基本特征和功能，语言学定义、研究内容，语言学分支 ·教学案例：讲解人类交际和动物交际的差异，讨论语言学的学术价值和应用价值，学会使用搜索软件查询国内外语言学家所属语言学分支领域
第二章 语音学与音系学	·语言自信：汉语方言的发音所带来的中国身份认同感、乡土情怀 ·科学精神：求真探源、不断试错	·知识点：发音器官；国际音标，辅音和元音；协同发音；音位与音位变体；音系规则、规则排序；超音段 ·教学案例：讲解赵元任所作的同音文《施氏食狮史》，讨论拼音和国际音标的异同，学会使用软件工具分析语音
第三章 词汇学	·语言自信：汉语对外来语的包容性、网络用语的创新性 ·科学精神：求真探源、不断试错	·知识点：词的定义、词的种类、词性；语素、语素的种类，语素变体；构词法 ·教学案例：讲解刘半农所造的代词"她"，讨论不同语言的词性判断依据，学会使用软件工具为中英文本自动标注词性
第四章 句法学	·语言平等观：国际视野、社会主义核心价值观（友善、平等） ·科学精神：敢于质疑、理性求证	·知识点：句法关系，句法角色；名词的数、性、格、一致性；动词的时态与体态；直接成分分析法，短语结构规则；单句与复句；句法与语篇 ·教学案例：讲解不同语言的句子结构，指出语言多样性；讨论"主语"和"话题"的学术争议；学会使用软件工具画句子成分树形图

续表

课程章节	重要思政元素	相关专业知识和教学案例
第五章 语义学	·文化自信:语义变化所反映的当代中国 ·科学精神:辩证思维、探索创新	·知识点:指称理论;意义关系;语义成分分析法;句子意义包括整合理论,逻辑语义学 ·教学案例:讲解组词成句中的语义限制,分离句法和语义;讨论语义成分分析法的优缺点;学会使用软件工具翻译文本,反思翻译质量
第六章 语言与心理	·科学精神:理性思维、不断试错、精益求精	·知识点:心理/神经语言学:主要议题、语言加工规则、实验方法 ·教学案例:讲解句子加工的心理学理论模型;本学期优秀课外实践报告分享
第七章 语言与社会	·文化自信:民族自信、中国身份认同感 ·科学精神:调查研究、实事求是	·知识点:社会语言学:主要议题、语言与身份认同、调查方法 ·教学案例:了解英语的变体(美国英语、印度英语、新加坡英语等),正确对待中国英语;本学期优秀课外实践报告分享

四、教学案例

(一)案例1:音系学中有关声调的课堂讲解

1. 讲解目的

在讲述声调这一知识点时引入赵元任的《施氏食狮史》。通过教师PPT、师生朗读、启发式提问、总结升华,加深学生对汉语中声调作用的理解,展示表音文字和表意文字的类型区别,传递世界语言多样性和中国语言文化自信。

2. 教学步骤

(1)教师PPT

介绍赵元任的学术造诣(中国现代语言学之父、中国现代音乐学之先驱,并且对数学、物理、哲学均有研究);介绍其在1930年代在美国所做的同音文《施氏食狮史》。全文计94字,每个字发音都是/shi/,只是声调有别。

(2)师生朗读

学生不看文字,闭眼倾听教师朗读,测试自己能否听懂故事大意;学生看文字并慢速朗读,掌握故事大意;学生看文字并用正常语速朗读,想象欧美人在听

到连续 /shi/ 音的困惑。

（3）启发式提问

①作为中国人，不看文字能听懂故事吗？

②在欧美人耳朵里，连续的 /shi/ 音表达意义吗？

③拼音能否取代文字成为汉语的书写系统？

（4）总结升华

教师倾听学生的回答，用更为专业的语言学表达进行总结。教师需要指出世界语言有类型之分，但无优劣之别。对于母语是表音文字且没有声调概念的欧美人来说，这只是 /shi/ 这个音的机械重复，没有意义。然而对于母语是表意文字且声调能改变语义的中国人来说，每一个 /shi/ 对应一个语素，不同声调的 /shi/ 对应不同的语素，表达意义。在汉语可否拼音化这一问题上，教师带领学生回顾中国 20 世纪二三十年代的语言文字探索，指出汉字作为书写系统的合理性，拼音行文会降低理解效率，该故事就是最好的例子。

（二）案例 2：词汇学中有关词性的小组讨论作业

1. 讨论目的

围绕词性这一知识点设计小组讨论作业。通过教师 PPT，启发式提问，小组讨论，教师点评，让学生合作学习词性的判断标准，意识到跨语言差异，领会世界语言多样性，懂得科学求证。

2. 教学步骤

（1）教师 PPT

教师展示一句由假词构成的句子，如 "The yinkish dripner blorked quastofically..."，让学生判断句中每一个假词的词性。再展示汉语句子如 "你在思念谁"，"思念是一种很玄的东西"，让学生判断 "思念" 的词性。

（2）启发式提问

①为什么我们不知道假词的词义，却能判断其词性？

②在英语中判断词性的依据是什么？在汉语中又是什么？

③你还知道什么语言？在这些语言中判断词性的依据是什么？

（3）明确具体要求

带领学生讨论汉语或第二外语中词性判断的标准，注意讨论过程需要有语料支撑。每个小组将讨论成果以书面形式提交至中国慕课平台，要求用英文书写，字数写满一页 Word 文档。截止期为下次课之前。

（4）作业点评

通常词性是借助语义来判断的，如判断"table"是名词，"run"是动词，然而教师通过课堂上的假词例子，让学生领悟到词性可以独立于词义存在；通过课堂上的汉语例子，让学生领悟到词性判断依据可能存在跨语言差异。在小组讨论作业中，学生对呼之欲出的答案充满信心，他们积极收集古代汉语、现代汉语以及二外语料作为佐证，得出结论。但因为词法知识与后面的句法知识相关，学生还没有学习句法，导致表达不到位，这需要教师在讲述句法时及时回溯纠正。通过小组讨论作业，学生能够看到语言多样性，尝试科学求证。

（三）案例3：语义学的课外实践作业

1. 实践目的

教师在每章结束后布置课外实践作业，例如，在第五章语义学结束后，围绕词义、句义、篇章义设计课外实践作业。通过教师发布实践工具操作指南、具体要求、个人实践、优秀实践报告分享、完善实践报告等各个教学环节，让学生去探究机器翻译的边界，在体验语言科技成果的同时，懂得质疑和超越，养成科学思维和精神。

2. 教学步骤

（1）提供操作指南

教师提供大语言数据模型网站，或鼓励学生寻找专业软件进行翻译测试。

（2）明确具体要求

布置学生测试、比较何种网站或软件给出最为贴切的翻译，形成书面报告，报告内容应包括测试语料、输出结果、本人意见和理由，要求用英文书写，字数写满一页 Word 文档。书面报告上传至中国慕课平台，截止期为本章结束后一周之内。可选择以下文本进行测试，也可自选文本。

①中国文化负载词："不到长城非好汉""东风""饭碗""黄牛""道高一尺，魔高一丈"，或者其他成语、诗词等。

②地道英文表达：everything taken into consideration, all the answers are not right, the news surprised me.

③多义词：We must all hang together, or we shall all hang separately. —Lincoln

（3）优秀实践报告分享

教师在最后两次课中安排优秀实践报告分享，报告撰写人介绍自己的想法、过程、结果，以及自己的观察分析，教师现场给予点评。在本章实践中，学生可以获取不同网站或软件对同一文本的不同翻译，通过比较翻译质量也可以认识到没有哪一网站或软件能够始终给出高质量的翻译。学生动手探究机器翻译的优越性和局限性，自主意识到人工翻译的发挥空间和专业水平。

（4）完善实践报告

学生从分享会中收获启示，持续改进自己的实践报告，在结课后两周内提交自己最满意的实践报告获得最终实践成绩。修改过程培养了学生敢于推翻自己、精益求精的科学精神。

五、教学效果

"语言学导论"作为英语系的专业核心课，自2014年至今，已培养学生1000余人。与大部分文科课程不同，该课程所倡导的科学思维和求证方法，在广大学生中取得了很高的评价，每年获得学校"优课优酬"教学奖励。目前该课程已形成第一课堂（文理融合理念下的理论和实践一体化教改）、第二课堂（跨学科系列学术讲座）、第三课堂（跨语言对比与脑科学实验室）贯通式人才培养格局。第一课堂和第二课堂的科普性教育直接服务于学生后续的语言学课程学习，而第三课堂的培优性教育为学生的学科竞赛、学术深造打下了良好的基础。

（一）学生学习成果

1. 课外科技

在第一课堂、第二课堂选拔优秀学生进入第三课堂，进行科学思维和实证方法的强化训练，多个项目获国家级或校级课外科技立项：

（1）"二语学习中汉语迁移现象的EEG研究"被立为2017年国家级大学生创新创业训练计划项目，由李诗瑶同学主持。通过行为实验和脑电实验，记录中国大学生内隐式学习一门全新语言的过程，探讨在二语学习中如何有效规避来自母语的负作用。

（2）"汉语话题句加工研究及对汉语教学指导"被立为2019校级大学生创新创业训练计划项目，由林铭茜同学主持。通过脑电实验揭示汉语话题句加工的神经机制。实验结果为对外汉语教学提供了启示。

2. 优秀毕业论文和学术论文

表9-2　历届学生优秀毕业论文一览表

年份	姓名	论文题目
2018	曾霞	A Discourse Analysis of Verb-Final Constructions in Chinese and Its Implication for Translation 汉语 NP1-NP2-Verb 结构的语篇分析及其对翻译的启示
2019	周维	Measuring Topic Continuity of The Clause-initial Undergoer in Colloquial Mandarin 汉语口语中句首受事成分的话题延续性研究
2019	姜承杰	The Presence and Absence of Resumptive Pronouns in Chinese Left-Dislocation Constructions 汉语左偏置构式中复指代词隐现规律探究
2020	林铭茜	When Topic Meets Contrast: A Pilot EEG Experiment on Sentence Processing in Chinese 当话题遇见对比：汉语句子加工的脑电预实验
2020	徐田燃*	A Comparative Study of Chinese and German Behaviors in Language Learning: Does L1 Morphology Matter? 汉语者和德语者语言学习行为对比研究：母语形态重要吗？
2021	汤战	Influence of Accentuation on the Processing of Chinese SOV Order 重读对汉语 SOV 语序加工的影响
2021	杨琪瑶	The Effects of Accentuation and Verb-based Implicit Causality on Pronoun Resolution in Chinese Spoken Language Comprehension 重读和动词隐含因果性对汉语口语中代词回指加工的影响
2022	徐越	A Questionnaire Study on Syntactic Position and Semantic Orientation of Oriented Adverbs 指向型副词的句法位置与语义指向的问卷调查研究
2022	熊子玥	A Behavioral Experiment on Chinese Perception of Non-native Phonological Features 汉语者感知非母语音系特征的行为实验研究

3. 第二课堂：跨学科科普讲座

第二课堂邀请了十四位活跃在学术前沿的国际学者和行业专家，以一周一

---

* 指导教师与该学生的这篇论文已在权威期刊上发表。王路明、徐田燃《母语形态重要吗？汉语者和德语者学习人工语言格标记规则的行为和ERP研究》，《外语教学与研究》，2022，54（2）：252-264+320。

讲、线上线下相结合的形式与广大师生探讨语言学与国际政治学、心理学、社会学、人类学、计算机科学以及神经科学的交叉合作。讲座结束之后，共收到130多份期末报告，共有15名学生获得学习奖学金。讲座获得 Eurasia Foundation（from Asia）资助。

4. 第三课堂：跨语言对比与脑科学实验室

（二）学生课后体会与评价

2022—2023年两次教学评估问卷结果都表明，本课程的思政教育得到学生的充分认可和重视。大多数学生认为这门课的"两性一度"处在其修读过的所有英语系课程中的前5%；80%的学生在这门课上投入的时间占据其修读的所有英语课程的前10%以内；近50%的学生表示对语言学感兴趣。往届学生也在语言观、科学素养、学术视野、海外深造等方面受益，对该课程给予积极评价。

语言观：

明明是我们从一出生开始就接触和使用的"语言"，在这门课开始的那一瞬间却变得陌生了……我仿佛在亲身感受着幻灯片上的语言学家是如何重复着一个一个严谨的实验来试探和拓宽认知的边界。更重要的是，我永远无法忘记老师在课上所提到的一点，即所有人类的语言都有其精妙之处，它们的存在不分优劣。（徐田燃，2020届英语专业毕业生，英国爱丁堡大学心理学专业硕士）

科学素养：

我第一次有这样的机会将自己的理科思维运用到对语言的学习和探索上。语言不再是一个个杂乱无章的沟通符号，而变成了一个可以运用数据科学来量化分析的研究对象。（曾霞，2018届翻译专业毕业生，英国伦敦大学学院语言学硕士，伦敦大学玛丽女王学院计算机专业博士）

我很喜欢这门课程，语言学导论课所带来的不单纯是语言学知识层面的增长，更多的是教会我们作为一名学生在遇到新问题时应该怎样提高自己的思维逻辑，怎样一步一步耐下心来分析各个知识点。这些习惯对于日后的求学是有所裨益的。（陈诺，2021届英语专业毕业生，浙江大学光华法学院法学专业硕士）

这门课更多教会我的是脚踏实地。在不同学派、观点的拉扯中,我学习到了如何更加科学地看待、解决问题。我开始变得更加严谨。如果一个人现在要向我证明一个事件,我不会因为这个事件偶然的一次成功而信以为真。统计证明,语料文本,模型成功率变成了我最先考虑的问题。(周维,2019届英语专业毕业生,荷兰阿姆斯特丹大学语言学专业转德国斯图加特计算语言学硕士)

学术视野:

神经语言学是语言学和大脑(神经科学)的合作,社会语言学是语言学与社会学的交叉,二语习得是语言学与教育学的联动,还有自然语言学、心理语言学、刑侦语言学等,语言学可以应用到人类生活的方方面面。(林铭茜,2020届英语专业毕业生,广东外语外贸大学翻译专业硕士)

海外深造:

在老师的悉心带领和指导下,我成为跨语言对比与脑科学实验室的实验助手,毕业论文也选择了语言学方向并获评优秀论文。在硕士项目的选择上,我更是坚定地选择继续研究语言学,并最终决定研究计算语言学这一从语言学衍生出的交叉学科。"语言学导论"是我对于语言学热爱的开始,它培养了我的理性思维和科学精神,使我受益匪浅。(汤战,2021届英语专业毕业生,美国布兰迪斯大学计算语言学硕士)

这门课辅助我以较强的输入和输出能力完成了英国爱丁堡大学的 Linguistics and English Language 1B 的学习,引领我走进跨语言对比与脑科学实验室,培养我发现问题、解决问题等能力,顺利完成本科毕业论文并获评优秀论文。良好的开端是成功的一半,始于"语言学导论",我对语言学愈发充满兴趣,并坚定了未来学习应用语言学(TESOL)的目标。(杨琪瑶,2021届英语专业毕业生,英国曼彻斯特大学应用语言学专业硕士)

(三)教师教学成长与反思

本课程的思政教育贯穿于"课堂讲解—小组讨论—课后实践"各个教学环节,做到了语言学专业知识和思政教育的自然融合。尤其是学生在小组讨论(想明白一个问题)和课后实践(掌握一门工具)中有真实的获得感,养成了跨语言思考、跨学科求证的习惯,甚至体验到以往外语学习中无法体验的学术训练。如果说之前的语言学教育需要学生"悟"做人做事的道理，那么现在的思政教育就使得这些蕴藏的道理现身，走进课程设计，也使得教师从简单的"授业"转变到"传道"，这无论对学生，还是对教师自身，都是提高认知的好机会。

词汇学

教学团队： 王　薇　田启林　孙然颖
案例撰写人： 王　薇

> 外语学习本质上是词汇学习。找不到合适的词汇来表达思想是说外语时最令人沮丧的经历。
>
> ——迈克·华莱士

一、课程概况

（一）课程简介

"词汇学"课程是面向英语专业本科生的专业选修课程，根据外国语学院的专业培养方案，课程于二年级下学期开设，共32课时，2学分。该课程结合共时视角和历时视角，围绕英语词汇系统阐述了词汇的来源、内部结构、外在搭配特征、意义类型及语义关系与社会历时文化密不可分的关系。课程主要内容包括英语词汇的形成和发展历史、词的形态结构和构成方式、词义及词义关系、词义发展规律、成语与俚语，以及词汇学习策略、词汇学研究热点，等等。课程学习增进学生对英语词汇特色的理解，调整词汇学习策略，提高学生的词汇能力，培养学生的唯物史观、科学与人文精神，训练学生以批判的眼光看待词汇学理论，既勇于创新，又求真务实；坚持语言平等，尊重东西方文化和词汇差异，树立文化自信，提升跨文化沟通能力、国际传播能力。

(二)教学目标

1. 知识目标

(1)理解英语词汇的现状及其历史演变过程。

(2)掌握现代英语词汇的构成、类型及发展规律。

(3)掌握词汇意义的类型、形成动机与规律。

(4)明确英语词典、词汇搭配等其他方面的特点和规律。

2. 能力目标

(1)培养学生的词汇自主学习能力。

(2)增强学生运用词汇学理论来解决词汇问题的能力。

(3)增强学生的语言文化素养、思辨能力和创新能力。

3. 价值目标

(1)坚持语言平等,帮助学生树立正确的世界观、人生观和价值观。

(2)扩大学生的国际视野,坚定其文化自信和时代责任感。

(3)鼓励学生与时俱进、勇于创新,树立科学历史观和辩证观。

(三)课程沿革

本课程最早设立于2004年,经历了继承、改革和创新,主要分以下三个阶段:

初创阶段(2004—2013年):全面建设"词汇学"课程,连年获得学生好评。

发展阶段(2014—2017年):全面开展教学内容、教学方法的改革和线下资源建设,获得校"优课优酬"教学奖励。入选校教学改革项目"协同创新视角下英语专业人才培养模式改革探讨"(JG201525),推动课程人才培养目标的实现。

创新提升阶段(2018年至今):研讨式教学模式改革,开展课程思政和案例建设,将思想政治教育与词汇学教学相融合,打造全方位育人的格局,着力提升学生的国际传播能力、词汇学理论知识水平和解决实际问题的能力,为培养应用型创造型外语专业人才服务。

二、思政元素

"词汇学"课程思政元素主要体现在唯物史观与人文精神、求真务实的科学精神、批判与创新精神、文化认同与文化自信。

唯物史观与人文精神：课程帮助学生树立唯物史观和科学价值观，帮助学生结合对语言词汇产生影响的重要历史事件，如罗马帝国入侵、诺曼征服、印刷术发展、文艺复兴、资本主义革命与殖民地扩张等等，来理解英语词汇的词源、结构、词义特征和词汇发展规律。课程培养学生的人文精神，核心是以人为本，重视语言和文化平等。教学过程以学生为中心，在任务式、合作式、探究式的教学活动中增进学生之间团结协作、开放包容的精神。课程学习拓展了学生的人文视野。让学生在东西方词汇结构、意义、发展规律的对比和讨论过程中坚定文化自信和民族自信，提升学生的人文素养，树立学生人文精神。

求真务实的科学精神：课程围绕英语词汇语例来讲授现代英语词汇学知识。引导学生立足词汇事实，在观察和使用大量词汇的基础上科学归纳词汇结构、语义、发展的基本规律。培养学生求真务实精神，从实际出发，运用词汇学理论阐释客观词汇现象和解决词汇问题。引导学生重视互联网发展对现代英语词汇发展的影响，观察并科学对待互联网生态现象。例如：互联网和全球化导致现代英语词汇不断增加，表现在英语新词、缩略语、复合词等形式的网络用语不断增加，来自不同语言的英语外来词也越来越多地被写入英语词典。同时，以对比的眼光，科学看待现代汉语词汇和现代汉语对世界的影响。

批判与创新精神：引导学生在词汇学概念及理论的学习和讨论中学会思辨和分析，在掌握英语构词规律的基础上用批判的眼光去甄别东西方词汇和文化的异同，批判对待英语的新词新语和新型词汇搭配方式。增强自主学习能力，掌握词汇分析方法，提高发现问题和解决问题的能力。在词汇使用上，既遵循英语词汇的基本规律，又勇于创新、中外结合、大胆验证。

文化认同与文化自信：引导学生使用英语和汉语等不同语言的实例来概括归纳英语词汇规律和特点。一方面加深对理论的理解，另一方面用词汇实践经验去印证理论。在逻辑思辨过程中，学生深度观察英汉词汇，关注不同语言的个性和共性特征。这个过程帮助学生逐步提升对民族语言的自信和自豪感，同时树立语言平等观，拒绝语言霸权和语言歧视，提升文化认同和文化自信，增强国际视野。

三、设计思路

"词汇学"坚持问题导向，遵循思政设计的"五度"原则，采用"互联网+"的教学手段，以学生为中心，围绕教材各单元主题分解核心知识点为教学内容，使用任务型、研讨型教学模式，旨在实现价值引领、知识传授和能力培养三方面一体的教学目标。各章节模块重要的思政元素、相关知识点和教学案例见表10-1。

表10-1　各章节课程思政设计思路

课程章节	重要思政元素	相关专业知识和教学案例
第一章 词汇学绪论	·历史观 ·科学发展 ·文化认同	·知识点：词汇学的研究对象、研究方法、学科地位与特点，词汇的音、形、义之间的关系，词汇的类型，词、词汇、词汇学的定义 ·教学案例：通过"English/Chinese, vocabulary"词汇的历史故事、中国台湾省网红logo设计案例等引入，进行汉英"词汇"概念与类型对比，以展现学习词汇学的重要性，增加文化认同
第二章 英语词汇发展史	·历史观 ·文化自信 ·人文精神	·知识点：英语词汇从古代到近代到现代三个发展阶段的社会特点、文化特点、语言词汇特征及相互关系 ·教学案例：导入丘吉尔演讲与中国伟人演讲音视频材料，分析英国社会发展与英语发展的关系，对比汉英词汇发展阶段特点，增强文化自强意识
第三章 英语词汇的结构	·求真务实 ·爱国情怀	·知识点：解读中英热词，了解英语词汇的基本结构，包括定义、类型、特点与关系等 ·教学案例：通过讨论与研究网络新词、对比汉字构造与英语构词，从汉字构造规律管窥中华传统文化，审视互联网和国际化带来的语码混杂现象对中华汉字传统的扬弃，讨论语码混杂现象的特点与走向，培养学生求真务实精神和爱国情怀
第四章 英语构词法	·创新精神 ·批判思维	·知识点：英语构词法的类型、定义、特点、作用，比较英汉构词特点 ·教学案例：通过分析时政热词，学习使用构词法、结合词源知识和文化知识来记忆、猜词义等，尝试使用构词法来解释词汇构造和猜词义、在适当场合下主动使用新词来交际，培养创新精神与意识；通过审视词义相近的词缀，辨析用法差异，用批判的眼光看待记者在新闻中造新词的现象

续表

课程章节	重要思政元素	相关专业知识或教学案例
第五章 英语词汇意义及演变	·科学精神 ·历史发展观	·知识点：学习词汇意义的类型、形成动机、演变规律 ·教学案例：引入动物词汇的文化内涵与其意义研究与讨论，让学生了解词义的类型和演变规律，依托规律规划词汇学习与使用策略；分析词义与社会发展紧密联系，让学生明白词义在不断发展与变化，词汇学习也因此呈现出由简到繁不断渐进、由少到多长期积累的过程，潜移默化树立科学精神和历史发展观意识
第六章 词义分析与词义关系	·批判思维 ·求真务实	·知识点：词义关系类型和词义分析方法 ·教学案例：展示海明威、狄更斯、钱锺书等人的文学名著中使用的词汇，解读其修辞效果，依托词义关系理论，辩证认识各种词义关系的特征，辩证分析具体词汇的意义关系；结合英语和汉语的词义与交际实例，了解词义关系的文化差异性，鉴赏经典作品中依托词义关系提升修辞效果的典型实例，尝试有效运用词义关系知识提升交际过程与效果
第七章 成语	·历史观 ·文化认同 ·文化自信	·知识点：英语词汇搭配的知识与规律，英汉成语结构对比 ·教学案例：引用并讨论分析汉语成语视频、英语成语的网络视频，展示成语和社会文化的紧密联系以及一些使用者结合自己的交际目的对成语进行同音词替换，使传统成语呈现新的活力；对比同义近义成语在表达方式上的不同，解读成语背后的文化独特性和文化共性；从对比视角看汉英成语的独特性，提升使用民族语言的自豪感和自信心

四、教学案例

（一）案例1：唯物史观与人文精神——英语词汇发展史

词汇是语言的基本组成要素之一。词汇发展是社会发展的忠实反映，词汇发展贯穿人类发展的历史，给予词汇无穷魅力。了解英语所在的语系以及该语系中的其他成员，就能够帮助语言学生科学选择第二外语，并改善英语学习策略。了解英语发展史，有助于认识英语词汇在不同历史阶段的特点和变化规律，理解英语词汇的本质属性。

1. 教学内容

教材第二单元"英语词汇的发展史"。

2. 教学手段

利用中国高校慕课平台进行翻转课堂。

3. 设计思路

首先，通过讲解了解英语词汇发展史的重要性，学习语系和语族知识，使学生结合图表与亲身体验直观形象地了解居于世界前两位的语系——印欧语系和汉藏语系，感受英语和德语的亲缘关系，了解英语与威尔士语、苏格兰语、爱尔兰语的语族差异，体会英语与法语、西班牙语等语言的语族差异，了解汉语和英语、汉藏语系的其他成员之间的语族关系，提升文化自信。其次，通过小组脑图导学，让学生在同伴的带领下，宏观认识本章结构和主要理论内容，突显知识要点，增强大局观，提升知识建构的自觉性。再次，教师点评学生预习情况，结合一对一问答和同伴讨论，围绕英国社会发展阶段与英语词汇发展的关系、对比同时期汉语词汇发展的特点，对本章重难点进行细致讲解。最后，通过课堂讨论和知识重构的方式，让学生重构印欧语系树形图，讨论英语词汇各个阶段的发展特点和相应阶段的汉语词汇特点，培养学生的文化自强意识。

4. 教学环节

（1）课前

在超星平台上发布本课相关慕课视频（必看），要求学生完成预习任务单。

（2）课中

①导入部分

问题：你知道印欧语系和汉藏语系吗？英语和法语是一家人吗？

意图：检查预习情况。

②线下精讲

内容1：语系和语族，关键词 proto-language、parent language、daughter language。

内容2：英语发展的三个阶段。关键点：时间、词量、词汇来源（关键词：Anglo-Saxon、borrowing）、屈折特征（高/低）、构词方式。

内容3：由同质到异质、由综合语到分析语。关键词：homogenetic、heterogenetic、synthetic、analytic。

意图：实现知识点的深入理解与提升，认识英语词汇发展与社会文化发展的紧密联系，树立历史观和科学发展观，提升文化自信。

③学生展示

内容：脑图导学。

意图：训练阅读能力、提升信息获取和整理能力、概括能力、语言综合运用能力；以学生为中心，提升团队合作能力、责任感、大局观。

④学生讨论

讨论议题：概括整理英语词汇发展各阶段的特点，对比汉语词汇发展与社会发展的联系，感受"词汇是社会发展的忠实反映"。

意图：巩固知识点，培养逻辑思辨能力、批判性思考能力，自觉提升文化意识和大局观。

（3）课后

①课后作业：表格整理作业、答疑解惑

②课后总结：课程通过案例分析，引导学生理解词汇是发展的、历史的，不是一成不变的；同时，也让学生理解词汇的音形义的形成与发展离不开社会、文化的作用和影响，词汇的表现形式体现了社会发展和文化发展的需求。探究词汇形态和词汇意义能够让我们实现对使用者的特征及其所处时代的社会文化特征的诠释。学生了解英语词汇发展的同时观察汉语词汇的发展阶段和特点，培养学生的文化自信。

（二）案例2：批判创新精神与科学发展观——词汇意义

意义是构成词汇的三要素之一，也是词汇学习的重要内容之一。意义三角理论认为人观察外部世界，在大脑中形成概念，再用词汇把概念信息编码并传递出来。韩礼德把意义分成七类。词义是动态变化与发展的，遵从一定的规律。有多种因素造成词义的形成与发展。

1. 教学内容

教材第七单元"英语词汇的意义"。

2. 教学手段

利用中国高校慕课平台进行翻转课堂。

3. 设计思路

首先，通过讲解词汇意义与概念、所指的关系，使学生理解意义具有主观性、动态性特征。帮助学生树立科学的意义观。

其次，通过小组脑图导学，让学生在同伴的带领下，宏观认识本章结构和主要理论内容，突显知识要点，提升学生知识建构的主动性和自觉性。

再次，教师点评学生预习情况，结合一对一问答和同伴讨论等教学手段，鼓励学生联系日常语言使用经验解读七类词汇意义，深入理解和辨析各类词义，同时给出汉语中相应类型词义的例子，发现英汉语言中词汇义的共性和个性特征，思考词义发展的一般规律和推动词汇意义发展变化的驱动因素。在这个过程中，教师发挥"脚手架"策略的作用，引导学生批判性地选择恰当的运用实例，运用科学方法开展辩证和逻辑分析，通过实践来巩固理论知识，用理论来指导有效实践。

最后，通过课堂英汉词汇对比与讨论、陈述等环节让学生反思词义发展规律在英语和汉语词汇变化过程中发挥作用的实例，并分析这些实例中让词义发生变化的驱动力及其带来的具体影响。引导学生不仅学习理论知识，更学会用实例去验证理论的正确性，并勇于提出独立观点、大胆尝试科学方法，培养学生追根溯源、大胆求证、求真务实的科学精神。

4. 教学环节

（1）课前

在超星平台上发布本课相关慕课视频（必看），要求学生完成预习任务单。

（2）课中

①导入部分

问题：词义即所指吗？结合语言学导论中的意义理论知识，你认同哪个意义理论的观点，为什么？

意图：检查预习情况。

②线下精讲

内容1：什么是意义？意义有几种类型？

内容2：韩礼德的意义分类。教师引导学生自主辨析、总结归纳、英汉对比。

内容3：词义变化规律。教师引导学生思考英语词汇和汉语词汇的例子，完整描述词例的词义演化过程。

内容4：词义变化的驱动力。教师引导学生用汉语和英语的例子来进行驱动力分析。

意图：让学生在自主思考与探索中吸收知识点，了解规律及其在不同语言中的体现，对理论进行思辨和印证，提升学生的逻辑和辩证思维能力，树立动态发展观，提升文化自信，改善词汇学习策略。

③学生展示

内容：脑图导学。

意图：训练阅读能力，提升信息获取和整理能力、概括能力、语言综合运用能力，以学生为中心，提升独立思考与团队合作能力、大局观。

④学生讨论

讨论议题：用英语和汉语的词汇实例来解读词汇意义发展规律。推动词汇发展的影响因素是否对汉语也有效？

意图：巩固知识点；培养逻辑思辨能力、批判性思考能力；关注不同语言的词汇个性与共性特征，培养学生的文化包容与文化自信。

（4）课后

①课后作业：学习反思。

②课后总结：本章一如既往地重视脑图导学和案例分析，让一部分基础较好的学生带动全班学生的学习与思考，引导学生从语言实践出发概括词汇发展的规律和影响因素。用不同语言的实例对理论概括进行印证。在这个过程中，坚持从实际出发、求真务实、勇于探索、独立思辨、团队合作；培养学生的逻辑辩证思维和批判创新能力；学习和应用科学研究方法、运用历史和发展的视角去分析语例；尊重本民族文字和文化，树立平等、发展的科学观，提升学生的人文与科学精神，增强学生的文化自觉与自信。

五、教学效果

教学坚持问题导向，结合全球化进程中语言软实力建设的热点问题，构建真实的语言环境和词汇任务。教师不仅重视基础知识、基础理论、基础技能的"三基"训练和研究方法训练，而且重视创新思维和创新能力培养、批判思维意识培养，帮助学生树立科学价值观、世界观。

（一）学生的学习成果

学生以词汇学相关选题参加校第三十一届运河杯课外科技竞赛并获得三

等奖，2023年英语专业学生朱居悦获得的校级学生创新训练项目（项目编号：2023046），结合词汇学理论，运用语料库和统计学工具设计了分级阅读软件并申请软件著作权。

（二）学生课后体会与评价

词汇学学习给同学们带来了成就感，获得历届学生的喜爱和肯定。

一是词汇学课程注重价值引领。有些学生认为词汇学课程通过英汉语词汇的多方面对比，增强了学生的文化认同和语言平等观；通过梳理重要历史时间对英语词汇发展的影响和探讨词汇发展规律等小组合作任务的完成，增强了学生的团队合作意识和责任感，也加深了学生对唯物史观的理解；通过对全球英语和英语全球化的探讨，思考全球汉语热现象，增强了学生的人文意识、家国情怀和民族文化自信。这些对学生未来的学业与职业发展产生了积极作用。

二是词汇学课程让学生获得丰富的专业知识，并能够实践运用所学知识指导实践。课程学习使学生在共时和历时两个方面充实了词汇相关知识，了解了基本词汇学理论，夯实了学生的词汇基础。词汇学帮助学生深入理解英语词汇知识，也更好地了解英语的历史（胡润涛，2023届英语专业毕业生）。不仅含有词汇结构、词汇搭配、词汇意义和词典等丰富的词汇基础知识，还介绍了英语词汇的发展历史与演变，直到现代英语全球化的发展过程，这个科学、系统的学习过程让学生"知其所以然"，帮助学生调整以往对词汇的认知和学习策略。老师提供的拓展学习资料和参考网站信息还能满足有兴趣的同学的深入学习的要求。构词法这个部分对英语词根词缀的系统学习起到重要的作用，提升了单词记忆效率，增强了对相似单词的辨识等，为今后持续提升词汇量夯实了基础。合作探究式学习使同学之间能够充分交流，活跃课堂氛围，提高课堂学习效率（贺云龙，2023届英语专业毕业生）。

三是词汇学课程提升了学生的学习能力和思维能力。词汇学课程提升了自主学习能力。教师针对词汇学知识点多、抽象理论阐释多的特点，在学习通和其他平台上提供了文本资料、视听材料、网站信息等各类资料，对提高学生的自主学习效率和进行课前自主预习、课后巩固起了重要的辅助作用（林正志，2023届英语专业毕业生）。使用思维导图等教学活动有助于帮助学生梳理词汇学的科学框架和在知识之间建立系统联系，培养学生的逻辑运用能力；结合日常生活中大量鲜活的词汇现象来领会词汇学理论除了有助于理解理论之外，更引导学生使用批判的眼光来看待平日常见的词汇使用现象，激发学生主动运用相关理论去解读现象背后的原理、规律，在特定语言输出（如设计宣传海报、网络聊天）中基于科学理论的指导去主动创新新形式的词汇，例如语码混杂、使用带有连字符的复合词等等（郑雨欣，2023届英语专业毕业生）。学生普遍认为词汇学课程的问答环节和研讨式任务的设置和完成过程有助于培养学生的科学思辨和理论分析能力。这些能力在学生的实习实践阶段发挥了重要的作用。同时，在职业实习的时候，通过把词汇学理论中的构词法、词汇搭配等知识运用到教学类实践并获得良好效果和好评的时候，更是给学生带来了很多乐趣。

（三）教师教学成长与反思

本课程突出"做中学"的原则。思政教育融入课堂活动中，贯穿各个教学环节，以期实现"润物无声"的思政教学效果。思政教育的融入让教师在能力培养和知识传递之外，更能够让课程发挥价值引领的作用，使学生树立科学发展观、语言平等观，养成溯古明今、求真务实、大胆求证与创新的思维和行为习惯，真正实现为党育人、为国育才的使命。教师在教学过程中，不仅传道授业于人，更是传道授业于己，不断提升自身的职业素养和教学能力。

希罗神话与西方文化

课程团队：闫建华　张维亮　周　易　刘银燕　张　平
案例撰写人：闫建华　张维亮

> 只要有足够的杠杆，一根手指就能拨动整个世界；但要撑起整个世界，必须得有赫拉克勒斯的肩膀。
> ——让－雅克·卢梭《社会契约论》

一、课程概况

（一）课程简介

　　古希腊罗马神话是指由古希腊和古罗马诗人、戏剧家、哲学家等创作出来的各种神话传说、英雄史诗以及各种悲剧的统称。古希腊罗马神话是整个西方文化的主要源头，渗透到当今西方社会的各个领域和各个方面。"希罗神话与西方文化"课程是通过希罗神话探究西方文化根源与文化影响的一门课程，也是全球化语境下当代大学生尤其是外语类专业学生必不可少的一门文化基础课，《普通高等学校本科外国语言文学专业教学指南（2020版）》中将该课程列为英语和翻译两个专业方向的课程。该课程既注重探究西方文化根源与文化影响，也注重将希罗神话与中国神话进行对比，在中西两种神话与两种文化的碰撞中让学生不仅习得跨文化交际的知识和能力，也让学生在提高自身文化素养的同时养成健全的人格。

（二）教学目标

1. 知识目标

（1）系统学习希罗神话知识，熟练掌握各种经典神话故事、人物或事件的来龙去脉；

（2）掌握与神话相关的文化知识；

（3）掌握发端于神话的语言知识；

（4）熟悉中国神话和中国文化知识。

2. 能力目标

（1）能够根据所学神话知识和文化知识分析或揭示出当下西方社会、政治、历史、文学、科学等领域的相关文化现象，洞察古希腊罗马神话在其中所发挥的根源性作用，即要具备一种透过文化现象看"神话"本质的能力；

（2）能够熟练运用源自神话故事的语言知识和文化知识，不断提高联想能力、想象能力、思辨能力和跨文化交际能力。

3. 价值目标

（1）通过希罗神话蕴含的丰富的育人元素塑造健全的人格。

（2）重点培养学生的契约精神和民族文化自信，唤起学生的生态意识。

（三）课程沿革

本课程旨在引导学生系统学习希罗神话知识，在此基础上凭借跨学科、跨艺术、跨媒介、跨文化手段，全方位提升学生的能力和素质。本课程最初是为浙江工业大学英语专业和翻译专业开设的一门文化基础课，于2015年春季开课，迄今共有9届学生参与选课，每届选课人数大约占全年级总人数（130人左右）的80%。课程团队建成并不断完善形式多样的试题库和多模态教学资源库，同时致力于收集学生作业和答卷中的优秀案例，建成优秀案例资源库。课程于2018年获得首批校级课程思政建设项目立项，2021年获得校一流培育课程，两个项目皆以优秀成绩结项。2020年，课程团队制作完成国内第一门完整的全英文"希罗神话与西方文化"慕课，2022年慕课入选"国家智慧教育平台"；2021年获得省级首批课程思政示范课程立项，并于2023年顺利结题；2022年课程思政案例《神圣植物与神圣地球》入选"新华思政网"，课程获得省级一流课程立项。

二、思政元素

本课程的思政元素主要体现在契约精神、人与自然的和谐、民族文化自信、爱国情怀、悲悯情怀、家园意识、与人为善、感恩之心等方面。

契约精神：契约精神是一种不容亵渎的神圣品格，希罗神话故事中的契约精神往往体现在毁约所带来的严重后果上面，即但凡毁约者无一例外都付出了惨痛的代价。其启示意义就在于，当今世界上至总统下至百姓，大到国家小到个人，都应该用一种契约精神来约束自己。所谓"契约"就是中国文化中的"抱柱之信"，就是人与人之间的一种诚信。

文化自信：本课程的一大特色是将中国神话与希罗神话、中国文化与西方文化进行并举和对比，让学生在这样的并举和对比中切身体会到源远流长的中国文化丝毫不输于以希罗神话为根源的西方文化，这对于提升学生的民族文化自信大有裨益。

生态意识："和谐"是我们这个时代的主旋律，它不仅意味着人与人之间的和谐，也意味着人与自然之间的和谐。人与自然之间的和谐不仅是确保社会和谐的前提条件和重要因素，也是一个民族生态文明的重要标志。希罗神话有大量有关人与自然关系的故事，是挖掘"生态思政"潜能、培养学生绿水青山意识的好材料，而生态意识的唤起无疑是生态文明建设的一个基础条件。

三、设计思路

"希罗神话与西方文化"是一门文化基础课程，也是一门综合性课程，知识体系庞大、时间跨度大、涉及领域广、文化要素多、思想深度高。课程教学采用线上、线下混合模式，体现数字信息技术与教育教学深度交融的课程结构，采用项目任务式、合作式、探究式等教学方法（主要以项目任务书的形式呈现，主要包括希罗神话故事表演、希罗神话核心问题的想象式解析、中西神话大比拼、西方文化焦点问题的思辨性探析，以多样化的任务形式将希罗神话与西方文化课程的重点难点进行情景式再现与交互式辨析等），体现以教师为主导、以学生为主体的教学理念，使教学活动实现由"教"向"学"的转变，真正以学生的需求为关注点,形成以教师引导和启发、以学生积极主动参与为主要特征的教学常态。

在教学手段方面,本课程坚持多样化的课程组织形式,创新教学模式,改进教学方法,提高思政教学的针对性和实效性。主要的教学手段有画龙点睛式(在讲述希罗神话中的"契约精神"时,指出其中包含的正确的世界观与人生观,并结合《庄子·盗跖》中的"尾生之约"以及阿里巴巴拒不行贿的企业信条来阐发契约精神所昭示出来的为人处世之道)、案例穿插式(追溯中国全民抗疫策略在中国传统神话故事中的抗争精神,通过现实与课程知识的紧密结合来培养学生的民族文化自信)、隐形渗透式(以希罗神话中维护人性尊严、体恤悲悯情怀的诸多故事展开,让学生感受"友善思政"的重要性,从情感上打动学生,让学生从内心深处产生一种共鸣,通过对故事的体验来提高学生的共情能力)以及讨论辨析式(围绕希罗神话中屠杀动物的道德问题展开,辨析动物杀戮在神话中的必然合理性与无辜无理性,引导学生思考神话故事中潜在的自然与环境问题,有理有据地谴责动物滥杀行为,同时抵制极端物种主义思想,提倡和谐的生态环境观念和地球公民意识)。

课程按内容分成四大模块,每个模块由两到三章构成,加上导论部分共是五个部分。各章节模块重要的思政元素、相关知识点和教学案例见表11-1。

表11-1 各章节课程思政设计思路

课程章节	重要思政元素	相关专业知识和教学案例
课程导论:第一章	明确告知学生本课程的目标之一关乎人格养成与价值观塑形	希罗神话课对于提升文化"软实力"的重要性,以世卫组织的logo为例加以说明。
基础知识模块:第二章至第三章	·人与自然的和谐 ·民族文化自信	在宇宙创世和人的创世中嵌入人类与自然万物同根同源的观点;在大洪水神话中融入气候变暖与海平面上升的严峻形势,引导学生绿色出行,避免另一场大洪水的到来;将战神马尔斯和雅典娜进行比较,从中融入对暴力和血腥的鞭挞、对和平与富足的向往与追求等。同时,在讲述希罗神话中人类在大洪水面前被动等死的故事时,适时引入大禹治水、女娲补天的故事,以此来形成一种鲜明对比,树立学生的民族文化自信。

续表

课程章节	重要思政元素	相关专业知识和教学案例
主要神祇模块：第四章至第七章	·契约精神 ·责任担当 ·爱国情怀 ·悲悯情怀	在追溯特洛伊战争的根源和奥菲斯的回头时融入契约精神；在讲述赫克托尔的故事时融入责任担当与爱国情怀；在讲述普里阿摩与阿喀琉斯的故事时融入人性尊严与悲悯情怀；在讲述奥菲斯主义时融入健康的生活方式和饮食习惯，等等。
著名英雄模块：第八章至第十章	·家园意识 ·爱国情怀 ·忠贞不渝	在讲述奥德修斯的故事时融入家园意识、爱国情怀、契约精神、忠贞不渝、自我节制、智谋双全、敢于探险、热情好客等正能量的价值观和品格元素；提醒学生拒斥残酷、杀戮、抢劫、血腥、欺诈等负能量的价值观和判断英雄的标准；在讲述帕耳修斯的故事时融入"工欲善其事，必先利其器"的中国古训。要成就一番事业，必须得做好充分的准备，付出超出常人的代价。
凡人悲剧模块：第十一至第十二章	·与人为善 ·戒骄戒躁 ·常怀感恩之心	凡人的悲剧故事旨在让学生明白，与人为善、戒骄戒躁、常怀感恩之心和敬畏之心，一般不会给自己及亲人招来祸端。反之，任何目中无人、狂妄自大、将自己置于神祇之位的凡人，最终都将受到严厉的惩罚。涉及的故事主要有卡德摩斯家族的悲剧故事与阿勒克涅、尼俄伯、伊卡鲁斯、法厄同等。

四、教学案例

（一）案例1：埃瑞西克森毁树与"生态意识"的唤起

引入案例之前，教师已经带领学生深入了解了植物在奥德修斯历险归途中的重要作用，明白了植物与神祇的渊源，并且也引导学生从神话、哲学、神学、词源学、科学（植物神经学）等不同的学科角度明白了这样一个事实：植物是"神圣"的，它们有着和人类一样的"灵性"，它们默默无闻，支撑着整个星球上的生态系统。再结合当下气候变化、疫情暴发等诸多环境问题和健康问题的频现，生态意识的唤起怎样强调都不为过。埃瑞西克森砍树毁林、自食恶果的神话故事是最契合这一思政元素的教学材料。具体实施步骤如下：

首先提出一个导入性问题：既然植物对英雄和神祇都如此重要，甚至被提升到了"灵性"的高度，那么希罗神话中那些毁灭植物的人类或神祇会得到怎样的报应呢？顺着这个问题，教师就可以推出埃瑞西克森国王由于砍倒谷物女神的神树而遭到残酷惩罚的故事，对他的惩罚就是一口一口地把自己吞噬掉。讲述故事时要特意强调埃瑞西克森的肆意妄为和自食恶果，为后面的讨论做好铺垫。

其次，让学生分组讨论这个故事隐含的教育意义并进行分享。大多数学生都能看到神祇所具备的无边"法力"，即冒犯神祇定然会受到惩罚。教师需要引导学生看到为什么埃瑞西克森砍树得到的惩罚是"一口一口地吃掉自己"，这其实也是人类乱砍滥伐树木导致环境恶化、最终一步一步走向自我毁灭的一个隐喻、一种朴素的生态警示。但这个朴素的生态警示对当下的我们也有着深刻的教育意义：当一个地方的植被遭到破坏，它所引起的蝴蝶效应终将影响到每一个人，这与当下学界在植物批评领域所探讨的"植物乡痛症"殊途同归。从这个意义上来讲，埃瑞西克森毁树波及的不仅仅是他本人，而是整个人类共同体。

再次，引导学生明白了这个道理之后，就进入分组讨论环节，让学生列举自己所知道的中国神话中因为毁树或毁植而招致惩罚的故事，诸如《太平广记》中的刘皂、智通、邓珪、江夏、董观、吴偃、卢虔等一众神话人物掐花毁树的故事，启发学生再次明白这些故事背后所蕴含的生态警示。

最后，作为故事的延展学习，让学生对神话故事稍做改写。改写的题目是：假如埃瑞西克森可以获得一次自我救赎的机会，他需要像赫拉克里斯那样完成一次"不可能的任务"，其间还可以获得某位神祇的帮助。请发挥想象力，完成这篇神话故事的改写。通过这个改写作业，学生被唤起的生态意识将会得到进一步内化。

（二）案例2：疫病神话与民族自信的树立

课堂上以史诗《伊利亚特》中希腊联军暴出疫病作为引子，要求学生列举其他希罗神话中的疫病事件并且思考其神话根源。这样做的目的旨在引导学生明白所有疫病的根源来自太阳神阿波罗，他是理智和艺术之神，同时也是瘟疫之神，即人间的瘟疫都是因阿波罗而起，学生只要明白这一点就可以进一步探讨希罗神话中的神定论，看出其中所体现出来的西方文化中的宿命论哲学。

在这一基础上引导学生列举自己所知道的西方文化中的大灾大难，包括希罗神话中宙斯的洪水之灾、波塞冬对埃塞俄比亚城邦制造的猛兽之灾、《圣经》

故事中上帝制造的末日洪水等等，要求学生归纳总结其背后所蕴含的抗灾哲学。很自然地，师生在总结探讨的过程中就可看出西方文化面对大灾大难时的处世哲学，即，疫病是诸神降灾人世、涂炭生灵之举，人们除了被动接受、拼命祈祷之外似乎别无他法。这种疫病与神祇之间的捆绑让人类陷入消极被动、任由命运摆布的境地，是一种典型的宿命论思想。

至此，学生已然明白这样一个道理，即源于神话的文化传统在西方现代社会中仍然以新的形式或新的表达方式出现，西方社会应对新冠疫情的消极策略之中，深藏于群体免疫及其应对策略背后的思想正是这种接受宿命、不作抵抗的悲观态度的一种体现。

在这之后进入分组比较讨论的环节，即要求学生比较中国抗疫政策与西方的不同之处，从中就可看出中国文化应对灾难的态度是一种积极、迎难而上、通力协作的态度。但这种态度不只是现在才有的，而是与中华民族深厚的文化积淀有着密切的关系。

为此，教师要借机引导学生回顾中国神话中女娲炼石补天、大禹带头治水、后羿力射九日等神话故事中所凝聚的民族文化遗产和抗争精神。中国对疫情的有效控制之所以与西方世界不得不采取的封禁隔离措施形成鲜明的对比，作为中国文化之源的中国神话依然在遥远的地方发出深沉的回响。至此，中华民族文化的卓越之处再次得到了印证，这对于树立学生的民族文化自信大有裨益。

五、教学效果

自2015年开始，英语系面向英语专业、翻译专业、英法一体化学生开设希罗神话与西方文化课程，受益人数近千人。课程教学团队由五位专业教师组成。课程不仅培养学生的知识、技能，更注重用希罗神话所蕴含的正能量的价值观来塑造学生健全的人格，得到了历届学生的高度认可。

（一）学生思政竞赛、学术研讨及课题立项成果

以希罗神话与中西方文化相关知识为切入点，团队教师指导学生参加省级课程思政征文竞赛和学术研讨会，并组织学生积极申报科研项目，主要取得以下几个方面的成绩。

1. 2023年吕骏汶同学的征文《聆听希罗文化故事，领略中西文化价值》获得浙江省高校课程思政学生征文竞赛特等奖，得到省高校课程思政教学活动总结表彰大会的表彰（2023年4月1日）。

2. 团队教师带领学生参加浙江大学举办的"文本·方法·方向：新时代诗歌研究国际研讨会"（2022年11月4至6日），会议宣读希罗神话相关论文两篇，题目分别是《屈原〈离骚〉与奥维德〈哀歌集〉中的植物意象比较》和《探析奥维德〈变形记〉中的身体伦理观》，得到与会专家的一致好评。

3. "中西应对疫情措施背后的神话根源追溯"被立为2021年浙江工业大学大学生创新创业训练计划项目，该项目由孙依婷同学主持，主要探讨中西应对疫情措施背后的神话出处、文化根源和抗疫机制，借此进一步凸显中国神话与文化的独到之处。

4. "奥德修斯和郑和对中国'一带一路'发展的启示"被立为2018浙江工业大学大学生创新创业训练计划项目，该项目由徐一情同学主持，主要探讨在"一带一路"与大力发展海洋文明的战略构想语境下，《奥德赛》这部经典史诗和神话中所包含的西方海洋文明的得与失，便于我国在发展新世纪海洋文明时取其精华弃其糟粕，实现海洋文明的和谐发展。

5. "传统节日神话的普及与建立民族文化自信研究"被立为2018浙江工业大学大学生创新创业训练计划项目，该项目由李雯同学主持，主要探讨如何将传统节日背后所凝聚的中华民族精神及其神话渊源转化成通俗文化的可能路径及其策略。

6. "从《山海经》与《变形记》中异兽形象看中西方文化差异"被立为2017浙江工业大学大学生创新创业训练计划项目，该项目由王万昭同学主持，旨在从《山海经》和《变形记》中对异兽的形象描绘、代表性意象、创作目的以及情节构成等方面入手，探讨中西方作品中异兽形象的文化内涵及其对中西社会与历史所产生的影响。

7. "当代中国文化产业借鉴经典希罗神话的调查研究"被立为2016浙江工业大学"运河杯"资助项目。该项目由陈婉琦同学主持，主要探讨我国文化产业发展如何正确、有效地借鉴希罗神话元素并创作出脍炙人口的文化产品的策略与机制。

除以上成效之外，历届学生还撰写了20篇以希罗神话为主题的论文，其中优秀论文 11 篇，创作了 200 多项多模态创意作品，包括诗歌、小说、绘画、歌曲、音乐、舞蹈、雕塑、剪纸等多种艺术形式。

（二）学生课后体会与评价

历届学生对这门课程的评价十分中肯，体会也颇为深刻，其中比较典型的有三种表现形式。

第一种表现形式是大学在读期间学生学习希罗神话的感受。我们选取 2022 届的两位同学加以说明。吕骏汶同学认为希罗神话中蕴含的哲思给她很大的启迪，对塑造学生世界观、人生观、价值观具有积极作用，她本人通过学习对宇宙起源和英雄传说有了深刻的了解，同时也领略了希罗神话中蕴含的人本主义精神，习得了一种运用批判性思维去分析问题的能力。另一位同学孙依婷说，这门课是她在大学里遇到的最具有启蒙意义的课程，对她的人生观、价值观塑造产生了深刻的影响，如她说自己从中西文化对比中明白了中华民族的优秀文化传承，她将永远铭记从希罗课上学到的做人道理，在这个缤纷的世界里绽放自己的花。

第二种表现形式是读研同学在不同高校深造时的体会。他们普遍认为，希罗神话给他们打下坚实的文化基础，使他们在解读文本时能够看到其他不具备希罗知识储备的同学看不到的一些问题，这一优势让他们颇感自豪。如现任职于杭州文澜实验中学的陈顾艳就说，若非本科时老师的精彩授课与耐心指导，她在读研期间读莎士比亚的作品就要难上很多。同样，在江苏盐城中学从事教育工作的刘华燕也认为，她读研期间对文学作品进行分析时，从希罗神话课程中学到的批判性思维方式让她可以找到更加新颖的解读视角，深得老师和同学的赞许。2023 年毕业于浙江大学的王洛梵同学也不无自豪地说，当他们在老师带领下解读弥尔顿的作品时，她一眼就看出了其中蕴含的希罗神话的"梗"，这让在座的其他同学羡慕不已，上课老师也问她是怎么看出这一点的，答曰："我们本科时候学过希罗神话！"

第三种表现形式是希罗神话对已经工作的学子在职业和人生方面的影响。譬如现任职于上海天元律师事务所的方倩雯同学认为，希罗神话课不仅是一门文化课，更是一门格局课，她从中看到了希罗神话对于西方国家乃至整个世界的深刻影响，加深了她对生命与世界的认知，教会她做人、热爱生命与生活。再譬如现任北京哇嘶嗒科技有限公司（VAST）人力资源部总监的吴梦娜同学认为，希罗神话这坛子酒的风味愈久愈香，它带着最原始的直接和坦诚，把一些为人处世的基本道理用力地"砸进"她的价值观里，使之能够在善与恶、生与死，罪与罚的对立统一中获得终身受益的体会和感悟。如她可以见怪不怪，淡定从容地处理很多与"人"相关的事情，而这些在她看来都是学习希腊罗马神话给她的人生埋下的彩蛋。

旅游英语

教学团队： 彭 燕　张 平　杨宁宁
案例撰写人： 彭 燕

> 旅行，于年轻人而言，是教育的一部分，于年长者而言，是阅历的一部分。
>
> ——弗朗西斯·培根

一、课程概况

（一）课程简介

"旅游英语"的课程性质是英语专业二年级专业选修课，共32课时，2学分。本课程以杭州旅游资源为语言学习的载体，采用"文化专题研讨＋融合实践"教学模式，探讨中国传统文化的继承与发展，在国际背景下提高学生英语实践能力和思辨能力。"旅游英语"是国家一流专业建设点课程体系中西文化板块特色实践类课程，对接浙江国际化发展及其对外传播"重要窗口"定位要求，旨在培养融合创新型英语人才，使他们成为杭州城市文化的宣传者，在不同层次的国际交流中讲好杭州故事乃至中国故事。

（二）教学目标

1. 知识目标

（1）掌握旅游英语的核心词汇和常用表达方式，理解旅游英语语篇的特点和功能。

（2）了解旅游文化常识，为高年级的翻译类课程提供背景知识和语言基础。

（3）了解对外宣传的工作原则，掌握涉外接待的工作常识。

2. 能力目标

（1）提高旅游英语所要求的英语实践技能和临场应变能力。

（2）提升在会展赛事、科技文化、商务洽谈等国际交流场合涉外交流能力和服务社会意识。

（3）提升思辨能力和学以致用的意识，锻炼为涉外文化旅游创意设计的能力。

（4）探索符合地方特色的叙事方式，提升国际传播能力，讲好中国故事。

3. 价值目标

（1）形成良好的人文素养和礼仪修养。

（2）融入地方文化，理解地方文化传统和现代发展之间的关系。

（3）坚持民族自信和文化自信，拓展国际视野，提升综合人文素养。

（三）课程沿革

"旅游英语"课程自2004年开设，至2023年已授课17个学期，受益学生1300余人。本课程经历了三个发展阶段：

课程探索期（2004—2016年）：形成和完善了课程内容；

课程完善期（2017—2021年）：获首批校级"课程思政"改革试点立项并结题，参加首届全校教师教学创新大赛并获得二等奖；

课程成熟期（2022—2023年）：获校一流本科课程培育项目和省一流本科建设项目，参加首届全校教师教学设计大赛并获得三等奖，在全国交流会议上也建立了一定影响力。

二、思政元素

本课程以地方旅游文化资源为主线，构建"旅游知识技能+文化素养"的双线融合教学内容，使学生从浙江视角理解中国社会文化，产生文化认同感和使命感，提升用外语对外传播中国文化的能力。"旅游英语"教学中主要包含以下育人元素。

文化认同感：本课程以浙江尤其是杭州的自然旅游资源、历史人文资源与现代发展资源为基础，深化民族文化和地方特色内容，开展多种旅游形式的英语实践，学生既综合了解杭州名胜景点和传统文化知识，又可以深入理解经济发展与旅游资源、传统文化之间的关系，激发民族自信心和文化自豪感，增强地方文化融入感。

时代使命感：本课程以杭州文化古今对比的形式既呈现中国传统文化风采，又增加地方最新发展和前沿亮点，如智慧城市、特色小镇、新景区、新城区、新赛事。引导学生认识"继往"是为了"开来"，继承发扬优秀传统的同时要敢于开拓创新，提升窗口意识及生态意识，肩负起社会发展的责任，创造新的时代特色。

国际视野：杭州新发展带来旅游文化资源的丰富和旅游服务水平的提高，使学生认识杭州在管理创新、科技前沿、电子经济、国际赛事等方面表现出的城市能力和国际影响力，培养学生全球化思维。通过中外对比分析的方法提升学生的跨文化传播意识、批判意识以及文化包容意识。

艺术鉴赏力：本课程立足地方特色的旅游资源，凸显杭州城市气质和文化底蕴。对书画、曲艺、美食、丝绸、茶文化、手工艺等旅游资源融入更多的审美教育，增强艺术与社会、个人的互动性，使学生对各形态艺术的讲解、研究和传播融入情感和个人感悟，提升学生的传统艺术鉴赏力和现代时尚审美力。

浙江精神：本课程以浙江尤其是杭州的旅游资源为基础，突出地方特色内容，旨在增强学生的地方文化体验感和社会参与感。只有充分了解本地资源和文化理念，学生作为未来的建设者才能更加关注地方发展。杭州历史底蕴和前沿发展都使学生更好地理解和传承浙江人的诚实守信、匠心精神、领先意识以及高品质发展意识。

三、设计思路

"旅游英语"采用"文化专题研讨+融合实践"的教学形式，每个模块以旅游景点引出文化专题研讨和案例点评，提升文化内涵，再采用"模拟导游+国际志愿服务+文旅设计研究"的融合模式层层推进实践，巩固研讨成果，实现多元培养目标。具体来说，本课程主要通过以下策略实现育人功能：

（1）模拟导游实践活动增强课程体验感，有助于增强对文化主题的理解和感悟，培养学生对地方文化的认同感、融入感和自豪感。

（2）文化专题研讨突出地方特色、时代特色和国际视野，即以杭州旅游资源作为语言学习的载体，探讨中国传统文化的继承与发展，在国际背景下提高思辨能力，增强弘扬旅游文化的能力。

（3）国际赛会志愿者服务等社会实践锻炼学生服务社会的能力，践行时代使命和拓展国际视野，增强"对外窗口"展示意识。

本课程包括九个旅游文化专题，各章节模块重要的思政元素、相关知识点和教学案例见表12-1。

表12-1　各章节课程思政设计思路

课程章节	重要思政元素	教学案例
专题一 杭州的历史起源：良渚文化	·文化认同感：兼容并蓄的历史观，民族自信心，文化自豪感 ·时代使命感：和谐生态意识	教学案例1：了解良渚先民智慧和地方文化发展的历史，研讨农耕文化对历史演变和现代生活的作用，提升和谐生态意识 教学案例2：点评学生非遗调查实践的案例，历史变迁和文化发展，培养民族自信心和文化自豪感
专题二 水文化：运河文化与西湖文化	·文化认同感：文化自豪感，地方文化融入，城市发展自信心	教学案例1：学习关于京杭运河和西湖的视频及研究论文，以研讨和案例点评引导学生认识水文化对杭州发展的作用，形成文化自豪感和城市发展自信心 教学案例2：以导游示范和学生模拟导游讲解的形式，讲述西湖故事，体会杭州的悠久历史以及杭州浪漫与柔美的韵味，增进对地方特色文化的认同感和自信心
专题三 杭州书院文化和浙江教育思想	·浙江精神：尊师重教，开拓创新 ·时代使命感：社会责任感 ·国际视野：批判意识，文化包容	教学案例1：研讨杭州的教育历史和著名书院，了解浙江教育思想 教学案例2：点评学生关于杭州教育的调查实践，引导学生认识浙江教育的特点及价值，增强学生尊师重教、发展教育的责任感

续表

课程章节	重要思政元素	相关专业知识和教学案例
专题四 杭州古典园林和建筑	·文化认同感：文化自信心，地方文化自豪感 ·艺术鉴赏力：统艺术审美	·教学案例1：研讨杭州代表性古典园林的造园手法，提高建筑欣赏水平和艺术鉴赏力，增强文化自豪感和自信心 ·教学案例2：了解中国古典建筑的独特构件及社会象征意义，增强对古典建筑保护意识
专题五 杭州艺术和地方戏曲	·文化认同感：文化自信 国际视野：跨文化传播意识 ·艺术鉴赏力：传统艺术审美	·教学案例1：研讨中国书画特点及分类、杭州书画对中国文化发展的意义。 ·教学案例2：研讨中国戏曲和西方戏剧的区别，了解主要地方剧种、婺剧对浙江的意义。 ·教学案例3：以案例点评的形式引导学生理解书法、绘画、文学、戏曲领域的关系、书画和戏剧的现代发展及其国际化
专题六 杭州丝绸文化	·浙江精神：匠心精神，高品质发展意识 ·艺术鉴赏力：传统艺术审美，时尚审美能力	·教学案例1：了解杭州丝绸工艺的历史，研讨杭州手工艺的传承与保护，尊重匠心精神和质量意识，提升时尚审美能力 ·教学案例2：点评学生对丝绸贸易的调查实践，引导学生认识杭州时尚风格的形成及丝绸之路的现代意义。从时尚流行的角度理解江南浪漫柔美、精致婉约的城市气质，体现时代特色。
专题七 杭州茶文化	·文化认同：文化自信，人文精神 ·时代使命感：生态意识 ·国际视野：跨文化传播意识	·教学案例1：了解中国茶叶分类和杭州茶文化历史，理解茶文化所代表的人文精神，培养良好的生活态度和生态意识。 ·教学案例2：点评学生关于中西茶文化的对比实践，了解茶文化所蕴含的经济元素和文化意义，认识它在新时代的使命。
专题八 杭州美食文化	·文化认同感：文化自信 ·时代使命感：生态意识 ·国际视野：跨文化传播意识 ·艺术鉴赏力：美食的艺术性	·教学案例1：了解杭州美食文化的传承与发展，研讨中餐烹饪蕴含的养生理念、哲学理念及美食的艺术性。点评学生的杭州美食推广设计，增强地方文化自信心。 ·教学案例2：点评学生关于中西餐桌礼仪的对比与实践，拓展国际视野，体会美食在国际文化交流中的意义。
专题九 杭州新发展：数字经济与小镇文化	·文化认同感：文化自信 ·时代使命感：科学精神 ·国际视野：跨文化传播意识 ·浙江精神：高品质发展理念	·教学案例1：研讨杭州文化对促进杭州新发展的作用，以最新城市发展变化打开学生的视野，崇尚科学和技术。 ·教学案例2：通过模拟导游、小组采访、实地参观体验、研究论文等形式认识杭州高品质发展理念，增强城市文化认同感，提升窗口意识，增强跨文化传播意识和时代使命感。

四、实践案例

（一）案例1：模拟导游"杭州水文化：西湖"

本次课为基于研讨的模拟导游，既锻炼学生的语言运用能力和综合实践能力，也使学生更深入地思考杭州的历史变迁以及这些古迹所散发的现代之光。"西湖水文化"是本课程第二个专题"水文化：运河文化与西湖文化"的第二次课。学生在这之前已经学习了良渚文化、运河兴衰等相关内容。

1. 设计思路

首先，通过课前材料和思考问题对西湖形成和西湖水系对杭州发展的作用形成一定认识。然后通过研讨梳理西湖水从"水害"到"水利"的演变。最后落脚到提升西湖"水"文化的内涵，引导学生理解西湖水系对杭城历史发展和精神气质的影响，审视自然与人之关系，维护绿色生态、爱护西湖、热爱杭州，从而增强文化自豪感和地方文化认同感。

2. 教学环节

（1）课前准备

观看纪录片《西湖》第一、四、十集，了解西湖作为自然景观的历史，思考西湖水系与杭州地理、人文、社会发展等之间的关联。每个小组实地或线上游览西湖，从社会、经济、文学、艺术、哲学等某个角度切入，准备一个与西湖相关的文化故事。

（2）互动研讨

思政导入：以苏东坡的《饮湖上初晴后雨二首》英译文和2022年5月18日《中国青年报》对西湖柳树移栽事件的报道，引发学生对西湖自然景观在不同历史时期的意义的思考。

主题探讨：小组研讨及汇报古代名人在西湖景观发展中的作用，梳理纪录片《西湖》中从"水害"到"水利"的主要内容，分享西湖"水文化"在文学、艺术、哲学等领域的呈现形式，进行跨学科探讨。

内涵提升：点评研讨西湖柳树移栽事件的后续报道，引导学生结合身边生活理解西湖"水文化"对杭州市民生活的意义。西湖文化的和谐底蕴带给城市管理和谐的工作风格,西湖"水文化"对杭州市民观念具有潜移默化的作用,新时期人们更重视城市的发展定位和文化品格。

(3)模拟导游讲解

学生根据讲解创意或讲述视角选择内容,形成讲解提纲,口头讲述或配合场景录制视频。

3. 案例总结

模拟导游讲解基于对文化主题的思考和研讨,讲解者于杭州古迹的前世今生中寻访杭城精神,实践体验感很强,有助于培养学生对地方文化的认同感、融入感和自豪感。

(二)案例2:主题研讨"杭州新发展:数字经济与小镇文化"

本次课为第九个专题"杭州新发展:数字经济与小镇文化"的研讨课,文化主题的研讨是激发学生文化思辨、提升家国情怀的重要切入点。

1. 设计思路

首先,学生通过课前阅读材料和观看视频对杭州数字化管理、数字经济和小镇经济有初步认识。然后探讨其为杭州带来的利益及其背后的城市发展理念。最后落脚在勇于开拓创新、追求高品质发展的浙江精神,激发学生的自豪感和责任感。

2. 教学环节

(1)课前准备

观看城市数字化管理和特色小镇的视频,阅读推荐材料并查阅文献,小组研讨杭州高品质发展理念以及杭州文化对促进杭州新发展的作用。

(2)思政导入

以新冠疫情期间通行码为例,引导学生分析其能在杭州首创使用的原因。引导学生思考梦想小镇和玉皇山小镇等经济形式代表了杭州怎样的发展趋势。

(3)主题探讨

小组交流城市大脑的作用及其带来的生活便利,讨论并汇报互联网经济形势下杭州在全国的领跑作用、互动梦想小镇的新兴产业培育在全国的创新作用、玉皇山南基金小镇的创业者机遇。

（4）内涵提升

在小组总结和教师点评的基础上，探讨数字经济和小镇经济背后的城市发展理念，先生态、后生活、再生产的"三生融合"生态思想体现了杭州和谐绿色的城市发展理念，同时敢为人先、开拓进取的浙江精神。

3. 案例总结

主题研讨的意义在于思想碰撞、拓宽视野、提升内涵。它鼓励学生们对丰富庞杂的城市新发展进行多视角的研讨和理论性的反思，领会城市的高品质发展理念。杭州新发展使学生为杭州广阔的发展前景感到骄傲，也对杭州在未来发展中将要担当的社会责任具有使命感。

（三）案例3：社会实践"杭州新发展"

本次课为第九个专题"杭州新发展：数字经济与小镇文化"的实践活动，在国际背景下参与浙江现代发展是对传统文化继往开来的一个重要切入点，社会实践帮学生提升认识、打开眼界。

1. 设计思路

优先考虑借助举办国际赛会的机会，但由于服务人数受限，本专题实践活动采取多类型、分散实践的形式，目标是通过具有国际背景的社会实践为学生打开多元文化视角，体验文化差异，提升学生的窗口意识和综合外语素质，增强跨文化传播意识和时代使命感。

2. 实践准备

学生提前了解实践活动的主题和服务内容，查阅资料并调动所学，为交流互动做好知识准备和心理准备，并为突发意外做好预案，同时也要为实践总结和实践分享提前做好方案。

3. 案例总结

多样化的实践活动大大开拓了学生的国际视野。学生曾为第十九届亚运会、G20杭州峰会、国际互联网大会、国际游泳锦标赛等国际交流活动做志愿者，有幸接触到高端赛事、国际交流、互联网新技术展览等活动，了解该领域在国内外的最新资讯，目睹高层次人才和企业家风采，甚至可以在一对一接待VIP时跟嘉宾交流请教，受益匪浅。在实践过程中，学生以大方自信的风貌为中外嘉宾提供良好的服务。在学生总结和分享实践经历的时候，既可以提升自己的认识，又可以为更多同学开阔眼界。

五、教学效果

"旅游英语"课程提高学生语言能力的同时,将思政育人贯穿于教学全过程,融入地方特色文化和中国传统文化,向学生传递积极的历史观和文化观。学生对本课程满意度较高,自校"优课优酬"教学奖励实施以来,每期均有获评。

(一)学生对外文化讲述的实践能力提高

学生文化分析能力提升,思辨能力增强,文化传播热情高涨。学生录制模拟导游英文视频200多段,以英文讲解校史馆,制作四期"小语带你看中国"系列视频以双语讲解红色故事,其中部分视频自媒体点击量达到42000多次,激发了学生文化认同感和对外传播能力。

(二)学生服务社会表现优秀

实践活动是课堂学习的延续和检验,志愿者服务和社会实践等多种形式的活动既是展示学生综合实践能力的窗口,也是他们接触国际交流的窗口。每年有30多人参加互联网大会等国际赛会的志愿者服务活动,收获大会赞誉并被中央级媒体多次报道。第十九届亚运会、G20杭州峰会、世界游泳锦标赛等国际活动的志愿服务中志愿者们也表现突出。"清风行"景区翻译纠错社会实践活动持续了17年,在网络上引发关于景点翻译的热烈讨论。这些锻炼使学生通过切身体验融入其中,开阔了视野,对自己和对杭州的城市文化都增强了信心。

(三)学生科研能力大幅提升

"旅游英语"的科研实践包括对文化专题的反思性论文以及课程延伸的科研立项。专题论文鼓励学生挖掘古今杭州及浙江的文化故事,探讨浙江的文化精神,从而产生更强的情感认同。近10年间学生基于旅游资源申报的科研立项有38项,其中国家创新创业大赛6项,省级大学生科技创新活动2项,校级科研竞赛、校科研基金、校级创新创业大赛共30项。这些研究性实践不仅开启学生初步的学术探索,还激发他们思考如何将所学知识与城市发展关联起来,参与到社会新发展中去。

（四）学生课后反馈积极

1. 以新颖的视角介绍中国文化元素是本课程的特色，旅游故事把旅游文化元素生活化、具体化。享受旅游的同时在体味文化，品味文化的同时又在学习英语。学生认为风光、美食、茶饮、时尚、建筑、艺术、教育等丰富的文化元素熏陶了文化修养，拓展了他们的眼界，使他们感受到文化的多姿多彩，激发了他们领略不同国度风土人情的强烈愿望。

2. 学生从传统文化的古今对比和中外对比中体会到了中华文明的厚重，意识到外语学习者有责任把博大精深的中国文化传播出去。有学生工作后反馈经常遇到不同文化的交流和碰撞，他们在文化包容的同时也保持着文化上的自信和骄傲，懂得了传递正确价值观、弘扬本国优秀文化、积极向外国友人展现大国风采的重要性。

3. 学生评价本课程的实用性很强，对语言技能、实践能力和团队合作能力都有较高要求，锻炼了多方面的能力。期末论文认真选题、总结归纳，努力寻求多维度的展现，力求让外国友人看到中华文明的多样与深厚内涵；推荐的慕课和阅读文章都是很好的学习英语的材料，帮助学生更好地理解和消化课堂内容；课外拍摄模拟导游视频锻炼英语实践和视频编辑的能力，挖掘了多方面的潜力。学生在工作实习和志愿者服务中遇到接待国外客户的任务，"旅游英语"课上学到的知识使他们感受到了学以致用的欣喜。

跨文化交际

课程团队： 周 易　彭 燕　杨宁宁
案例撰写人： 周 易

> 从我们自己的文化视角得出的看似合理的结论，实际上从另一种文化角度看来可能是不尽然的。
>
> ——尼尼安·斯玛特

一、课程概况

（一）课程简介

跨文化交际主要研究不同文化背景下产生的价值取向与思维方式的差异，服务于日益发达的国际沟通与人际交往，符合全球一体化的时代背景特征。"跨文化交际"课程旨在提高学生的跨文化交际能力与传播中国文化的语言能力，拓宽学生的国际视野和帮助学生解决在跨文化交流中因文化的差异而产生的种种问题。本课程为考查课，在大学二年级下学期开设，共32课时，2学分。

本课程要求学生了解影响跨文化交际活动的各种因素以及跨文化交际的途径等，培养学生在英语语言学习中的跨文化交际意识和能力。课程集价值观塑造、能力培养、知识传授三位于一体，在跨文化情景中，以体验与渗透相结合、理论与实际相结合、历史与现实相结合及显性教育与隐性教育相结合等方式引导学生确立正确的世界观、人生观、价值观；帮助学生增强是非辨别等能力，培养学生思维能力，实现认知、情感、理性和行为的协同发展。

（二）教学目标

1. 知识目标

（1）认识语言、文化和交际三者之间的辩证关系，了解文化的多元性，了解交际的要素和特征以及影响跨文化交际的主要因素，掌握跨文化交际应该遵循的原则和方法。

（2）熟悉中国语言知识和国家文化知识，了解儒家文化的文化价值取向及其对交际风格的影响。

（3）掌握英语语言知识、英语国家文化知识，了解英语国家社会文化中人们的不同风俗习惯、行为模式、交际特点、言语及非言语语言的使用，及其体现的文化差异。

（4）掌握基本的跨文化研究理论知识和分析方法，了解价值观、文化维度的基本概念及其体现的文化差异。

2. 能力目标

（1）能够熟练掌握跨文化语用能力，理解英语口语和书面语传递的信息、观点、情感，有效传递信息，表达思想、情感，再现生活经验，并能注意语言表达的得体性和准确性。

（2）能够对本国文化有深刻的认识和理解，思辨中外文化的基本特点和异同，对不同文化现象、文本进行阐释和评价。

（3）能够运用跨文化交际的知识去指导实践，有效和恰当地进行跨文化沟通，能用英语流利清晰地向外国人介绍我国文化，以达到有效的中外文化沟通。

3. 价值目标

（1）通过文化差异的对比思考，学生将尊重世界文化多样性，具有跨文化同理心和批判性文化意识。

（2）重点培养学生的思辨能力，在尊重事实的基础上，谨慎判断、公正评价、敏于探究，自觉反思和调节学生的思维过程。

（3）增强学生的跨文化意识和跨文化敏感度，提高学生对中西方文化差异有理性、科学的认识，培养社会主义核心价值观，树立正确的人生观、世界观、价值观，增强文化自信。

（三）课程沿革

"跨文化交际"课程在开设初期是面向英语专业学生的专业选修课。前期课程建设的重点在如何引导学生在沉浸式和体验式的教学中掌握文化、交际的定义和特征，了解跨文化交际的途径、影响跨文化交际活动的各种因素，帮助学生在英语语言学习中提升跨文化交际的意识和能力。2023春季学期开始"跨文化交际"课程升级为专业必修课，且于2023年获校级一流专业核心课程建设立项。课程入选校级教学示范课，学评教多次取得100%或接近100%的好评率。

二、思政元素

"跨文化交际"课程具有多元性和跨学科性的人文学科特点，与课程思政在专业教学中融入育人的教学目标高度契合，能够在帮助学生认知西方文化和进行中西方文化对比的同时，发挥课程思政功能，培养学生具备以下思政元素：

跨文化意识：语言与文化之间存在着不可分割的关系，要提高交际能力，能和不同民族、受不同文化影响的人之间进行顺畅的交流交往，需要从根本上了解文化，培养跨文化意识，提高对不同文化之间差异性的理解和敏感度。

开放包容：开放包容筑就多边外交大舞台，海纳百川，有容乃大。跨文化沟通建立在国家与国家、人与人的相互尊重、相互理解上。在学习过程中正确地认识文化差异的存在，正确地对待文化差异，能够有效避免文化霸权意识与文化自卑意识。

民族文化自信、中国情怀：中国传统文化历史悠久，辗转相承。在了解外国文化的同时，不能忘本。跨文化交际基于不同的文化背景，首先立足于对本国文化的充分了解，将辩证法与弘扬中华优秀传统文化有机结合起来，有助于促进学生对于优秀传统文化的高度认同，培养学生民族文化自信、中国情怀。在跨文化理念下用英语介绍中国文化，将本土视角国际化，讲好中国故事。

合作共赢：文化环境的变化，文化维度的不同，难免会带来冲突。跨文化交际培养的辩证思维将使学生对于中西文化的异同有敏感的认知。在中西方利益交融日深的当下，如何用跨文化理论框架理解双方不同的思维模式，达到互利共赢，将为学生更好理解"人类命运共同体"开启智慧之门。

三、设计思路

"跨文化交际"课程在体验性学习理念框架下如何构建以学生跨文化体验为核心、以提高学生跨文化思辨能力为教学目标的外语思政教学模式,将思政理念与课程结合,致力于培养具有爱国情怀、跨文化意识,能进行跨文化交流且能讲好中国故事的英语专业学生。课程按内容分成五大模块,每个模块由两到三章构成。各章节模块重要的思政元素、相关知识点和教学案例见表 13-1。

表 13-1 各章节课程思政设计思路

课程章节	重要思政元素	相关专业知识和教学案例
第一章 绪论:文化与跨文化	・正确的文化观 ・跨文化意识 ・死亡观念 ・身体意识	通过讨论"文化冰山"、可视文化、非可视文化,指导学生树立正确的文化观和跨文化的思想和意识;通过中西方是否告知患绝症的亲人真实病情、不同丧葬文化的案例,让学生了解中西方不同的死亡观念,增强身体意识,认识到社会现象背后的文化内涵,培养他们对文化差异的认识、认可和认知意识。
第二章 言语交际	・辩证看待西方文化 ・民族自豪感 ・爱国情怀	通过让学生对中国和英语国家在问候、邀请、拜访、赞美等方面的跨文化语体差异、文体差异进行探讨,分析文化差异形成的原因,使学生能够辩证看待西方文化,对中华优秀传统文化的理解进一步深化,增强民族自豪感,培养爱国情怀。
第三章 非言语交际	・合作共赢 ・沟通协作 ・跨文化敏感度 ・批判性思维能力	通过广告中肢体语言差异带来的不同效果的案例分析,让学生对中国文化和英语国家文化中的非言语交际行为进行对比研究,培养学生的批判性思维能力,提升跨文化敏感度。 解决在跨文化交际中因非言语交际中的文化差异而产生的种种问题,运用在处理跨文化交际中一些微妙问题时所需的基本知识和技巧,达到互利共赢。
第四章 文化冲击	・跨文化能力 ・深入了解中国文化 ・批判性思维能力	由学生分享从固有的文化环境中移居到一个新的文化环境中如何产生文化上的不适应,讨论文化休克(culture shock)现象,反思并更深入了解中国文化;通过分析文化休克的五个不同发展阶段的案例,帮助学生了解人们在不同文化中的思维方式,了解思维方式与跨文化交际之间的关系,理解中西方思维方式的差异,提高跨文化能力。
第五章 文化维度	・热爱中国传统文化 ・当代中国价值观 ・人类共同价值观 ・文化自信	从霍夫斯泰德的文化维度视角,通过讨论电影《刮痧》《岳父岳母难当》的片段,让学生理解文化维度对人们价值观、思维方式、言语交际、行为交往方式的影响,对中国文化、当代中国价值观、人类共同价值观产生认同,增强文化自信。

四、教学案例

（一）案例1："是朋友还是敌人？"

本案例安排在课程第三章"非言语交际"的导入环节开展。第三章的重点内容是让学生对比研究不同文化的非言语交际行为，培养学生的批判性思维能力，提升跨文化敏感度。

1. 阅读文本

在事先未告知学生的情况下，将学生分成A、B两组分别阅读同一个事件的2个不同版本的阅读材料。A组将得到"That Was No Brother"（《这不是我们的兄弟》），B组得到的是"That Was No Welcome"（《这不是友好的欢迎》）。事件描述的是一个非洲部落与白人的首次相遇，因文化误读与隔阂造成了激烈残忍的冲突。各个版本都只提供了有限单一的阅读视角，A组、B组的学生以非洲部落与白人的不同视角，体会特定群体的固有思维方式思考。

2. 讨论情节，思政导入

同学分小组讲述故事的梗概、讨论冲突产生的原因。在讨论事件的互动环节中，学生会惊奇地发现，虽然是同一个故事，大家对事件的起因和发展有着完全不同的理解。对立的两方分别从自己的文化视角描述了事情的始末。A组从非洲部落的视角解读故事，认为他们所秉持的传统文化信念是"生命是由水赋予的"，拥有白皮肤的人一定是淹死的同胞从水之王国返回家乡，于是所有人为同胞归来举行了盛大的欢迎庆祝，出动了所有的独木舟，声势浩大，但白人却突然向他们开枪宣战。而B组从白人的视角出发，认为非洲部落鸣鼓呐喊是威胁，全族全船的靠近是一种宣战，于是白人先扣动了枪机，发动了战争。

3. 思政分析

告知A、B组学生他们阅读的是同一个故事的不同版本，分别代表非洲部落跟白人的不同视角，引导学生讨论对陌生文化的行为交际的误读和恐惧如何引发了激烈冲突，并引出非言语交际的概念。

4. 文化反思，思政深化

课后让学生写反思日记，引导学生思考当人们遇到文化隔阂时，会用惯性的思维去解陌生事物,因此错误的理解不可避免。有效的沟通将达成文明体系之间的和谐共存。

(二)案例2：电影《刮痧》中的文化冲突与文化自信

本案例安排在课程第五章"文化维度"导入环节中展开。第五章的重点内容是让学生从霍夫斯泰德的文化维度的视角,理解文化维度对人们思维方式、行为交往方式的影响,对中国文化产生认同,增强文化自信。

1. 了解文化差异,思政导入

观看电影《刮痧》片段。中美文化冲突是电影《刮痧》的一大中心主题。故事发生在美国,已经来美八年的许大同,事业有成,家庭幸福。许大同在影片一开始就表达了对于"美国梦"的向往。"我爱美国！这里是我的家！"这是全球化进程下,一部分在美华人生活的真实写照。从北京刚到美国的老父亲用中国民间流传已久的刮痧疗法给孙子丹尼斯治病,没想到这竟成了丹尼斯一次意外事故后许大同虐待孩子的证据。在法庭上,对刮痧这一传统中医疗法一无所知美国法官、揭竿而起的医生和护士、耍手段的律师,都在努力维护西方社会政治和法律系统的运转,展现了西方文化体系下的思维方式。

2. 思政分析

(1)引导学生分析、讨论许大同骨子里由中国传统文化所根植的意识形态和思维方式。影片的冲突点在于他为了维护朋友的"面子",当众打了自己的孩子。"打是疼骂是爱""道不同不相与谋""留得青山在,不怕没柴烧",这些许大同脱口而出的中国俗语都体现了其内心深处的中国文化思维方式。中西方不同的文化传统所带来的误解与隔阂是一系列矛盾冲突的导火索。

(2)讨论刮痧这一中华传统文化在西方法治民主等观念下是一种怎样的存在,我们应当如何构建"文化自信"。同时,黑头发、黄皮肤的美籍华人,虽持绿卡但无法被美国社会接纳,说着一口流利的英语却无法被美国人理解,如此矛盾的生存状态体现了移民身份的异化。而寻找文化自信之"根"可能会为文化身份的认同与归属提供一个可行的解决方案。

3. 文化反思,思政深化

课后布置学生写反思日记,引导学生思考作为外语人,不仅要了解西方文化,更要能有意识地传播中国文化,讲好中国故事,将中华优秀传统文化中所蕴含的丰富哲学思想、道德理念、民族自豪传递给国际社会，成为中西方沟通的桥梁。

五、教学效果

（一）学生学习成果

"跨文化交际"课程在英语系开设多年，受益学生一千多人。课程任课教师坚持在培养学生的知识、技能，提高学生语言能力的同时，培养学生的跨文化交际能力与传播中国文化的语言能力，拓宽学生的国际视野和帮助学生解决在跨文化交流中因文化差异而产生的种种问题。学生对课程的喜爱延伸到了课外，很多学生积极参加跨文化能力大赛，其中金沛琦等同学获得了省级跨文化交际能力大赛二等奖。

（二）学生课后体会与评价

"跨文化交际"课程一直深受学生的好评，很多学生表示通过课程学习提高了英语交际能力，加深了对中西文化的了解，增强了爱国情怀和文化自信。

"跨文化交际"课是同学们扩大国际视野、更好地了解中西文化差异的良好平台，在全球化进一步发展，各国交流日益密切的今天有着很强的现实意义；通过对比学习，我深刻地意识到了我国文化的积极意义。我国文化注重集体，讲求谦逊，践行中庸，许多精神内核都已然成为当下社会主义核心价值观的一部分。（谭沥寒，2019级英语专业02班学生）

本课程对于提升学生的跨文化意识、批判性思维能力起到了积极的作用。

通过对西方传统与文化的学习，我的选择能力、是非辨别能力和批判性思考能力都有了提高。我认为"跨文化交际"课难能可贵的一点是它所体现出的"求同存异"，即在同中合作，在异中反思，最终看到在不远的将来由"一带一路""人类命运共同体"带来的全人类的福祉，以及黑塞笔下的"那由千百种矛盾的表情神奇地统一起来的人类的容颜。（谭沥寒）

这门课通过生动典型的实例，为我们展现比较了不同文化在价值观念，思维方式，社会规范上的差异和矛盾。我也深刻意识到了在跨文化交际中，理解并尊重他国文化的重要性。这堂课让我学会用更为客观的眼光审视不同文化之间的差异，更为理性地看待不同文化之间的矛盾，有意识地提高个人跨文化交际能力，学习跨文化的交流技能。知己知彼方能减少纷争，交流通畅。跨文化交际，从人与人之间的交往出发，于细微之处探究文化的精深，帮助我们打通言语的障碍，搭建起文化的桥梁，令人受益匪浅。（刘莹，2017级英语专业05班学生）

同时，"跨文化交际"课程有助于帮助学生树立正确的三观和健全的人格，培养跨文化交际能力。

这门课对我更大的启发在于我可以用更加宽阔、更包容的视野去看待不同文化和文化现象，对国际上乃至身边发生的各种文化交际，无论是国内的不同文化还是不同国家之间的文化，都保持着平等、包容以及理解的心态去接受，而不是像网络上许多网民不了解实际情况就开始盲目攻击某种文化现象；我会更加多方面地去思考一件对于本文化的人难以理解的事情，在作出判断前去查阅资料了解事实，减少武断的结论和空口无凭的偏见。（戴乐玲，2019级英语专业02班学生）

"跨文化交际"这门课是我在大学里遇到的颇具启蒙意义的课，对我的人生观、世界观、价值观都有着积极影响。在这门课上，老师带我们领略了世界各地的风土人情，见识各种文化冲击、交融的现象，也教导我们在面对不同文化时应该秉持的心态和做法。这门课使得我在面对不同文化不同语言的事物时，心态上更加开放包容，也更加尊重，对异国风俗习惯不求完全理解但求保持尊重，兼容并蓄。（叶宣辰，2017级英语专业02班学生）

（三）教师教学成长

授课教师在思政教学中教学相长，不断提升教学和教研的能力。教师积极参与校级教学示范课展示，课程结束后的学评教多次取得100%或接近100%的好评率，课程深受学生的喜爱，教学效果优秀。在历年本科教学"优课优酬"的评选中，本课程多次获奖。课程负责人周易老师成功申报了浙江省教育厅项目（"跨文化外语教学的实证研究——从教学实践和教师发展的视角"）、英语专业核心课程建设和校级一流专业核心课程。周易老师还参与了多项与本课程相关的比赛，获得浙江工业大学第二届微课教学比赛十佳，第六届"外教社杯"全国高校外语教学大赛浙江赛区二等奖，浙江工业大学第十一届青年教师教学技能比赛十佳。教师通过比赛促进教学，不断学习、改进课程思政教学。

美国文学

教 学 团 队： 潘艳慧　杨宁宁　张　平

案例撰写人： 杨宁宁

> 日月之行，若出其中；星汉灿烂，若出其里。幸甚至哉，歌以咏志。
>
> ——曹操《观沧海》

一、课程概况

（一）课程简介

"美国文学"课程是为英语语言文学专业的本科生开设的专业必修课程，于三年级下学期开设，共32学时，2学分。此课程是在学生扎实的英语语言基础上，为拓宽英语专业学生语言、文化、历史知识和相关文化知识而设置的，旨在使学生认识和掌握美国文学各个发展阶段的代表作家、作品，提高学生的文学欣赏水平及其文学批评能力。

课程主要包含两方面的主要内容，即美国文学史和美国文学选读。通过专题授课、小组讨论和阅读实践相结合的形式，使学生对美国文学的发展和主要文学流派及人物有一个总体的比较系统的把握，为学生自主阅读文学作品做必要的理论和历史铺垫。同时，提高学生英语语言的应用能力，培养他们对英语文学及文化的意识，多角度全方位地提高他们对文学作品的美感认识。此外，该课程对学生进行后续专业学习与深造、英语语言文学专业相关学术研究等方面打下良好的基础。

（二）教学目标

1. 知识目标

（1）了解美国文学发展史上的重要时期和阶段的文学现象、本质和特征以及文学语言的基本概要。

（2）了解重要文学时期的代表作家及其主要作品，熟知其内容、风格、艺术价值及在历史上的地位。

（3）了解伴随着美国文学各个阶段产生的文学流派、文艺批评思潮和文学批评方法。

2. 能力目标

（1）能够运用所学知识学会分析诗歌、小说、戏剧等文学体裁；

（2）能够结合前沿的文学理论来解读与批判，提出自己的观点并加以论证与辨析。

3. 价值目标

（1）着重培养学生的人文精神素质和人文情怀；

（2）增强学生是非辨别能力、选择取舍能力、美丑鉴赏能力；

（3）在美国文学所展现的国际视野中巩固中国立场和态度。

（三）课程沿革

"美国文学"自1996年我校开设英语专业以来一直是英语语言专业高年级阶段的专业必修课程，2021年新的培养计划变更为文学方向必修课，主要经历以下几个阶段：

初创阶段（1996—2006年）：课程主要以美国文学史为主，旨在提高学生的文学常识与文学修养。教师主要通过授课的形式，向学生介绍美国文学各时期文学现象、重点作家和作品，学生缺乏文学作品的赏析机会。

发展阶段（2007—2018年）：专业评估之后，课程改革将文学作品的阅读和赏析加入文学史的梳理过程之中，提高了学生的文学阅读和赏析能力。

创新提升阶段（2019年至今）：近几年的改革将美国文学史中的文学理论知识加入作品的解读之中，形成了一套从文学史到文学作品再到文学理论的有机体系，丰富学生的文学研究视野，训练学生的思辨能力和批评能力，与毕业目标更为贴近。课程教学也采用了小组项目的形式，通过学生小组协作研读和梳理文学史，辅以老师的课后辅导，帮助学生小组巩固和深化文学史与文学作品之间的紧密联系。课程还要求学生有自主学习能力，能够针对个别重要流派思想、文学批评书籍和文学创作手法进行研究和课堂展示，起到了以学生为主导的教学效果。在课程思政方面，已开始建立思政案例库，以学生的作业为载体，收集优秀的学生思政案例库素材。

二、思政元素

本课程教授的是美国文学和文化，处于接触西方思想的前沿阵地，价值观极易碰撞并呈现多元态势，极易对学生的思想产生较大冲击。因此，本课程需要深刻把握美国文学教学对于塑造学生思想价值观念的重要意义。在此基础上，突破传统的、工具式的教学方式，立足于新型课程思政理念，不仅讲授传统的美国文学文化知识，而且着力培养学生的思辨能力，使其能够在当前复杂的国际形势下，抵御西方的文化霸权和价值观渗透，形成正确的世界观、人生观和价值观，真正成为高等教育培养出的时代新人。主要体现在以下几个方面：

人类命运共同体：人类只有一个共同的家园：地球。当今世界面临着百年未有之大变局，政治多极化、经济全球化、文化多样化、社会信息化等潮流，各国都面临诸多共同挑战。习近平主席也提出国际社会日益成为一个你中有我、我中有你的"命运共同体"。本课程通过讨论马克·吐温的幽默讽刺小说、美国梦的破灭以及中国梦的崛起、当代美国文学多元化特征等环节，在中西文化碰撞中使学生认识美国文化文学和中国文化文学都是关于"人"与社会的文学，对"人"的关切、对"自然"的关切、对"社会"的关注都是"人类命运共同体"的题中应有之义，寻求人类的共同利益和共同价值应该是共同的努力方向，同时增强社会责任感和使命感。

家国情怀：美国作为一个建国不到三百年的国家，国家意识和爱国情怀都是逐步建立起来的，美国文学作品无疑是家国情怀绝佳的载体。在赏析解读沃尔特·惠特曼诗歌等美国文学作品的同时，引入五四时期中国爱国作品，通过中西文化对比和文学的共情，荡涤心灵，不仅激发起强烈的爱国情怀，同时使学生意识到在重要的历史时期知识分子的时代精神引领作用,提升学生在新时代对国家的责任担当意识。

文化自信:大学时代思维活跃,勇于创新,敢于自我表达,也是性格形成、三观树立的关键时期,容易受到周围的信息和多元化思想的冲击和影响。美国文学课程以美国文学作品为载体探讨西方文化、价值、立场和理念。在讨论梭罗、爱伦·坡、马克·吐温、菲茨杰拉德、海明威作品中展现的美国社会物质至上、道德沦丧、信念缺失所引发的社会与人性问题时,引入中国文化中相关的态度与立场,在不同层面的比较辨析中,深化学生对中西文化差异的认识。在对比学习中,培养学生具有自己的中国立场与态度,并以此为基石形成全球视野,巩固自身的文化自信。

生态意识:人与自然之间的关系是文学作品的共同主题。人与自然之间的和谐是社会和谐、不同文化之间和谐的前提条件和重要因素,也是一个民族生态文明的重要标志。美国文学中有大量自然文学作品,也有诸如梭罗等探讨人与自然关系的作家。课堂教学中通过分析并讨论梭罗的《瓦尔登湖》等文本,引入中国道家文化"天人合一"思想与之对比,使学生深入认识人与自然之间的关系、自然在人类社会发展中的作用。同时,结合浙江生态文明成果以及中国在国际社会中对碳中和等环境问题的担当,培养学生在现代社会的生态意识和生态责任感。

三、设计思路

"美国文学"通过对具体文本的分析,不仅使学生了解美国文化体系下的价值观,同时通过批判性地阅读英文经典,提高学生对美国文化及价值观的批判力和鉴别力,主要采用任务式、合作式、探究式等教学方法,引导学生积极参与到教学活动中来。为提高思政教学的效果,主要采取案例分析、隐形渗透、讨论辨析等教学手段。各章节模块重要的思政元素、相关知识点和教学案例见表14-1。

表 14-1　各章节课程思政设计思路一览表

课程章节	重要思政元素	相关专业知识和教学案例
第一章 殖民地时期与独立时期的美国文学	·理想信念 ·奋斗精神	·知识点：美国"清教主义"，启蒙运动的内涵，《富兰克林自传》第一部分第二章《初到费城》 ·教学案例1：小组讨论"殖民时期清教主义为何盛行以及美国梦为何如此重要？" ·教学案例2：课堂讨论"美国百元大钞上为何是富兰克林？为何全世界读者都在读《富兰克林自传》？"
第二章 美国超验主义	·理想信念 ·独立精神 ·生态文明	·知识点：超验主义，爱默生散文《论自助》节选 ·教学案例1：课堂辩论"在当今物欲横流的社会环境中需不需要精神信仰？" ·教学案例2：课后写作"爱默生的超验主义对中国当今科技自强有什么启示意义？" ·教学案例3：课后调研"梭罗《瓦尔登湖》与中国当今'绿水青山就是金山银山'的生态观有什么关系？"
第三章 美国浪漫主义时期诗歌	·民主与平等 ·精神追求 ·家国情怀 ·艺术之美	·知识点：惠特曼《自我之歌》，狄金森《我是无名之辈》；爱伦·坡《致海伦》 ·教学案例1：课堂陈述"惠特曼的民主与平等意识为什么在五四时期的中国大受欢迎？" ·教学案例2：课堂演讲"什么是成功？狄金森对成功与成名的独特理解是什么？" ·教学案例3：英文海报"什么是艺术之美？什么是诗歌的美？爱伦·坡《致海伦》美在何处？"
第四章 现实主义时期的美国文学	·人类命运共同体 ·文化自信	·知识点：马克·吐温《卡拉维拉斯县驰名的跳蛙》，幽默与讽刺的作用 ·教学案例1：小组展示"《跳蛙》中如何通过幽默与讽刺体现马克·吐温对当时的美国社会的辛辣批判？" ·教学案例2：课后调研"19世纪末美国社会的社会问题比如金钱至上、道德败坏、贪污腐败在当今中国社会存在吗？我国政府如何解决这些社会问题？"
第五章 现代主义时期的美国文学	·人类命运共同体 ·生态文明	·知识点："爵士时代"，《了不起的盖茨比》第九章 ·教学案例：课堂讨论"小说中'美国梦'是如何幻灭的？习近平总书记提出'人类共同体'的概念为何响应了时代的需求？"
第六章 当代美国文学	·人类命运共同体 ·多元文化与全球化 ·文化自信	·知识点：当代美国文学的多元化发展，"垮掉的一代" ·教学案例：英文海报"美国当代文学中的华裔文学与中国文化"

四、教学案例

（一）案例1：惠特曼诗歌导读与家国情怀

教学内容：惠特曼诗歌《啊，船长！我的船长！》《自我之歌》。

沃尔特·惠特曼（Walt Whitman，1819—1892）是美国十九世纪著名的民族诗人。他的诗歌是美国民族认同、时代精神和爱国情怀的代表。同时，惠特曼对中国现代文学影响深远，中国诗人把惠特曼的民族自由精神及爱国情怀写入了中国诗歌。

1. 导入环节

播放音频，要求学生有感情背诵《啊，船长！我的船长！》

课前预先布置学生背诵惠特曼这篇代表作，课上播放诗歌音频，并挑选学生现场背诵。介绍其对美国文化的深远影响，"captain"一词已成为饱含文化内涵的词汇。通过这一环节，让学生感受诗歌中强烈的情感。

2. 文本分析

引导学生分析解读这首诗独特的修辞手法、意象，影片式视觉以及听觉的渲染，使学生在情感上与诗人共情，感受到诗人对林肯总统被刺事件的强烈悲痛之情。继而通过分析象征手法，让学生讨论诗中所洋溢着的强烈的民族意识和爱国情怀。

3. 拓展阅读

阅读惠特曼《草叶集》中的名篇《自我之歌》，通过讨论使学生意识到诗人第一次把科学的进步、城市的繁荣、物质文明的发展作为美的形象写进了诗歌。他描绘了这个新世界的轮廓，反映了整个一个历史时代美国的形象，概括了极其丰富的生活和思想内涵，表达了诗人对自由、民主的渴望及对未来美国的信心与爱国热情。

4. 深化讨论

将惠特曼与五四时期的中国知识分子进行比较。通过拓展阅读，学生认识到惠特曼的诗歌在他的时代是有重要的积极意义的，自然而然我们过渡到中国与时代精神上来。惠特曼与中国五四时期的诗人比如郭沫若等有很大的渊源，引导学生对这两个时代进行对比,力图廓清在重要历史关头作为时代精神领路人的知识分子的重要作用,使学生进一步认识到家国情怀在任何时候都不会过时,都是青年人安身立命之本。

5. 课后拓展阅读

阅读惠特曼《门前紫丁香初开的时节》、郭沫若《女神》。进一步阅读惠特曼和郭沫若的诗歌,有兴趣的同学可以做比较文学的分析。

(二)案例2:梭罗《瓦尔登湖》与生态文明

教学内容:梭罗《瓦尔登湖》第二章《我生活在何处,我为何而生》。在美国19世纪超验主义思想家中,梭罗是仅次于爱默生的重要人物。他集"神秘主义者、超验主义者、自然哲学家"于一身,自然对于他有着特殊重要的意义。他在瓦尔登湖畔的小木屋中独居了两年,最终完成了他最重要的作品《瓦尔登湖》。

1. 导入环节

现代人为什么爱读《瓦尔登湖》?《瓦尔登湖》曾和《圣经》一同入选为美国图书馆"塑造读者的25本书"之一,2016年清华大学校长把这本书赠送给了大一新生。引导学生思考这本书的现代意义。

2. 文本分析

自然对于梭罗有着怎样的意义?学生课下完成了文本阅读和小组讨论,在课堂讨论环节各小组通过深挖文本,展现了梭罗对自然的看法:人不仅是自然的观察者,更是自然有机整体的一个小小部分。他在篇中幽默地写到,自己和林中鸟儿成为邻居,把自己关在"笼子"(小木屋)里,又把这笼子放在小鸟之家的附近。通过这样的文本细读,教师引导学生进一步意识到梭罗不仅热爱自然万物、蔑视财富,他认为自然是有神性的,强调自然对人精神的抚慰和净化作用,人在精神上与自然契合,从而在自然中认识并发现了"更高的法则"。梭罗的自然观与当今流行的生态主义在人与自然的关系上不谋而合,认为人和其他生物都是平等的,是自然的一分子。

3. 拓展讨论

梭罗的自然观与全球生态意识觉醒,乃至我国的生态文明建设有怎样的关系?引导学生认识到梭罗对精神生活的重视,对于现代社会也有重要的启示意义。与学生简单回顾过去的一百年来人类对自然环境的破坏，经济飞速发展如何以生态环境的恶化为代价。梭罗的前瞻性不言而喻。

4. 深化主题讨论

梭罗的观点与我国的物质文明、精神文明以及生态文明建设有何联系？学生通过自由讨论，认为梭罗以及超验主义思想家的思想属于唯心主义观点，他们认为自然和精神是一体的、崇高的，远胜于物质文明。这对我们强调生态文明和精神文明是有启示的，但和我国的社会主义价值观还是有差别的，从而引导学生批判地、辩证地看待两国的文化。

5. 课外小组调研

梭罗的思想与中国道家思想的异同。通过小组活动，进一步认识中西文化对自然的理解，增强学生对中国文化以及生态思想的认识。

（三）案例3:《了不起的盖茨比》中美国梦的破灭与中国梦的崛起

教学内容：菲茨杰拉德《了不起的盖茨比》第九章。菲茨杰拉德是美国"迷惘的一代"的典型代表，其代表作《了不起的盖茨比》通过对盖茨比美国梦幻灭的描写，刻画了"爵士时代"美国精神的虚幻与衰落。通过探讨美国梦的破灭，讨论中国梦的价值及内涵。

1. 导入环节

课间及课后观看电影《了不起的盖茨比》，让学生了解整本书的结构及情节，加深对美国梦主题的认识。

2. 文本分析

美国梦的内涵以及美国梦破灭的原因。在文本阅读中，引导学生意识到盖茨比年轻时对梦想的追求深受本杰明·富兰克林的影响。因而带领学生回溯到富兰克林时代的美国，并讨论该时代"美国梦"的所指：只要经过努力不懈的奋斗便能获得更好的生活，亦即人们必须通过自己的勤奋、勇气、创意和决心迈向繁荣，而非依赖于特定的社会阶级和他人的援助。这样的美国梦激励着世世代代的美国人奋发向上，以及世界各地无数怀揣梦想的很多年轻人历经千辛万苦来到这片土地创造自己的价值。这样的美国梦在当时的历史环境下是有其道德基础与合理性的，它是清教主义的世俗体现，它符合清教主义的要义和道德规范，获取财富的手段必须在道德准许的范围内。

然而纵观《了不起的盖茨比》一书,其背景是1922年的美国。此时美国已然进入资本主义阶段,西进运动已经成了遥远的过去。西部已再无土地可供开发和征服。社会环境的改变和物质资料的匮乏使富兰克林的先驱精神不再适合成为一个发展中工业国家的精神准则。战后的美国经济空前繁荣,传统的道德、传统的理想、传统的宗教信念区域瓦解,及时行乐追求享受成了一种生活时尚。通过细致的文本分析,引导学生意识到盖茨比美国梦的实质:美国梦成了追求物质享受的代名词。物质主义的飞速发展,加剧了贫富分化,资本家积累大量财富。在这样的社会中,一个人如果想要通过勤劳与智慧获得成功,就是一个梦,一个永远不可能实现的梦。

3. 中西对比:中国梦的内涵

从美国梦延展开去,通过习近平总书记提出的中国梦的内涵,讨论物质文明与精神文明之间的关系、道德规范的约束与社会发展的走向以及当今全球化与人类命运共同体格局之下每个国家、个人的历史责任与社会使命。通过中西对比,探讨中国思想文化、优良传统的承传与中国梦崛起的关系。

4. 课后延展阅读

阅读习近平总书记关于中国梦论述的英文版,深化理解当今时代中国文化及中国梦的意义。

五、教学效果

美国文学课程自英语专业开设之初至今,曾面向英语专业、英语二专业等学生授课,学生受益面非常广泛。课程教学团队由多位专业教师组成,任课教师坚持文学文本分析解读、文学历史线索勾勒的同时,与中国传统文化、文学建立互动与关联对比,向学生传递积极的文化观和价值观,将素质教育贯穿于教学全过程,教学效果显著。

(一)文学文化方向优秀毕业论文占比率、学生满意度高

作为英语系高年级专业必修课之一,美国文学课程是英语语言文学方向的核心课程。在专业发展上,本课程一直在课程内涵、教师队伍、学生培养等方面起着支柱作用,近三年来优秀毕业论文中,文学文化方向所占比率分别为

33%、46%、44%。近三年来,"美国文学"学生满意度高,每年有一到两个班级满意率100%。

(二)学生课后体会与评价

历届学生对"美国文学"课程在专业学习、素质培养、价值引领等方面的作用给予了充分的肯定。

他们认为美国文学这门课程在英语专业学习中非常重要。在课程内容上,徐凯迪(2013级英语专业学生,2017年保研上海外国语学院硕士研究生)认为:"文学课涵盖面广,涉及政治、文化、历史、哲学等,在学会欣赏文学语言的美的同时,了解到整个美国文学的发展脉络、其与社会历史文化政治的关联,了解到不同民族不同文化之间的确有很大的不同,也有很多的共性。"

在授课手段及提升学术能力培养方面,田甜(2016级英语专业学生,2020年级浙江大学硕士研究生)认为:"美国文学这门课在小组讨论与学术批评方面对我们帮助很大。小组讨论有利于组员一起构建起一个初步的论题框架,然后在这个框架上各自再寻找新的落脚点与可能的学术思考。这样的训练培养了学术敏感性,对研究生阶段的自主学习与学术研究提供了很好的专业基础,有利于熟悉研究生阶段的一些基本学术训练方式。"

除了专业学习和素质培养,在价值引领方面,孙依婷(2018级英语专业学生,校级一等奖学金获得者,保研广东外语外贸大学硕士研究生)认为:"该课程不仅帮助我们构建了扎实的专业基础,还对我们的人生观、价值观的塑造有着深刻的影响。"

(三)教师教学成果性反思

教学相长,在教学中,教师个人也获得了成长。最初的教学以知识传授为主,以教师为中心。随着教学方法、教学理念的发展,特别是思政教学的深入,教师的角色发生了很大的变化。以学生为中心,意味着教师对课堂设计要有更高的把控力,把思政融入课堂,意味着教师不仅仅要挖掘知识及能力方面的要素,还要挖掘专业知识中的思政要素,加强价值观的引领,使学生不仅仅学到专业知识,更能够成长为价值观正确的新一代青年。这无疑对教师提出了更高的要求。

在课程教授的过程中，教师的专业知识与教学能力得到了进一步的提升，意识到专业课中科研与教学的紧密联系，同时教学方式和理念也得到了拓展与升华。要上好这门课，教师今后必然要进一步提高科研理论及实践水平，了解最新的教学理念及手段，设计更好的课堂思政案例。同时，鉴于本课程目前缺乏课程建设及发展项目，教师在潜心教学的同时也应该积极规划课程建设目标，通过申报教学项目、参与教学竞赛、指导学生竞赛等教研活动，在提高教学水平的同时，使教学效果显性化。

英语短篇小说赏析

教 学 团 队：张维亮　闫建华
案例撰写人：张维亮

> 若言琴上有琴声，放在匣中何不鸣？若言声在指头上，何不于君指上听？
>
> ——苏轼《琴诗》

一、课程概况

（一）课程简介

"英语短篇小说赏析"是我国高等英语语言文化教育的传统内容之一，也是外国语言文学类教学的重要组成部分。该课程面向全体英语专业学生，三年级下学期开设，共32学时，2学分，它是在扎实的英语语言基础上，通过阅读和解析短篇小说，为提高英语专业学生文学阅读素养、文学赏析能力、文学批评研究能力和创新思维能力而设置的课程。本课程的思政教育以增强学生的人文精神素质培养为主要目标，辅以培养学生社会责任、科学精神与爱国情怀，结合文学分析的思辨性，培育学生是非辨别能力与美丑鉴赏能力，引导学生树立正确的世界观、人生观、价值观，养成良好的学术品德和个人品德。

（二）教学目标

1. 知识目标

（1）掌握英语短篇小说的发展历史与文学流派；

（2）掌握英语短篇小说的叙事特点、写作风格以及语言艺术；

（3）掌握英语短篇小说分析的基本方法以及前沿理论。

2. 能力目标

（1）要求学生能够运用所学知识学会分析小说的背景、人物、情节与主题思想；

（2）能够结合前沿的文学理论来解读短篇小说；

（3）能够提出自己的观点和看法并加以论证与辨析。

3. 价值目标

（1）增强学生是非辨别能力、选择取舍能力、美丑鉴赏能力；

（2）能够在英语短篇小说所展现的国际视野中寻找与巩固中国立场和态度。

（三）课程沿革

"英语短篇小说赏析"课程已有5年的建课历史，一直在不断变革中。早期的课程主要以文学阅读赏析和创意短篇小说写作为主，旨在提高学生的文学修养和创新能力。近两年的课程改革将赏析小说文本的重心转移至解读小说文本，加入文学理论，丰富学生的文学研究视野，训练学生的思辨能力和批评能力，并加入文学论文的写作技巧，与毕业目标更为贴近。课程教学也采用了新兴的研讨会模式，通过学生小组协作研读文学理论，辅以老师的课后辅导，帮助学生小组巩固和深化文学理论知识，使他们能够在课堂上接受其他小组的提问，带领全班同学一起巩固学习。研讨会的模式以小组为中心，教师为引导，盘活班级讨论，一同攻坚难题。这种形式已经初现效果。另一个课程教学的革新是采用线上、线下结合的模式，帮助学生巩固小说文本的基本知识，学生通过看视频与线上测验两种形式了解与掌握小说文本的基本内容，形成自己的观点，在讨论中巩固理解。在课程思政方面，已开始建立思政案例库，以学生作业为载体，收集优秀的学生思政案例库素材。

二、思政元素

本课程的思政元素主要体现在文化自信、社会责任、健康意识、科学意识等。

文化自信：英语短篇小说课程是以短篇小说的文学文本为载体探讨西方文化、价值、立场和理念的课程。文学视域下的探讨对于学生更具有教诲意义，因此在论述小说中的疫病话语、女性物化、战争与人性、主权与待客、家庭隔阂等话题时，需要引入中国文化中相关的态度与立场，在不同层面的比较辨析中，深化学生对中西文化差异的认识。英语短篇小说的学习过程强调理论结合文本的思辨式解读、分析与论证，而这个过程之中，需要学生拥有自己的中国立场与态度，并以此为基石形成全球视野，在比较中巩固自身的文化自信。

社会责任：英语短篇小说广泛涉及西方普遍的社会问题，包括疫情、种族、性别歧视、育儿、老人赡养等等。课程教学中对这些社会问题的解读力求结合文学理论中的殖民批评理论、消费主义理论、女性主义理论、文化批评、马克思主义理论等，深入剖析社会问题的形成的原因，让学生不断地在理论结合文本的阅读实践中吸取教训、增强意识，树立正确的社会责任意识和使命感。

健康意识：英语短篇小说课程关注学生的心理健康问题，针对现在大学生普遍存在的焦虑、抑郁、颓废等心理问题，通过阅读相应的小说故事加以细致地探讨与分析，尤其是对学生的死亡意识教育，结合小说中人物表现出的积极的人生观和价值观，对学生进行隐形地疏导与教育，鼓励学生之间通力协作解决小说中的心理健康问题。

共同体意识：英语短篇小说课程注重探讨共同体形塑与意义，针对民族意识、格局观念、文化共融等问题，通过讨论英语小说中共同体的缺失、压迫、瓦解以及重塑，比对中西共同体意识的差异，引导学生树立理性的共同体意识。

三、设计思路

本课程从五个模块的章节内容中提炼思政元素，采用 U 型教学模式将思政元素融入课堂内外的学生学习过程中去。U 型教学模式左侧为课堂思政元素输入的路径，通过课前阅读、课内讲解讨论、课内测试等方式，引出核心思政元素，进行多维度的挖掘；U 型教学模式的右侧为课堂思政元素的输出的路径，通过课内学生研讨论坛、学生互问、理论研讨、课后作业等形式，内化核心思政元素，实现思政教学的可视化。各章节模块重要的思政元素、相关知识点和教学案例见表 15-1。

表 15-1　各章节课程思政设计思路

课程章节	重要思政元素	相关专业知识和教学案例
模块一 短篇小说的"故事性"	・社会责任 ・共同体意识	围绕舍伍德・安德森的短篇小说，结合电影学的"男性凝视"（male gaze）理论，分析宗教对人性的压抑与否定，以及男性对女性的物化与褫夺，引导学生抵制宗教话语的迷惑性，树立学生的社会责任意识；围绕弗兰纳里・奥康纳的短篇小说，讨论爱尔兰独立战争时的主权建立与人性道德的关系问题，培养学生的共同体意识和社会责任
模块二 短篇小说的"精短性"	・健康意识 ・科学意识	围绕豪尔赫・博尔赫斯的短篇小说讨论死亡与记忆之间的哲学关系，引导学生积极地生活，正确地看待死亡；围绕塞南・琼斯的短篇小说，解析极限生存小说中身体、意识与死亡之间的关系，树立学生正确的身体观与死亡观念，能够健康且科学地对待死亡
模块三 短篇小说的主题（一）：疫情	・健康意识 ・科学意识 ・文化自信	围绕爱伦・坡的疫病短篇小说，分析恐惧心理形成的主要原因以及西方社会抵御疫情的主要方式与问题，引入中国的抗疫方式，建立学生民族文化自信；围绕大卫・布林的疫病科幻小说，分析小说中疫病科学话语的形成和权力关系网络运作，从科学的角度分析瘟疫病毒的异变、共生的过程，引导学生科学地看待自身所处的疫情时代，更为有效地抵制不必要的恐慌
模块四 短篇小说的主题（二）：家庭	・共同体意识 ・社会责任	围绕詹姆斯・乔伊斯的短篇小说讨论家庭与社会之间的关系，解析现代西方社会家庭之间的隔阂与孤寂，探讨其背后的主要原因，引导学生应对当下社会中可能的孤独感，反向促进学生的共同体意识和家园意识；围绕科尔姆・托宾的短篇小说，探讨西方社会老人赡养的问题，引导学生关注老人群体，增加学生的社会责任意识
模块五 短篇小说的主题（三）：中国的形象	・共同体意识 ・文化自信	围绕李翊云的短篇小说探讨中国形象在美国文化中的形塑，结合萨义德的东方主义理论与斯图亚特・霍尔的文化身份理论，深入剖析亚裔美国人的生存困境，培养学生的民族归属感和全球视野下的中国立场

四、教学案例

（一）案例 1：文化自信之爱伦・坡《红死魔的面具》中的疫病

美国短篇小说家爱伦・坡的《红死魔的面具》主要讲述红死病这种疫病的肆虐期间，普洛斯佩罗亲王置国内民众的生死于不顾，带着自己的亲信和一些艺人到偏远的城堡躲避,其间举办了一场极尽奢华的化装舞会。到了午夜,突然出现了一个化装成红死魔的人,亲王非常愤怒,下令逮捕此人,却被当场杀害。人们拉开神秘人的衣服和面具后,发现里面并没有任何东西——他只是红死魔的化身。

课堂讨论主要围绕"哥特式小说中的疫病恐惧叙事"和"爱伦·坡小说中的疫病表征形式"两个核心问题展开。

针对第一个问题,引导学生探讨哥特式小说流派中的恐惧叙事与疫病散播之间的关系,分析恐惧心理的形成与幽闭恐惧、疫病病毒描写的联系,重点解析恐惧叙事与死亡意象,进而要求学生联系自己在新冠疫情暴发时候的心理状态,正面直视自己当时内心的恐惧,通过阅读爱伦·坡小说中的疫病与恐惧,让学生在情感上有一种宣泄(catharsis),再对比现在中国的抗疫现状与全球疫病暴发的现状,引导学生树立对疫病与死亡的正确观念,了解在恐惧驱使下对疫病过度粉饰的可能性及其带来社会动荡的危害性。

针对第二个问题,组织学生小组做研讨会。首先要求学生阅读勒内·基拉尔关于文学中的疫病表征的理论文章《文学与神话中的瘟疫》("The Plague in Literature and Myth"),在研讨会上接受班级同学的提问,分析在西方文学中疫病的表征特点与运作机理,同时联系爱伦·坡短篇小说加以阐释。研讨完之后,对西方的疫病表征与宿命论进行联系,回归小说中的无政府主义和贵族脱责的社会历史背景,阐明爱伦·坡小说中疫病恐惧与蔓延的深层次社会原因与政治原因。再引入中国的抗疫政策、疫病的科普、全民协作等等,比较分析中西抗疫的不同与原因,在学生熟悉西方体制的同时,明确中国特色社会主义体制的优越性,树立学生的文化自信。

(二)案例 2:社会责任之安德森《上帝的力量》中的女性物化

美国作家舍伍德·安德森主要讲述被女性的肉体撩起人性的欲望,从而在教义和情欲之间挣扎的牧师形象。小说通过女性的身体将宗教话语对人性的压抑和扭曲的影响展现得淋漓尽致。本文的课堂讨论主要围绕以下两个问题展开:宗教话语对女性身体的压榨性表征,以及男性凝视对女性物化的影响。

首先,通过课堂上学生的各抒己见,探讨小说中宗教话语对人性压迫和否定的具体体现,进而缩小至对小说中女性身体的探讨,解析女性身体在宗教话语体系中的欲望化与罪恶化形塑，抨击宗教话语至高无上的神灵概念和辱灭人性的教义，让学生从女性的视角体会宗教话语极端化的恐怖之处。

其次，引入女性主义电影学研究者劳拉·穆尔维的文章"Visual Pleasure and Male Gaze"中的男性凝视理论，要求学生小组讨论之后，在课堂上研讨，接受全班同学的提问。学生通过对跨学科理论的自学与文学文本的结合，磨炼自己的理解能力、赏析能力和应用理论的能力，能在一定的理论高度之上探讨女性的物化问题。基于学生对理论和小说的研讨，点出在男性凝视下女性物化现象的心理原因与文化原因，结合弗洛伊德的精神分析、拉康的心理分析以及电影学的受众与表征研究，引导学生多维度地看待女性物化问题。

最后，点出小说中宗教话语为男性凝视服务，以物化女性身体为前提进一步规训女性，引发学生的思考，让学生反思和分享女性在男性社会的生存困境，培养学生的女性意识以及对性别歧视话语的抗争，以此增强学生的社会责任意识。

（三）案例3：健康意识之博尔赫斯的《阿莱夫》中的死亡与记忆

阿根廷作家博尔赫斯的《阿莱夫》主要讲述了"我"一直钟爱的女人贝亚特里斯离婚后住在加拉伊街老家，1929年在病痛中去世后，"我"在每年4月30日她的生日那天都去探望她的父亲和她的表哥达纳里之时的阿莱夫经历以及对恋人的思念之情。小说的独到之处不仅在于他能够运用小说的形式，将复杂深奥的哲学问题作为探讨和表现的对象，还在于他能够将这些抽象艰深的哲学问题与现实生活、人物心灵巧妙地融为一体。

课堂讨论围绕记忆与死亡的关系展开，要求学生结合小说畅谈如下哲学问题：人的死亡意义如何体现？如何去铭记逝去之人？记忆的表征有哪些形式？记忆与遗忘的辩证统一关系如何体现？死亡与记忆如何建立关联？死亡的永恒性与记忆的短暂性之间的对立关系如何达到一种平衡？这些问题的设计与研讨旨在引导学生深刻认识记忆的有限性与死亡的无限性，对整部小说的总体主旨性有所把握。课堂的第二部分讨论会围绕小说中的镜像与无限的概念展开。小说主人公应对死亡的缺失时，提及在黑暗地窖中的镜子中所呈现出来的镜像记忆，以此来反映人生的多面性与反复性，而在这些纷扰的无穷的镜像之中有着对逝去之人的永恒记忆。在这个问题的分析中，引入物理学上的"无限镜像"理论，用科学的手段来试图呈现永恒的可能性，解释每一层面的镜像反射都存在成像扭曲，与记忆的扭曲表征进行桥接。此处再引入《红楼梦》中的"风月宝鉴"，进行中西文学作品的对比，主要探讨镜像、两面性、无限性与死亡之间的哲学辩题。

课堂多维度的讨论主要引导学生能从不同角度思考死亡与存在、死亡与记忆之间的哲学关系，以各种知识武装自己，能够从容面对死亡的经历，善待生者，敬畏死者，接受不能改变的事实，改变可以改变的现状，形成一种健康的、成熟的心理意识，能更加积极地、向上地应对死亡的话题。

五、教学效果

自 2015 年课程开设以来，受益学生人数 500 余人。课程经历过不同的教学团队建设革新，朝着学术化的方向不断改革，不仅刷新了学生对文学研究的认知，同时培养了学生自主研究文学作品的能力，在学生价值观与人生观的塑造方面也颇为成功。

（一）学生学习成果

以课程为依托平台，已有十一位同学（陈薏晴、何天意、周怡然、毛信迟、谭沥寒、郑曦、曾慎泽、练冰、周涵希、邱梦霏、戴梦静）参与国际学术会议的论文宣讲，所选题目在涉及伦理道德的同时，殷切关照健康意识、科学意识、社会责任以及共同体意识等思政元素，并能结合具体的文学理论进行深刻剖析，体现了课程对学生在文学学术研究方面的培养。

（二）学生课后体会与评价

历届学生对这门课程的评价较高，学习体验颇为丰富，其中主要表现为两种形式。

第一种表现形式为学生的学习收获与感受。我们选取 2019 级两位同学的评价加以说明。王芷童同学认为："本科期间上过最有价值的文学高端课程当属'英语短篇小说赏析'了，一学期的学习中，我们不仅接触到了各国的经典英语原文作品，也在品读过程中学习到了 20 世纪的文学理论，并在期中期末的赏析题中进行实际的运用，对在文学方向继续深造的同学来说，既打好了扎实的基础，也在思辨的过程中提高了英语写作的能力。"周怡然同学则认为："老师选取的小说内容丰富，时期、国别跨度也很大，让我们能充分了解到各国的文化传统，也通过华人文学的赏析在卷帙浩繁的世界书林中听到了来自中国的声音和独特的中国立场。老师在课堂上灵活运用古代谚语、神话等元素进行全新视角的解读，让我们可以以中西互通的立场来看待世界文明，打开了视野的同时也扩展了专业知识。"

第二种形式表现为学生思想觉悟和生活视野的提升。他们普遍认为："老师在课程中详细介绍了西方的哲学和宗教传统，从柏拉图的理念世界到天主教的原罪禁欲观，从西方本土的思想史入手对文学传统进行了更高层次的梳理，让我们在之后的阅读和写作中有了更多的背景知识储备。同时，老师在介绍理论时也会引入中国传统诗词和名著的例子，如《西游记》中孙悟空的变形与卡夫卡《变形记》相比，让我对中国的思想体系有了不同角度的认识，也更有兴趣去阅读中西方的古代经典。最后，在学习女性主义相关的理论内容后，我也对文学与社会学中的性别问题有了更多思考，并积极将其作为自己的研究方向之一。通过这门课，我重新认识了社会、书籍与自我，也会继续在世界文学和中国文学的道路上勤加探索，对历史人文作出更多贡献。"

（三）教师教学成长与反思

自从承担这门课程教学以来，课程已经连续四年获得"优课优酬"教学奖励，体现了学生对这门课程的喜爱。课程负责人2021年、2022年教学业绩考核优秀，在2022年获得浙江工业大学教师教学创新比赛二等奖、第二届课程思政专项赛二等奖。

U型教学模式贯穿教学的始终，极大程度上内化课程思政理念，训练学生的思辨能力与学术能力，注重课内课外的输入与输出，不断刺激着课程的进一步改革与创新。

中国神话与中国文化

教 学 团 队： 张　平　闫建华　杨宁宁
案例撰写人： 张　平

> 夸父诞宏志，乃与日竞走。
> 俱至虞渊下，似若无胜负。
> 神力既殊妙，倾河焉足有！
> 余迹寄邓林，功竟在身后。
> 　　　　　　　　——陶渊明

一、课程概况

（一）课程简介

"中国神话与中国文化"是针对英语专业二年级学生开设的文化基础课程，该课程为考查课，于二年级第一学期开课，共32学时，2学分。其特色是以专题的形式介绍和研习中国经典神话，涵盖范围包括创世、英雄、爱情、神祇、动物、植物、冥界、变形、山川等不同的主题，每一个主题又由不同来源的神话故事来阐释，目的是让学生从源头上了解中国文化，帮助学生用英语讲好中国故事和中国文化，增强民族自豪感。

(二)教学目标

1. 知识目标

(1)培养英语专业学生从根源上了解中国文化的意识,了解中国古代神话故事中蕴含的中国传统文化元素。

(2)熟知一些经典中国神话故事,并能够辨析中国传统文化中的神话元素,深入了解中国神话故事中的元素对现代中国文化的影响。

(3)结合中国神话以及希罗神话,进行中西神话的对比,学习把握中国传统文化知识。

2. 能力目标

(1)提升学生的思辨能力和创新能力、用英语讲好中国故事的能力,通过中国神话故事的多重解读,培养学生的发散思维能力。

(2)激发学生学习中国传统文化的热情,自愿自发地成为中国文化大使,传播中国文化的核心价值观,践行中国文化的精神和能力。

(3)通过中西神话故事对比,提高学生的跨文化交流能力,加强中西文化的沟通能力和联系能力。

3. 价值目标

(1)注重以中国神话与中国文化知识为载体,立足课程学科内涵,发挥课程学术特色,着重增强学生社会责任和爱国情怀。

(2)培养学生的科学精神与人文精神,中国神话故事蕴含的科学精神和人文精神在文本欣赏和解读中潜移默化地影响学生。

(3)使学生深入了解中国古代神话和中国当代社会的联系,挖掘中国文化的根源和精神,培养民族自豪感。

(三)课程沿革

该课程在2015年开课,不仅作为选修课面向英语专业学生开设,还面向留学生开放。教学过程中,课程组老师不断丰富教学内容和改进教学方式,形成了系统专题的授课内容和研讨教学方式。2015年开课时的授课方式主要是教师讲授,学生完成书面作业。

2018年开始,授课方式改进为教师讲授为辅,学生回答问题和讨论陈述为主,以学生为中心。在2018年获得校级留学生课程的教学改革项目,在教学中实现翻转课堂教学。学生自主学习能力加强,机会增多,学生自主做,教师反思总结;师生合作学习中,学生做,教师观看和指导;教师指导学习中,教师学生一起做,或者教师做,学生观看。教师是设计者,组织者,促进者,合作者和评价者。学生的角色是学习者,创作者,合作者和评价者。课程组老师广泛收集中国神话故事的现代影响和中国当代文化的联系,加强中西神话故事的对比,拓展课程的深度和广度,加强课程的研究性和高阶性,课程受到学生的欢迎。

二、思政元素

中国神话与中国文化课程的内容广泛,这也便于教师多角度地开展课程思政教学。课程涉及很多中国文化与价值观,教师以此为素材进行思政教学。思政元素主要包括以下内容:

家国情怀:中国古代神话包含了深厚的家国情怀。家国情怀指对祖国、对民族、对家乡等的一种深厚感情。中国古代神话中的英雄人物响应国家的召唤,在面临民族危难时,挺身而出,担当使命,奉献自己的力量。

人与自然和谐共生:中国古代神话故事蕴含了丰富的生态意识和天人合一、尊重自然、敬畏自然的生态思想,例如:盘古化生万物、大禹治水、动物神话和植物神话等故事。这些故事表达了以下生态理念:生态良好的文明发展道路,绿色生活方式,保护生态环境,保护动物和植物,建设美丽中国的愿望。

敬业与奉献精神:中国古代神话中一系列英雄的抗争神话故事,如盘古开天辟地、愚公移山、精卫填海、大禹三过家门而不入等,揭示了中华民族的无私奉献和认真负责的民族精神,中华民族具有求真务实、踏实严谨、意志坚强、坚持不懈、追求卓越等品质。

善良和诚信的品质:在牛郎织女、白蛇传等中国古代神话中的动物报恩故事体现了善良和诚信的重要意义。善良和诚信使人们能够相互合作和相互信任,从而创造一个更加和谐、友善和诚信的社会。

平等和公正的意识:在干将莫邪、李寄斩蛇和侠鸟等中国古代神话中表现了平等和公正的价值观。平等使人们放弃歧视和偏见,尊重他人,友好相处。公正使人们追求社会公平和正义,不畏强权、侠肝义胆、见义勇为、舍生取义。

三、设计思路

中国神话与中国文化课程思政教育的融合思路是知识传授和隐性思政教育相结合,方式方法是课堂研讨和课后作业相辅相成,主要特色是潜移默化地进行思政教育,润物细无声。各章节模块重要的思政元素、相关知识点和教学案例见表 16-1。

表 16-1　各章节课程思政设计思路

课程章节	重要思政元素	相关专业知识和教学案例
第一章 创世神话	·人与自然和谐共生的生态意识、天人合一思想 ·敬业与奉献精神	·知识点:创世神话分上下两讲,重点突出盘古、混沌、伏羲女娲神话 ·教学案例1:讨论盘古开天辟地和化生万物给我们的启示。引导学生从创新精神、努力奋斗、感恩和奉献、尊重自然、顺应自然等角度展开讨论 ·教学案例2:书面回答伏羲女娲故事中体现的中国文化元素。提示学生从中国文化中龙和蛇的象征意义、阴阳五行、婚姻和家庭、创世神话和中国艺术等角度进行回答
第二章 抗争神话	·敬业与奉献精神 ·坚强意志、坚持不懈 ·人与自然和谐共生:生态意识、环境保护	·知识点:重点讲述刑天、夏耕、精卫填海、大禹治水、夸父逐日的故事 ·教学案例1:展现刑天对抗黄帝、精卫对抗东海的那种死而不屈、坚韧无畏的品质,并与全球变暖的现实话题结合讨论 ·教学案例2:讨论《圣经》中先民与大禹对待洪水的态度和做法有何不同?从中看到了哪些中国精神?启发学生从大公无私、艰苦奋斗、专注专一、实事求是、结合实际、勇于担当等方面进行讨论
第三章 变形神话	·善良和诚信的品质 ·人与自然和谐共生:尊重自然	·知识点:着重动物变植物、植物变动物、人变动植物等神话 ·教学案例:讨论中国古代变形神话的伦理启示是什么;启发学生从尊重自然、善良诚信、谨慎行事、追求平衡等角度进行讨论
第四章 动物神话	·善良和诚信的品质 ·人与自然和谐共生:动物保护	·知识点:重点讲解十二生肖、四神瓦当、动物报恩与复仇、英雄斩杀凶兽等故事 ·教学案例1:讨论动物报恩的神话故事的文化寓意。引导学生从尊重和爱护动物、乐于助人、学会感恩等角度进行讨论 ·教学案例2:讨论动物复仇的神话故事的文化寓意。提示学生从人类的善良和诚信品质,对人类行为负责,不要轻易伤害或虐待动物,动物也有自己的生命和尊严等方面进行讨论 ·教学案例3:讨论话题,假如武松生活在当下,他打死一只老虎跟他当年在阳谷县打死一只老虎有何不同?

续表

课程章节	重要思政元素	相关专业知识和教学案例
第五章 植物神话	·人与自然和谐共生：保护植物、敬畏自然	·知识点：重点是与"桃"相关的神话与文化。用《本草纲目》《神农本草经》《食疗本草》《救荒本草》等引出此类话题，重点是植物的药用、实用和象征意义 ·教学案例1：讨论梅兰竹菊在中国文化中的寓意 ·教学案例2：讨论中国古代植物神话故事对当代青年的启示是什么？启发学生从植物的神奇力量、植物与人类紧密的关系、自然界的无穷奥秘、知识的重要性等方面进行讨论
第六章 爱情神话	·善良和诚信的品质 ·人与自然和谐共生：敬畏自然	·知识点：梁山伯与祝英台、孔雀东南飞、牛郎织女、白蛇传、天仙配、韩凭夫妇等神话 ·教学案例：让学生尝试挖掘这些爱情神话故事中的共同特征及叙事模式，并发现"自然"元素在爱情神话中的特定作用；引导学生从真爱的力量、人性的弱点和社会的矛盾等方面进行讨论；启发学生从"自然"元素的象征暗示作用、情节的发展、人物的塑造和敬畏自然的主题等方面讨论
第七章 侠客神话	·平等和公正的意识：侠肝义胆、见义勇为、舍生取义 ·敬业与奉献精神	·知识点：干将莫邪、李寄斩蛇、荆轲刺秦王、鲁提辖拳打镇关西、侠鸟等中国古代侠客义士故事 ·教学案例1：讨论"侠客"的品质和"侠客精神"的含义，引导学生从勇气、正直、责任、义务、品德等方面展开讨论 ·教学案例2：讨论话题，我们当下还需要侠客精神吗？启发学生从保护环境、遵守道德准则、追求正义、促进社会公正、保护弱势群体等角度进行讨论
第八章 神鬼神话	·善良和诚信的品质	·知识点：《山海经》《搜神记》《聊斋志异》中的一些鬼神故事 ·教学案例：通过收集与讨论各类神鬼资料，让学生对中国的神鬼文化有更深刻的认识，批判性地看待这些神鬼神话的伦理意义。从孝道、忠诚、善良、勇敢等中国人的道德观念、家庭伦理和社会秩序等方面展开讨论
第九章 三界神话	·善良和诚信的品质	·知识点：神界主要介绍天庭、瑶池、南天门、九重天等地方；鬼界主要介绍十殿阎君、牛头马面、黑白无常、孟婆等神话人物 ·教学案例：讨论话题，这些三界神话的现代意义是什么？引导学生从传承文化、弘扬美德、维护社会秩序和规范等方面展开讨论
第十章 山川神话	·家国情怀 ·人与自然和谐共生：生态意识、保护环境	·知识点：主要分为两个部分展开，重要的山/谷及其背后的神话意蕴，如昆仑山、蓬莱山、蒙谷、禹谷；重要的各类水域及其背后的神话意蕴 ·教学案例：讨论问题，中国古代山川神话中蕴含的中国文化元素和思想是什么？指导学生从尊重和敬畏自然、乡土情怀和家园情感、道法自然和无为而治等角度进行讨论

四、教学案例

（一）案例1：大禹治水的故事体现的敬业与奉献精神

在第二章"抗争神话"中，重点讲述刑天、夏耕、精卫填海、大禹治水、夸父逐日的故事，帮助学生理解中华民族的抗争精神、敬业与奉献精神，讨论大禹治水的故事中蕴含的中国文化思想。

1. 课前

学生需要阅读刑天、夏耕、精卫填海、大禹治水、夸父逐日的故事的中文和英文材料，能够用英文复述这些故事，思考准备大禹治水的故事的文化内涵。

2. 课中

学生用英文复述刑天、夏耕、精卫填海、大禹治水、夸父逐日的故事。

导入讨论环节：中华民族的优良品质之一就是奉献牺牲精神，大禹治水表现了怎样的奉献牺牲精神。学生进行分组讨论以下问题：

（1）《圣经》中先民与大禹对待洪水的态度和做法有何不同？

（2）从以上对比中，学生看到了哪些具体的中国精神？

（3）大禹形象体现的价值观和品格是什么？

教学意图：启发学生从大公无私、艰苦奋斗、专注专一、实事求是、结合实际、勇于担当、逆向思维、尊重自然、道法自然等方面进行讨论。

学生表现：学生的回答精彩纷呈，有同学谈到了大禹的抗争精神，"三过家门而不入"，一心为公的奉献精神，还有的同学结合中国抗击新冠疫情的成就和英美国家对待疫情的态度进行对比分析，论述中国人民的奉献牺牲精神。学生深刻地体会到中国人民的坚强意志和坚忍不拔的品质。通过这样的历史与现实相结合，显性教育与隐性教育相结合的方式，思政教育隐性渗透于课堂讨论和教学中。

3. 课后

阅读第七章"侠客神话"的内容，书面回答问题：侠客精神的当代意义是什么？

教学意图：让学生继续体悟抗疫英雄的高贵品德和无私的奉献牺牲精神。

4. 思政教学总结

在中国神话与中国文化的课堂教学中，有很多神话故事的分析和阐释与奉献牺牲精神相关。在课堂中，教师引导学生通过讨论、辩论和口头陈述的方式深刻体悟神话与现实的联系，体会中华民族的敬业和奉献精神。

（二）案例2：爱情神话故事中蕴含的善良和诚信的品质

在第六章"爱情神话"中，重点讲述梁山伯与祝英台、孔雀东南飞、牛郎织女、白蛇传、天仙配、韩凭夫妇等神话故事。帮助学生了解这些爱情神话故事的叙事模式和文化思想，加强学生对中华民族的善良和诚信品质的认识。

1. 课前

学生需要阅读梁山伯与祝英台、孔雀东南飞、牛郎织女、白蛇传、天仙配、韩凭夫妇等神话故事的中文和英文材料，能够用英文复述这些故事，思考准备这些爱情神话故事中的共同特征及叙事模式，并发现"自然"元素在爱情神话中的特定作用。

2. 课中

学生用英文复述梁山伯与祝英台、孔雀东南飞、牛郎织女、白蛇传、天仙配、韩凭夫妇等神话故事。

导入讨论环节：诚信友善是社会主义核心价值观之一。中国神话故事中，很多故事都体现了诚信友善的理念。在第三章的变形神话和第四章的动物神话中的一些故事表达的主题就是俗话说的"善有善报"和"恶有恶报"。学生进行分组讨论以下问题：

（1）爱情神话故事中的共同特征及叙事模式是什么？

（2）"自然"元素在爱情神话中的特定作用是什么？

教学意图：老师启发学生从"自然"元素的象征暗示作用、情节的发展、人物的塑造和敬畏自然的主题等方面进行讨论。

学生表现：学生通过查阅资料和小组讨论，分析阐述了这些经典的爱情神话的人物特点，主题思想和叙事结构。学生意识到，这些爱情悲剧中的男主角都具有一些中国传统美德，例如，梁山伯与人为善，勤奋好学，牛郎性情忠厚，勤劳肯干，许仙诚信守义，诚信待人，董永恪守孝道，知恩图报。正是这些美德使得他们引人注目，获得了仙女们的爱慕。虽然他们的爱情最终是以悲剧结束，但是在另一个空间和时间，他们的爱情故事被中国文化继承，也被世世代代的中国人歌唱吟咏。他们善良诚信的品德也被世世代代的中国人歌颂传承，成为社会主义核心价值观的一部分。

3. 课后

学生需要阅读第八章"鬼神神话"的内容，书面回答问题：鬼神神话的道德伦理意义是什么？

教学意图：指导学生从孝道、忠诚、善良、勇敢等中国人的道德观念的角度进行回答，学生再一次体悟到中华民族善良、勇敢、诚信的高贵品德。

4. 思政教学总结

课堂内外，以这样画龙点睛和讨论辨析的方式进行思政教育。润物细无声，随声潜入心。

（三）案例3：山川神话中表现的人与自然和谐共生

在第十章"山川神话"中，知识内容主要分为两个部分展开：重要的山/谷及其背后的神话意蕴，如昆仑山、蓬莱山、蒙谷、禹谷；重要的各类水域及其背后的神话意蕴。思政教学目标是帮助学生提升家国情怀和生态意识。

1. 课前

要求学生阅读昆仑山、蓬莱山、蒙谷、禹谷相关的神话故事和重要的各类水域相关的神话故事的中文和英文材料，能够用英文复述这些故事，思考准备中国古代山川神话中蕴含的中国文化元素和思想。

2. 课中

要求学生英文复述昆仑山、蓬莱山、蒙谷、禹谷相关的神话故事和重要的各类水域相关的神话故事。

导入讨论环节：全球环境危机是每一个地球人都关注的问题。中国神话故事里有很多素材提供了挖掘中国传统生态理念的契机。组织学生分组讨论以下问题：

（1）中国古代山川神话中蕴含的中国文化元素和思想是什么？

（2）中国古代山川神话体现的美学思想是什么？

（3）中国神话与中国文化课堂上所涉及的十章内容里的中国传统生态思想是什么？

教学意图：指导学生从尊重和敬畏自然、乡土情怀和家园情感、道法自然和无为而治等角度进行讨论。

学生表现：学生的讨论总结很到位。在创世神话中，盘古化生万物的描述不仅展现了无私奉献的精神,而且体现了天人合一的生态理念,自然界中的万物与盘古的躯体合二为一,人不再是万物之灵,而是自然的一部分,人与自然相互依存,共同生长。变形神话、动物神话和植物神话关注动物保护、动物伦理和植物保护的主题。动物和植物也是自然界的存在者,万物有灵,自然界的一切存在物都是平等的。人类作为自然界的守护者,保护动物和植物,维护地球生态的多样性是人类的职责。在爱情神话中,自然发挥了巨大的作用,自然具有神奇的力量,自然在推动情节发展和揭示主题方面的功能强大,人类应该敬畏自然和敬畏生命!

3. 课后

要求学生书面回答问题:中国古代山川神话的美学思想如何运用于中国水墨风景画的创作中?

教学意图:指导学生从自然与神秘的结合、人与自然的和谐、"比德"的体现,自然山水之美比喻人的道德之美等方面探究,要求学生用中国山水画作品论证观点。学生再次感受中国传统文化的魅力。

4. 思政教学总结

我们把生态意识的培养融入中国神话与中国文化课程的课堂内外教学中。学生在潜移默化的课堂讨论和课后作业中深化了生态理念。

五、教学效果

课程教师坚守教书育人的职责,认真负责地投入教学,注重课堂互动,培养学生独立思考能力,激发学生的学习兴趣,教学效果良好。

(一)学生课外科技成果

本课题拓展了学生的创新能力,取得一些课外科技成果。孙依婷同学的项目"中西应对疫情措施背后的神话根源追溯"获得2021年浙江工业大学"运河杯"大学生课外学术科技基金校级立项,并且成功结题。

(二)学生课后体会与评价

"老师讲课知识全面,开展小组讨论和展示,让同学们都积极参与课堂,课堂氛围轻松活泼。教学内容有较多资料补充,对于中国神话的涉及面广,范围丰富，讲到的内容也十分吸引人。资料区的相关文献和视频也很丰富。"课堂内外教学有助于学生体悟中华优秀的传统文化和价值观。

（三）教师教学成长与反思

该课程的课堂教学主要是合作式和探究式学习，课堂的翻转教学稍有成效。学生个人在课前阅读大量的材料，理解归纳材料，准备课堂讨论和展示。小组需要分工合作，课前阅读理解和分析材料，课堂口头或者PPT形式分享小组的研讨成果。

在教学过程中，课程组教师也不断提升自己的教学能力，努力做到教学研究相互促进、相互发展。教学组老师利用假期，撰写了文章《外国留学生中国文化通识课思政问题初探——以中国古代神话与希罗神话对比教学为例》，发表于《中文学刊》2022年第1期。

有时候讨论和小组陈述展示占用了课堂较多时间，课程的进度会受到影响，如何使课堂翻转教学更加高质高效，这是一个急需解决的问题，目前课程组老师还在不断探索中。

英汉 / 汉英笔译

教 学 团 队：张丽娟　潘勤奋　马　鸣　刘银燕　陈晓霞
案例撰写人：张丽娟

> 译事三难：信、达、雅。求其信已大难矣，顾信矣不达，虽译犹不译也，则达尚焉。海通已来，象寄之才，随地多有，而任取一书，责其能与于斯二者则已寡矣。其故在浅尝，一也；偏至，二也；辨之者少，三也。
>
> ——严复《天演论·译例言》

一、课程概况

（一）课程简介

"英汉 / 汉英笔译"是英语专业开设的专业必修课程，现于二年级下学期、三年级上学期开设，共 4 学分。以"英汉 / 汉英笔译 I"为例，课程内容以翻译学知识为基础，其中包括翻译简史、中外主要翻译理论流派、翻译学核心概念、中英语言文化对比等；课程主要带领学生探讨翻译中理解与表达的相互关系，汉英两种语言在词汇、语法、修辞、文体等方面的异同，从词语、句子入手，结合段落与篇章结构学习，帮助学生在实践中领悟翻译的原则、方法和技巧，以及各类英语文体的语言特点和翻译策略，从而使学生深刻意识到文化背景和思维习惯在翻译实践中的重要性，建立充分的文化自信和文化自觉，塑造对中华优秀文化的热爱之情，培养复兴中华民族的历史责任感，让学生学会向英语世界传递正向的中国形象，传播好中国声音，讲好中国故事。

（二）教学目标

1. 知识目标

（1）带领学生了解中西翻译史的基本知识和中英语言、文化对比的相关知识。

（2）帮助学生学习翻译学的基础知识，包括翻译的定义、翻译的标准、翻译的过程和译者素养要求等等。

（3）带领学生掌握中英转化基本规律的理论知识，比如增词、减词、转词、正反转换、分句、合句，以及英汉翻译的谋篇布局等具体翻译技巧的理据。

2. 能力目标

（1）培养学生英汉/汉英翻译、双语转化的基本能力。

（2）通过大量的翻译实践开拓学生创新思维和批判性思维能力。

（3）训练并提升英语专业学生的语言综合运用能力。

（4）引导学生赏析鉴读英汉/汉英翻译经典片段和优秀选例，提高对优秀译文的鉴别能力和模仿能力。

3. 价值目标

（1）引导学生了解汉语和英语的语言文化特点，引领学生关心国家大事，培养家国情怀和国际视野，增强文化自信和政治认同感。

（2）帮助学生学习正确运用唯物主义历史观解决翻译实践中的问题，培养实事求是的精神。

（3）培养学生的开拓意识、翻译的职业素养和精益求精的工匠精神，从而锻炼和提升严谨细实、追求卓越的品格素养。

（三）课程沿革

"英汉/汉英笔译"源自"翻译理论与实践"，作为英语专业主干课程，开设至今有10多年历史，大致可以分成以下几个阶段：

创建成长期（2006—2011年）：经过校教改项目建设，初具较为完善科学的课程体系。

发展成熟期（2012—2018年）：经过校核心课程和优秀课程群建设，在实践性教学方面取得重大突破。其间，完成浙江美术馆约152万字英译的大型横向项目建设。

持续开拓期（2019年至今）：经过课程思政项目建设，在课程内容和教学形式上进一步加深内涵建设，课程的教学效果更加突出，课程负责人及教学团队学评课平均位于系部前30%，多次荣获"优课优酬"教学奖励。

二、思政元素

翻译课程在完成思想政治教育和专业发展教育结合的过程中有其特殊性，这两者之间有着高度的契合性和共融性。一方面，翻译教学根植于文化教育，必定和文化、思想教育相互交织，如何让学生了解中国文化走出去，让"母语文化发声"，是笔译课程思政必然要解决的问题，而这必然也有利于加强学生对母语文化自信感的心理建设。另外，在翻译学习过程中，必然会牵涉到外国文化摄入，如若作为主体一方的中国母语文化基本处于弱势状态，必然不利于学生的文化自信感建设。翻译课程建设中，主要在文化自信、家国情怀、职业品格和创新思维四个方面加强其政治思想内涵建设。

文化自信：翻译，尤其是英译，能够促进中华优秀传统文化实现创造性转化与创新性发展，使中华民族优秀文化基因与当代文化相适应、与现代社会相协调，能帮助把中国文化的优良传统和现代化建设的有效经验分享给更多发展中国家，实现文明互鉴，团结更多力量致力于人类命运共同体建设。通过学习英汉语言文化对比，本课程带领学生深刻了解母语文化和西方文化的各自渊源和特点，了解以德为本的内向性农耕文化与以物为主的外向性商业文化是构成中西文化对比中最为本质的区别，从而引导学生在人生观、世界观和价值观、思维和行为方式乃至今后的学术发展道路上都谨守和传承中华文化的强项和优势，热爱和积极传播中华优秀文化。

家国情怀：本课程在教学内容中结合最新政府工作报告的英译问题，加强学生对翻译具体技巧的感官认识和切身体会，比如增词、减词、转词、正反转换、分句、合句等，锻炼其语言输出能力，同时利用时政英译问题，引导学生关心时政和国家大事，培养家国情怀，鼓励学生成长为全面建设社会主义强国的栋梁之才。通过学习时政翻译热点，启发学生，在实现第二个百年奋斗目标的历程中，青年学生更应担当起复兴中华民族的历史使命,在跨文化交际的舞台上,利用翻译这个有效媒介,自信地讲好中国故事,传播好中国声音,为服务国家富强、民族复兴、人民幸福贡献力量。

职业品格:一名合格的译者除了拥有过硬的语言知识基础,更需要高度的文化敏感度和严谨的翻译职业品格,乃至终身学习的创新精神。翻译课程还旨在助力培养学生作为合格译者的综合素养。本课程通过指导学生研读名家名译,让学生领略精益求精的工匠精神;同时通过指导同学参加社会文化志愿活动、口译活动、翻译比赛和翻译项目实践,在实践中培养学生诚实笃信、求真务实的翻译职业品格。

创新思维:本课程通过指导学生研读同一原作的不同译本,锻炼学生对比与归类、分析与综合、抽象与概括等多种思维能力,以及全方位、立体化和多角度地分析结合实际情况发现问题、分析问题和解决问题的思辨能力。另外,本课程在夯实专业学生语言知识的基础上,授课教师精心设计一些具有原创性的翻译任务,通过师生互评、生生互评等教学形式,锻炼学生不断迎接挑战的创新思维。

三、设计思路

翻译课程不应该作为单纯的语言技能课来讲授,因为翻译问题根植于更深层次的语言与文化问题,本课程根据教学内容和翻译材料中蕴含着的语言文化内涵,结合翻译史和时政翻译教学,提炼其中蕴含的文化基因和价值范式,将其转化为社会主义核心价值观具体化、生动化的有效教学载体,在传授专业知识的同时,潜移默化地融入理想信念层面的精神指引和价值引导。各章节模块重要的思政元素、相关知识点和教学案例见表 17-1。

表 17-1 各章节课程思政设计思路

课程章节	重要思政元素	相关专业知识和教学案例
第一部分 绪论:翻译学基本知识	·文化自信:国际视野下的中西翻译史学平等观 ·职业品格:译者的诚信观意识和精益求精的工匠精神	·知识点:翻译学学理基础知识:中西翻译简史、翻译的定义、翻译的意义、翻译标准、翻译过程以及合格译者的必要素养,特别强调"诚信"对于翻译事业的重要性 ·教学案例:结合翻译史学习,让学生领略翻译大师的经典作品,学习其高超的译者专业本领和高尚的译者情怀。

续表

课程章节	重要思政元素	相关专业知识和教学案例
第二部分 英汉语言文化对比	·批判性思维和思辨能力：中英文化对比的宏观视野和矛盾统一的唯物主义辩证法	·知识点：中西文化思维方式上的具象和抽象，综合和分析，本体和客体，顺向和逆向这几组对比性的矛盾从深层次上决定中英语言差异，从而导致翻译过程中的问题和困难，译者由此可以从辩证思维的角度掌握处理这些问题的规律 ·教学案例：通过中西文化思维特点的对比和鉴别，锻炼学生的批判性思维能力，引导学生在中英文化对比的宏观视野下，了解中文母语的文化优势，增强学生对中国文化的自信和热爱，培养爱国主义
第三部分 词法翻译	·职业品格：严谨的翻译职业道德观 ·创新思维：实践创新意识；精益求精的工匠精神	·知识点：词法翻译的一般技巧包括对等、增词、减词、重复、合并、词性转换、换形、褒贬等译法，名词的抽象和具体译法，动词的译法，数字和冠词的译法，成语的英译，修辞的翻译，特色文化词语的翻译，等等 ·教学案例：恰当地引入中国政府报告中的热词英译问题，引导学生关心时政，涵养人文主义情怀
第四部分 句法翻译	·文化自信和家国情怀：中国对外话语体系建设中的主人翁责任意识	·知识点：词法翻译常用技巧：肯定与否定转化，断句和合句，主动与被动转化，名词从句的翻译，定语从句的翻译，状语从句以及名词性从句的翻译，长句的翻译等 ·教学案例：恰当地引入习近平谈治国理政的英译版中的相关材料，引导学生关心时政，了解时事
第五部分 章法翻译	·职业品格：严谨的翻译职业道德观 ·创新思维：实践创新意识，精益求精的工匠精神 ·文化自信和家国情怀：中国对外话语体系建设中的主人翁责任意识	·知识点：章法翻译的主要主题：风格与翻译，语用与翻译，文学文体翻译和非文学性翻译等 ·教学案例：适度引入时政材料英译实例，引导学生学习如何在跨文化交际的场合下讲好中国故事，传播好中国声音，启发学生同世界各国青年一道，携手为促进民心相通、推动构建人类命运共同体贡献力量。通过外宣翻译材料培养学生的文化自信和爱国主义情怀

四、教学案例

（一）案例1：课程中融入翻译史教学，带领学生领略翻译大师的风采，学习先辈的家国情怀和翻译职业精神

以学生展示为主导，教师补充为辅助，授课教师选取十六位中英文化交流史上成就斐然的翻译名家作为研习专题，组成既能够独立成篇，又能够有机联合的

十六组专题微型讲座,与每周教学内容进行有机融合。每一专题均由名家生平、翻译名论和名段赏析三部分组成。课前,根据不同的专题,设置分配讨论话题;课中,通过教学互动环节,引发学生的思考和讨论;课外,指导学生在课余自主学习相关资料,拓展知识面,系统地锻炼和提升学生的翻译鉴赏能力、翻译实践能力以及翻译问题研究能力,尤其针对学术研究兴趣浓厚的同学进行深度辅导,指导学生进行相关的大学生科研项目申报和论文撰写。

指导学生在课余时间进行深度学习的同时,对以下选题展开研究:严复的翻译对于20世纪初中国知识分子开展的救亡图存的思想启蒙运动的重要意义是什么?为什么朱生豪在抗日战争流离失所的艰苦条件下仍然坚持要完成莎士比亚戏剧翻译?两脚踏中西文化,一心评宇宙文章的林语堂在20世纪中英跨文化传播中所作出的文学文化贡献是什么?杨宪益夫妇在英语世界传播优秀中华传统文化的贡献有哪些?……鼓励学生针对这些选题,结合最新的话语研究理论,准备相关的科研项目申报和毕业论文设计。

总之,以名家名译启发学生追寻翻译前辈的足迹,重温名家翻译过程中的经验体会,学习翻译大家出色的人品和译品,尤其是一些翻译大师的爱国情怀和工匠精神,鼓励学生树立远大理想。学生在赏析和借鉴高超翻译技巧的同时,能够拓宽知识视野,提高自身的翻译水平,提升作为文科专业学习底蕴的人文素养。

(二)案例2:翻译技巧的词法和句法学习中,组织时政英译研读,学习传播好中国声音,讲好中国故事

在翻译课程的第二课堂,指导学生组成时政英语翻译兴趣小组,对近年来我们国家的时政英译文本展开系列学习和研究,进一步熟悉了解祖国的历史、地理、社会、经济等国情和文化知识,研习中国现行的政治制度和外交政策,加深同学们对祖国现实国情的了解,增强文化自信心和民族自豪感。通过时政英译学习,激发青年学子的家国情怀,也更加坚定青年人的时代追求:勇做走在时代前列的奋进者、开拓者和奉献者,努力在实现中国梦的伟大实践中去创造自己的精彩人生。

带领学生学习双语版本的《习近平谈治国理政》(第三卷),着重研究时政英译中如何翻译中国古诗词这一选题。通过专题研习,学生更加深入地理解了当下中国的社会主流价值观和公共道德观念,加强青年学生对祖国的政治认同和文化认同,学习如何在英文语境和世界舞台上推介中华优秀传统文化,用翻译讲好中国故事,传播中国时代最强音。学生认识到,只有通过勤学苦练,掌握扎实的语言知识和娴熟的翻译技能,英语专业的学生才能练就过硬的本领,将来才能为实现中华民族伟大复兴奉献力量,和广大有志青年一起推动共建"一带一路"、推动构建人类命运共同体。

五、教学效果

(一)学生课外科研立项成果

通过学习和研究近年时政英译,学生不仅对课堂上传授的翻译技巧有了更加深入的了解和掌握,多名同学还获得学校课外科技立项并撰写了研究论文,收集整理了时政英译语料库。此外,通过深度学习这些时政材料英译,学生更加明确了自己这代年轻人是把祖国全面建成社会主义现代化强国的生力军,他们肩负着实现中华民族伟大复兴的历史重任。

自从 2019 年课程建设以来,多个学生团队获得浙江工业大学"运河杯"大学生课外学术科技基金等立项,包括 2019 年杜昱洁团队的"政治文献特色词英译的变化原因及影响研究"、2020 年祝春阳团队的"政治话语英译研究——基于 2019 年政府工作报告英译本"、2021 年吕骏汶团队的"如何用英语讲好中国故事:以《习近平谈治国理政》(第三卷)英译本为例聚焦外宣翻译中诗词与典故"(国家大学生创新创业训练计划项目)、2022 年汪冉团队的"叙事学视角下中国对外话语体系的构建策略研究——基于基辛格 On China 的实例分析"(国家大学生创新创业训练计划项目)、赵静雯团队的"西方视野下的中国形象变迁——基于 Jonathan D. Spence 史景迁的中国叙事研究"、王嘉文团队的"中国外宣新闻话语体系构建新探索——基于对 BBC、CNN 和 China Daily 疫情报道的比较"、2023 年徐文辉团队的"共情修辞视域下中国对外话语体系的建构策略研究——以 Russell 的 The Problem of China"为例,吕哲琪团队的"生态翻译理论视域下国家形象'自塑'策略研究——基于《习近平谈治国理政》(第四卷)英译本中国文化专有项实证实例分析"。

（二）学生学科竞赛成果

在项目组教师的指导下，学生在翻译大赛中亦取得不俗成绩。在课堂教学部分，学生通过学习名家名译，感受到老一代翻译家爱国敬业高尚情操的熏陶，激励学生在翻译这个领域继续精进；参加翻译比赛则是对其翻译实践能力进行考验和实操，这些获奖也是对他们的一种勉励，激励了部分学生继续翻译专业的深造学习，将来从事英译外宣工作。近5年来，课程第二课堂教学成效显著，课程组教师指导学生参加各类翻译比赛，共510人次获奖（其中，荣获LSCAT特等奖4名、一等奖98名、二等奖209名），由此证明，对于翻译这种实践性极强的课程，以赛促学，以赛促研，研学融合的教学效果非常理想。

（三）学生课后体会与评价

笔译是外语学院最早一批进入课程思政建设的课程，建设三年多来，在思政融入教学内容、融入方式方面精心设计，融入效果良好，深受学生好评。

首先，教师深入挖掘"三进"时政素材，收集中华优秀文化英译材料，使课程内容有效涵盖富含思政元素的代表性文本。课程素材覆盖内容多样、体裁广泛，包括《习近平谈治国理政》的"制度自信"部分节选、《论中国》论述"中国文化独特性"的章节、楼宇烈《儒家的礼教与信仰》节选等，使整个教学内容既注重文化积淀，又关注时事热点，有利于提升学生的文化素养和政治涵养。朱可珂同学（2020级英语专业04班）认为，儒家经典有关部分聚焦传统国学英译，细致具体、客观生动，学生在材料研读和斟酌翻译时对中国传统文化进行更深层次的了解，能够从中汲取优秀中华传统美德，树立文化自信；《习近平谈治国理政》节选部分彰显中国特色社会主义思想魅力，在帮助学生掌握中国关键词、核心术语翻译的同时，有利于学生在翻译过程中领略国家伟大历史实践，开阔国际视野，能够更加自觉地坚定政治立场，肩负起用翻译传播中国故事的责任。学生通过笔译课程中各种具有中国特色故事的翻译，体悟历史文脉，涵养家国情怀。

其次，课程设置多元实践环节，通过课前指导、课中讨论、课后巩固环环相扣地融入思政教学，采用灵活多样的教学方式实践育人。笔译课程不仅注重翻译技巧的训练，更注重对学生进行文化熏陶。在上课前，老师指导学生分组探索中外大家的翻译背景、优美译文和翻译思想。从严复到许渊冲，从朱生豪到梁实秋，不同领域的大师在历史的洪流中对政治与文学的思考，不同的历史背景和人生背景造就了不同的经典翻译理论,让学生在惊叹译文之优美的同时,也思考着当代翻译的意义和使命,在了解和学习翻译理论的同时,也吸收时代精华形成自己的翻译理念。於百慧(2019级英语专业05班)认为,笔译课堂有效地拓宽了同学们的知识视野,提高了同学们的文学素养。老师对经典作品翻译的讲解,结合时代背景,分析作者意图和作品内涵意蕴,能更好地指导学生的翻译实践,涵养学生品格。第二课堂的时政英译小组更是能够启发学生关心国家大事,锻炼实用的双语转化能力,更加能够潜移默化地提高学生的政治理论修养水平和综合人文素质。

再次,笔译课程思政融入效果受到学生肯定,在学生评教、学生反馈和教学示范课等诸多方面均收到积极好评。笔译课程的学评教在系部长期名列前茅,期中学生座谈和教学示范课中均受到广泛正向反馈。吕骏汶(2018级英语专业04班)认为,课程里各具特色的小组展示活动中,加深了同学对翻译理论、原则、方法乃至对于翻译这个学科学理认识和理解;老师挑选的翻译材料都非常具有原创性、时代性和挑战性,这样的翻译课激发了同学们探究翻译的热情,也让她对翻译职业的兴趣愈加浓厚,立志于传播中国故事的英译事业。"徐翌卓(2018级英语专业03班)认为,笔译教学真正在实践中培养学生的团队协作能力和辩证思维能力,启发他的研究创新意识,激励他在今后的学习规划和职业设计方面行稳致远,不懈追求跨文化传播理想。

(四)教师教学成长与反思

课程建设三年多来,教学研究、教学实践和科学研究方面均取得显著成绩。本课程自2019年开始实施思政教学改革,完成校级课程思政改革,教学案例入选浙江工业大学优秀课程思政案例集《思行政泽》,由清华大学出版社出版;2020年发表教改论文《高校英语教学中的翻译美育途径探幽》,2022年发表教学论文《〈习近平谈治国理政〉第三卷中外宣用典的英译研究》,同年,出版思政英文译著《制度何以自信》(*How to Maintain Confidence in the System?*);2021年,课程入选省级一流课程校级预备课程;2022年,课程负责人作为主要成员成功申报我校马列学院省一流课程"中国道路"(双语课程);2022年,负责人获批"十四五"浙江省教学改革项目"'译介中国 礼献亚运'翻译教学工作坊实践改革探索",负责人获得首届浙工大教学设计大赛三等奖。此外,课程组还发表译作6篇,出版译著2部。这些成绩说明,教学研究和教学实践可以相辅相成,教学研究更能够促进科学研究,教、学、研有机融合,则能充分发挥翻译教学和翻译学科研究的优势。

口译基础

教 学 团 队： 童　琳　刘银燕

案例撰写人： 童　琳

> 不积跬步，无以至千里；不积小流，无以成江海。
>
> ——《荀子·劝学》

一、课程概况

（一）课程简介

"口译基础"是针对英语专业三年级学生开设的英语专业技能必修课，一般于三年级第一学期开设，共32课时，2学分。课程以口译技能训练为核心，兼顾不同主题的练习材料。学生通过学习口译基础理论并接受不同主题的基础性口译训练，从而了解口译的基本理论，熟悉和掌握视译和多场景下交替传译的基本技能，初步掌握一些常用的口译技巧，如口译听辨、口译记忆、口译笔记、口译表达以及公众演讲技巧等，以便能够较准确流畅地进行一般难度的英汉口头互译。

本课程按口译技能和篇章专题组织教学单元，每个单元包括口译技能训练和篇章口译实践两个部分。技能训练主要内容包括听辨、记忆、笔记、表达等常用口译技能，以及主旨口译、数字口译等专题口译技巧的讲解与示范。而实践部分的篇章练习材料题材广泛，以政治、经济、文化、体育等领域的专题为主，兼顾礼仪、祝词、会议、访谈、演讲等专项内容，同时还结合时事适量补充热门话题的篇章口译内容。

本课程强调知识传授、技能培养和价值塑造的融合统一，以能力产出、素质提高为导向。帮助学生树立正确的世界观、人生观和价值观，培养良好的道德品质、家国情怀与国际视野，增强社会责任感、人文与科学素养，以及基本的学科素养。

（二）教学目标

1. 知识目标

（1）学习和掌握口译的基础理论知识，如口译的定义、分类、翻译标准等。

（2）进一步巩固英语语言知识，英语国家文化知识，中国语言文化知识。

（3）了解不同领域相关专业知识以及人文社会科学与自然科学基础知识，形成跨学科知识结构。

2. 能力目标

（1）英语运用能力：能理解英语口语传递的信息、观点、情感；能使用英语口语有效传递信息，并能注意语言表达的得体性和准确性；能借助语言工具书和相关资源进行口译工作，并能完成一般的口译任务。

（2）跨文化能力：尊重世界文化多样性，具有跨文化同理心和批判性文化意识；掌握基本的跨文化研究理论知识和分析方法，并能有效和恰当地进行跨文化沟通。

（3）思辨能力：勤学好问，相信理性，尊重事实，谨慎判断，公正评价，敏于探究，持之以恒地追求真理；能自觉反思和调节自己的思维过程。

3. 价值目标

（1）在口译的学习和实践中培养良好的道德品质与社会责任感、中国情怀和国际视野、人文与科学素养。

（2）通过对不同话题的分析和口译练习，树立正确的世界观、人生观和价值观，加强合作精神和创新精神。

（三）课程沿革

"口译基础"作为我校英语专业高年级学生的专业必修课程，开设已有10多年历史。期间不断加强该课程的教学建设、改革和创新，主要分以下3个阶段：

基础阶段（2007—2012年）："口译基础"为英语专业三年级的必修课程，在此期间，为优化培养计划与满足教学实际需求，课程开设学期从三年级第二学期调整到三年级第一学期。以技能训练为主、专题词汇与知识补充为辅的教学模式基本成形。2012年"口译基础"成功申请为校级优秀课程。

发展阶段（2013—2019年）：开展教学改革，丰富线上线下教学资源。2017年淘汰原用教材《口译教程》，更新为上海外语教育出版社《口译基础（第二版）》，该教材的优势是主题更加凝练，技巧阐述与专题练习之间结合更紧密。重视结合第二课堂和学生课外实践等活动加强和锻炼学生的实战能力，如学生担任互联网大会志愿者等。

提升阶段（2020年至今）：2020年课程组教师进行了思政版课程大纲的撰写和修订，正式开始尝试将思政教育融入教学当中。充分结合慕课资源进行教学，并发掘利用课外的优秀口译相关案例作为课程思政的切入点和教学内容。

二、思政元素

本课程的思政元素主要体现在民族文化自信和爱国情怀，专业素养和职业品格，跨文化交际和国际视野，实事求是和精益求精等方面。

文化自信和爱国情怀：通过介绍和学习外交场合的口译材料，学生逐渐了解中国的强大所带来的在国际舞台的话语权并为之感到自豪。通过对相关外交外事场合政治、文化、经济、教育等演讲材料的分析和口译实践，学生进一步了解和熟悉中国在历史、文化、经济、科技等各领域的发展及在个别领域的领先地位，从而加强爱国心，加强文化自信。

专业素养和职业品格：这门口译课程强调理论知识与实践相结合，因为口译实质上属于应用语言学，更注重学生是否能将自己的理论知识和口译技能付诸实践。授课教师在课堂上介绍口译相关理论和技巧，并通过经验分享、让学生观摩专业口译员的口译视频等，让学生熟悉和了解专业口译员的工作性质、职业操守和素质能力方面的要求，如保密、准时、广博的知识面、熟练的双语转换与口译技巧、处理突发状况的能力等等。

跨文化交际和国际视野：在全球化的时代里，国与国之间、不同语言和文化之间的交流日益便捷和频繁。在这样的形势下，口译变得日益重要起来。例如，在口译应用最为常见的外交场合，口译员快速准确而又严谨的翻译可以使两国的领导人在和平的氛围下就国家大事、国计民生达成一致意见；在经济领域，口译可以帮助实现商企合作，吸引外资，壮大国内中小型企业；在文化领域，口译可以帮助中国文化走出去；在教育、体育、科技等领域，口译都可以帮助实现不同语言之间的即时快速准确的沟通，帮助中国缩短与世界之间的距离，不断增强中国的国际竞争力。因此该课程的学习可以帮助学生形成国际视野，并培养和加强跨文化交际能力。

实事求是和精益求精：口译员必须做到实事求是，忠实于源语；同时在每次的口译实践中不断学习和进步，有精益求精的精神和态度。因此，在课程学习中，学生也要学会尊重事实，坚持真理，科学求真，一切从实际出发，理论和实践相结合，脚踏实地，不投机取巧，反对说假话、空话和大话。另外，对待译文应该做到精雕细琢，培养工匠精神，形成"没有最好只有更好"的学习和工作态度。

三、设计思路

口译课程不应该作为单纯的语言技能课来讲授，因为在沟通更强调时效性的现代社会，口译不仅是不同语言之间的沟通和交流，更是深层次的语言与文化问题。课程将灌输与渗透，理论与实际，历史与现实，显性教育与隐性教育，共性与个性，正面教育与纪律约束相结合，采取正面教育、案例穿插、讨论辨析式的教学手段强化育人功能。各章节模块重要的思政元素、相关知识点和教学案例见表18-1。

表18-1　各章节课程思政设计思路

课程章节	重要思政元素	相关专业知识和教学案例
第一章 口译概述及 课程概述	·职业素养 ·实事求是 ·精益求精	·知识点：口译发展的历史、口译的分类，掌握交替传译和同声传译的定义，理解译员应具备的素质 ·教学案例：本章节将灌输与渗透，理论与实际，历史与现实相结合，采取讨论辨析式的教学手段，以"你认为专业口译应该具备哪些能力和素质"话题的讨论作为引入，让学生进行分组讨论，随后通过班级分享互相启发，拓展思路

续表

课程章节	重要思政元素	相关专业知识和教学案例
第二章 口译听辨	·文化自信 ·积极向上的价值观 ·跨文化交际	·知识点：明确口译中的"听"是一种建立在全局观念上的"听辨"，并掌握口译听辨的一般方法。抓住句子关键词、逻辑关系、主旨信息，推测生词词意，适应不同口音；掌握迎来送往、企业参观、中国文化、会议主持、旅游等领域的常用句型 ·教学案例：以阿拉斯加会谈作为练习材料，以小组讨论、交传口译练习，教师点评为主要形式
第三章 口译记忆训练（无笔记交传）	·文化自信 ·积极向上的价值观 ·跨文化交际	·知识点：记忆的知识：口译记忆的概念及其特殊性，并掌握口译记忆提高的一般方法；艺术、教育等领域的相关专业知识和专业词汇 ·教学案例：以中国古代谚语诗词英译为例，以小组讨论、交传口译练习，教师点评为主要形式
第四章 口译笔记概述	·爱国情怀 ·国际视野 ·社会责任感	·知识点：口译笔记的内容、结构、符号与缩略语并掌握口译笔记提高的一般方法，展览、体育、医疗、法律等领域的相关专业知识和专业词汇 ·教学案例：以北京冬奥会英语词汇为例，以小组讨论、交传口译练习，教师点评为主要形式
第五章 表达信息（穿插于记忆和笔记模块之中）	·爱国情怀 ·国际视野 ·跨文化交际	·知识点：公众演说的发声和仪态要求、突发情况应对、表达的逻辑性、多样性、流畅性，并掌握口译表达提高的一般方法；了解和掌握会议发言、访谈、科技、商务洽谈、文化交流、环保等领域的相关专业知识和专业词汇 ·教学案例："两山理念"的概念和发展，以小组讨论、交传口译练习，教师点评为主要形式

四、教学案例

（一）案例1：阿拉斯加会谈部分内容口译——加强文化自信与爱国情怀

在第二章的学习中，教师补充了阿拉斯加会谈部分内容作为学生课堂练习的材料。

2021年3月，中美双方在阿拉斯加举行会谈。我国外交官在会谈上坚定不移地捍卫中国的主权和尊严，中方口译员的表现可圈可点。选择这个内容作为外交口译训练题材可以实现知识传授、能力培养和价值提升三者的完美结合。

1. 课前准备

要求学生查找和阅读相关背景资料,为口译练习做好准备。需要掌握的信息包括会谈背景,双方主要诉求,词汇和常用句式等。

2. 课中

(1)导入:小组分享

要求学生进行小组分享,在阅读和归纳的过程中,学生了解到中国崛起、中美大国博弈、中国独立自主的和平外交政策、中美俄的外交政策等方面的内容。

教学意图:在课前准备和课堂讨论分享的过程中,学生的民族自豪感得到提升,同时也认识到大国博弈不会停止,树立为建设国家保卫国家而努力学习的思想。

(2)口译练习

随后教师播放会议的部分录音,并要求学生以交替传译的形式来进行口译练习。在聆听的过程中,学生能较清晰地感受到美方发言人的傲慢、中方发言人的强硬,在口译实践中体会作为译员的民族自豪感。练习语言转换的同时,提高学生的话语分析能力,让他们在敏感话题的翻译中保持清醒的头脑、正确的方向。例如,布林肯说"We'll also discuss our deep concerns with actions by China, including in Xinjiang, Hong Kong, Taiwan, cyber attacks on the United States, and economic coercion toward our allies"时,教师有意暂停录音,并向学生提问,以考查学生的课前准备是否细致认真、是否进行了独立思考。

(3)教师提问

问题一:新疆、香港、台湾怎么成了美国的"concerns"?

问题二:美国眼里的"cyber attacks"和"economic coercion"是什么?这段话反映了美国的什么心态?

教学意图:通过提问、回答、教师点评可以进一步帮助学生认清中国作为一个发展中大国和世界第二大经济体面临的重大挑战以及西方各国对中方的态度立场。

(4)课堂讨论

之后的课堂练习和讨论重点放在杨洁篪主任的发言上,可以看到这段发言不仅是一段常见外交语境下的话语,更是带领听众回顾了中国消除贫困事业等百年奋斗目标。

教学意图:通过聆听发言和尝试进行交传口译练习既能锻炼学生的口译技

能，也能增强学生的民族自豪感。例如在杨洁篪主任的发言中提到"中国到 2035 年必将实现基本现代化，到 2050 年将实现全面现代化"，"我们脱贫攻坚取得了全面胜利"，"美国的民主不仅应该由美国人民来评价，而是应该由世界人民来评价"，"人们应该摒弃冷战思维零和游戏，应该改变自己的思想模式，在 21 世纪让所有的国家，大小国家，特别是大国为人类的未来做出贡献，来构建人类命运共同体"。

3. 课后任务

课堂教学结束后，教师要求学生观摩完整的会议录像，学习中方口译员不卑不亢游刃有余的汉英口译译文，总结自己的不足并为之后的口译学习制定合理的目标和计划。

4. 教学小结

在口译练习的过程中，教师发现尽管学生进行了一定的课前准备，在处理"zero-sum game"等一些专有名词时仍然会有困难，此外，如何对句型复杂、信息量过大的长句进行合理的断句是另一难点。课上时间虽然有限，但是学生通过对这段会谈材料的分析和口译练习进一步扩充了有关外交领域的专业术语和常用句型的知识储备，并且进一步加强了大国自信和爱国情怀，还认识到了跨文化交际能力和国际视野的重要性。

（二）案例 2："两山理念"——走可持续发展的道路是我们的唯一选择

第五章节的主题之一是环保，涉及材料的主题包括城市化、发展与保护、旅游业的发展等话题。教师特意引入了课本材料之外的"两山理念"要求学生进行课前准备并在班级进行分享。

1. 课前准备

要求每位学生就自己搜集和准备的材料进行三分钟左右围绕"两山理念"的英文演讲。

教学意图：通过课前准备，学生熟悉了"两山理念"及相关环保背景知识的英语词汇，并对该理念的来源和发展有了一定的了解。

2. 课中

（1）导入：小组分享

学生先分小组进行分享，要求组员针对演讲者的口语表达提出改进的建议。

教学意图：学生在小组分享时可以锻炼口语表达能力和胆量，以及与人沟通的能力。同时，在分享中，学生可以更了解当下国内国际的热点环境问题，成为更有责任和担当的新时代大学生。

（2）演讲与交传练习

学生在讲台上用英文进行演讲，并随机邀请另外一名学生用中文进行翻译，口译以交替传译的形式进行。

教学意图：在课堂发言和口译实践环节，演讲者不仅可以加强口语表达能力，也锻炼了作为口译员的必备技能之一的公共演讲技能；而扮演口译员的同学则实践了口译笔记和交传技能，同时也锻炼了随机应变的能力。

（3）教师点评与讨论

授课教师引导学生从中西方不同的角度来看待发展与环保之间的矛盾，历史已经给了我们警示，走西方工业国家先发展后治理的老路是行不通的。温室效应、全球变暖、极端气候的出现等等无一不在警告我们，如果不在经济发展和环境保护中间找到一个平衡点，那么人类的未来将难以想象。中国作为一个人口大国，已经自觉地承担了节能减排、减缓全球变暖和气候变化的责任，例如，在北京、上海、杭州等大城市都有限行等交通措施鼓励市民选择公共交通出行。通过教育、法规以及地方政策的多管齐下的措施，市民逐渐将环保融入自己的日常行为准则当中，只有这样，人类社会才可能长久地发展下去。

教学意图：环保相关主题的讨论和口译实践让学生开始清楚认识到中国走可持续发展道路的必要性和科学性，只有合理地保护和使用现有的资源，加强保护生物多样性和自然环境的力度，人类才能拥有一个可持续发展的未来。通过这一单元的学习和思考，学生逐渐学会用多元的视角来看待问题，进一步培养了国际视野和社会责任感，增强了爱国情怀和跨文化交际能力。

3. 课后任务

要求学生继续改进自己准备的演讲材料，并录制成完整的演讲视频，另外要求学生思考：为更快实现中国的生态文明建设，你认为你个人可以做出什么贡献？通过问题引导，帮助学生将实现个人的梦想与实现中国梦结合起来，并尽快找到自己努力的目标和方向。

4. 课堂小结

从学生课堂发言的内容上来看，大家准备都比较充分，基本能正确用英语表达"绿水青山就是金山银山",即"Lucid waters and lush mountains are invaluable assets",同时也学会了其他一些相关术语和固定表达。学生发言有各自的侧重点,但是一节课下来全班同学都对"两山理念"有了清晰而全面的认识,例如"两山理念"的起源和发展,中国生态文明建设国家发展战略等等。在演讲和口译练习环节结束后,教师和同学们又进行了进一步的讨论和补充,大大丰富了学生的视野。

五、教学效果

(一)学生学科竞赛成果

近两年,课程组教师指导本专业高年级学生参加口译比赛并取得了一定的成绩,具体获奖情况如下:2020第九届全国口译大赛:国家三等奖1项,华东赛区一等奖1项,二等奖1项,三等奖1项,优秀奖3项,省级一等奖3项,二等奖3项,三等奖3项;2021第十届全国口译大赛:省级一等奖2项,二等奖7项,三等奖1项,另有一人获浙江省"译员风采"奖。

(二)学生课后体会与评价

"口译基础"课程开设了十多年,反响较好,学生评价普遍很高,授课教师多次获得"优课优酬"教学奖励。

该课程涵盖多种主题多种题材的口译练习材料,并通过课外材料的补充,帮助学生拓展知识面,了解成为一名专业口译员的必备素养和要求。

在上口译基础课的时候,老师每次都会给我们播放关于国家大事和时事新闻的音频,同时也会给我们补充丰富多样的背景信息。在此过程中,我逐渐明白了如果要成为一名优秀的口译员,最重要的是要通百艺,专一精。(牛姝俨,2018级学生,现就读于苏州大学,攻读口译方向硕士)

口译基础是一门非常精彩的课程。学习口译基础,提高了我自身的英语口语水平和翻译水平,增进了我对口译员这一职业的了解。(连润杰,2018级学生)

"口译基础"带给我的不仅仅是知识上的提高,更多的是培养了我的国际视野和思考能力。老师的鼓励让我不断探索口译的奥秘,我会有意识地去关注国内外大小事,从美国的洪水再到阿富汗的塔利班夺权,我对国际事件的敏感度更高了。(张媛,2018级学生)

在学习的过程中,学生不仅认识到了知识能力的重要性,同时也意识到如果想成为一名专业的译员,也必须具备正确积极的价值观和世界观,特别是在外交场合,口译员还必须具备国际视野和大国自信。

在全球化和"一带一路"的背景下,口译员在许多场合扮演着非常重要的角色,在许多国际会议,双边/多边谈判,以及贸易往来中,口译员不仅发挥着传递信息,帮助交流的作用,还承担着维护大国形象的职责。(连润杰)

不仅要不停地丰富自己的知识储备以及专业知识,有着稳扎稳打的专业知识,作为自己的后盾,更需要树立正确的价值观,学会明辨是非,时刻跟着国家主流趋势,才能在信息爆炸的今天守好初心,成为一名优秀的口译员。(牛姝俨)

学生还能够将中国梦和个人的梦想结合起来,为中国实现中国梦贡献自己的一份力量。

同时,在了解各国事件的过程中,我为自己生在中国感到更加自豪,对国家的政策道路方针更加自信,对国家的未来更加乐观!"口译基础"为我成为更完整的一个人奠定了基础,为我的思想更上一个台阶铺垫了道路。(张媛)

学习"口译基础"这门课程,在完善专业素养的同时,也增强了我的社会责任感,双语的学习环境给予了我培养全球化视野的机会,作为外语学子,我们应当关心国家命运和国际局势,力求为中华民族伟大复兴贡献自己的力量。(连润杰)

(三)教师教学成长与反思

课程思政对外语专业教师来说是十分具有挑战性的,特别是对于教授口译课程的教师来说更是如此,因为口译是一门重技巧重实践的课程,不仅要求学生具备熟练的语言基本功,更要求学生拥有广博的知识面,掌握基本的口译技能,并且拥有较好的心理素质和应变能力。这对教师也提出了高要求，完全依靠课本来进行教学是远远不够的。

鉴于目前适合英语专业高年级的口译教材中教学材料的局限性，为更好地进行课程思政并与专业教学进行有机结合，课程组教师根据教学计划的不同单元主题选取了更为合适的课外材料进行补充教学。在接下来的教学中，课程组教师将会总结之前的教学经验，对思政的内容和方式进行不断调整与改进，以求能够实现润物细无声的教学效果。具体计划包括：一是进行课程思政建设，参加思政讲课比赛，并申请相关教改与课程建设项目；二是继续将思政教育、专业授课与学生第二课堂相结合，持续提高学生口译技能与综合素养，如鼓励和组织学生参加"外研社国才杯""理解当代中国"等全国大学生外语能力大赛。

时政翻译

教 学 团 队：马　鸣　童　琳　孙然颖
案例撰写人：马　鸣

> 译事三难：信、达、雅。求其信已大难矣，顾信矣不达，虽译犹不译也，则达尚焉。海通已来，象寄之才，随地多有，而任取一书，责其能与于斯二者则已寡矣。其故在浅尝，一也；偏至，二也；辨之者少，三也。
>
> ——严复《天演论·译例言》

一、课程概况

（一）课程简介

"时政翻译"是为英语专业本科学生设置的专业必修课，课程开设在三年级第二学期，共32学时，2学分。学生先行修读"英汉/汉英笔译Ⅰ"和"英汉/汉英笔译Ⅱ"两门课程。先修课程主要讲授基本翻译理论和英汉互译的一般策略、方法与技巧。学生通过这两门课程的学习，初步了解翻译活动的性质，并掌握一般的翻译策略、方法与技巧。在此基础上，"时政翻译"主要讲授政府工作报告、领导人讲话、对外宣传材料和时事评论等时政文体的翻译方法与技巧，提升学生的翻译实践能力，同时增加学生对于中国国情、政治制度的理解，帮助学生未来更好地宣传当代中国。

(二)教学目标

1. 知识目标

(1)了解政府工作报告、领导人讲话、外宣材料、时事评论的文体特征；

(2)熟练掌握政府工作报告、领导人讲话、外宣材料、时政评论文章的翻译方法和技巧；

(3)深入理解中国的基本国情、社会历程及发展目标。

2. 能力目标

(1)巩固学生的汉英笔译能力，使其能熟练运用一般翻译策略、方法与技巧；

(2)培养学生的时政文体翻译能力，可以熟练翻译政府工作报告、领导人讲话、外宣材料和时事评论；

(3)提升学生的对外宣传能力，在国际舞台上积极介绍当代中国。

3. 价值目标

(1)培养学生树立正确的世界观，充分理解中国的国体与政体，增强学生的制度自信，更好地讲好当代中国故事；

(2)引导学生树立正确的价值观，鼓励学生热爱祖国、建设祖国，树立远大理想，发挥自己的专业优势，积极投入到中华民族伟大复兴和构建人类命运共同体的事业中去。

(三)课程沿革

"时政翻译"至今已开设7年。课程最早为英语专业翻译方向选修课，与商务翻译、科技翻译、旅游与会展翻译等课程一道，培养学生非文学文体的翻译能力。随着中国国际地位的提升，在国际事务中角色的转变，中国的社会发展的成就、中国政治制度的优势愈发在世界范围内受到关注。向国外介绍当代中国成为外语专业学生的重要任务之一。在此背景下，本课程作为"三进"课程，调整为英语专业必修课。课程的教学目标也由提升学生时政文体的翻译技能，扩展为加深学生对于当代中国的理解，帮助学生未来在国际舞台讲好当代中国故事。通过此次思政建设，本课程将进一步深挖思政元素，丰富课程内涵，增加课程吸引力，提升教学效果。

二、思政元素

翻译活动，尤其是中译外，能够促进中国政治、经济、科技和文化成就在世界范围内传播并与其他国家分享中国现代化建设的有效经验，有助于推动人类命运共同体建设。概括来说，本课程主要将中国社会发展的成就、中国的政治制度优势、坚持党的领导等方面的思政元素融入课堂。

中国社会发展伟大成就：新中国成立后，尤其是改革开放以来，中国人民在中国共产党的领导下，在政治、经济、科技、文化等领域取得了长足的进步。伴随中国社会的发展，出现了大量与中国社会发展密切相关的新词。本课程通过讲授这些时政新词的翻译方法与技巧，从小康社会、共同富裕、社会主义现代化强国、中国梦等角度与学生一同回顾并分析中国社会发展的伟大成就，以此增加学生对于中国国情和社会发展历程的认识。

中国的政治制度优势：政治制度和意识形态的差异是外国人理解当代中国的主要障碍，而外语专业的学生则承担着帮助外国人深入理解当代中国的任务。本课程在讲授时政词汇和句法的翻译时，以"四个自信"、社会主义核心价值观、党的群众路线、依法治国等内容为线索展开。提升学生翻译能力的同时，也加深学生对于中国政治制度的优势的认识，引导学生树立制度自信。

坚持党的领导：中国在社会发展方面取得的伟大成就与共产党的领导密切相关。课程在讲授政府工作报告、领导人讲话、外宣材料和时事评论的翻译技巧时，将中国共产党在精准扶贫、共同富裕、人类命运共同体建设、"一带一路"倡议、发展新型国际关系等方面所发挥的重要作用一并梳理，由此加强学生对于中国共产党的信任与信心。毕业后，学生可以在国际舞台上讲述中国共产党在中华民族伟大复兴和人类命运共同体建设中的重要角色，有助于树立中国共产党在国际上的威望。

三、设计思路

本课程为翻译实践课，旨在提升学生时政文体的翻译能力，并帮助学生深入理解当代中国。教师以"中国的社会发展成就""中国政治制度的优势""坚持党的领导"三个思政主题为线索,选择相关典型的译例,讲授时政文体的翻译方法或技巧。之后,教师为学生布置翻译任务,巩固翻译技能。学生以小组为单位,与同组成员开展讨论,以此鼓励学生自主学习,对知识点进行深入探索。完成翻译任务后,各小组推选代表介绍译文的生产过程,以及其翻译策略、方法和技巧的选择依据。教师及其他同学对报告进行点评互动。

本课程主要分为时政词汇、句法及篇章翻译三个部分,共十章。各章节模块重要的思政元素、相关知识点和教学案例见表19-1。

表19-1 各章节课程思政设计思路

课程章节	重要思政元素	相关专业知识和教学案例
第一章 时政新词的翻译	·小康社会 ·共同富裕 ·社会主义现代化强国 ·中国梦	·知识点:时政新词的翻译方法、原则及技巧 ·教学案例:讲授时政新词的产生的原因、分类;以《中国城市发展报告2021》(英文)为例,分析时政新词的经典译例;讨论时政新词的翻译的原则、标准及方法;以《习近平关于实现中华民族伟大复兴中国梦重要论述》(英文)为源文本,开展时政新词翻译练习
第二章 社会制度、意识形态关键词的翻译	·小康社会 ·共同富裕 ·社会主义现代化强国 ·中国梦	·知识点:社会制度、意识形态关键词翻译方法及技巧 ·教学案例:讲授社会制度、意识形态关键词的定义,分类;以《迈向共同富裕之路》(英文)为例,分析社会制度、意识形态关键词的常见译例;讲授社会制度、意识形态关键词的翻译方法、原则及技巧;社会制度、意识形态关键词翻译练习
第四章 "竹型结构"的翻译	·走中国特色社会主义政治发展道路 ·制度自信 ·理论自信 ·道路自信 ·社会主义核心价值观 ·党的群众路线 ·依法治国	·知识点:"竹型结构"的翻译方法及技巧 ·教学案例:比较汉语"竹型结构"与英语"树型结构"的差异;分析"竹型结构"经典译例及常见误译;以《探索与出路(中国特色的道路是怎样的道路)》(英文)为源文本,讲授"竹型结构"的翻译步骤:语义分析、逻辑重组、增补润色等;"竹型结构"翻译练习
第五章 "动词铺排句"的翻译	·走中国特色社会主义政治发展道路 ·制度自信 ·理论自信 ·道路自信 ·社会主义核心价值观 ·党的群众路线 ·依法治国	·知识点:"动词铺排句"的翻译方法及技巧 ·教学案例:讲授"动词铺排句"的特点及构成;分析"动词铺排句"的经典译例及常见误译;以《探索与出路(中国特色的道路是怎样的道路)》(英文)为源于文本,讲授"动词铺排句"的翻译步骤:分析语义,确立主语,选择谓语,添加次要信息等;"动词铺排句"翻译练习

续表

课程章节	重要思政元素	相关专业知识和教学案例
第六章 "四字连珠句"的翻译	·走中国特色社会主义政治发展道路 ·制度自信 ·理论自信 ·道路自信 ·社会主义核心价值观 ·党的群众路线 ·依法治国	·知识点:"四字连珠句"的翻译方法及技巧 ·教学案例:讲授"四字连珠句"的构成方式、分类;分析"四字连珠句"的经典译例及常见误译;以《探索与出路:中国特色的道路是怎样的道路》(英文版)为源文本,讲授"四字连珠句"的翻译步骤:分析各四字结构内在逻辑,确立全句语义重心,增补主语引领全句,灵活处理冗余结构与信息等;"四字连珠句"的翻译练习"
第七章 政府工作报告的翻译	·精准扶贫,共同富裕 ·坚持党的领导 ·人类命运共同体 ·一带一路 ·新型国际关系,和平发展道路	·知识点:政府工作报告的文体特征、翻译原则与技巧 ·教学案例:讲授政府工作报告的文体特征:用词、句式、段落与篇章特点;分析政府工作报告的经典译例及常见误译;以《2021年政府工作报告》为源文本,讨论政府工作报告翻译原则与技巧;政府工作报告翻译练习
第八章 领导人讲话的翻译	·精准扶贫,共同富裕 ·坚持党的领导 ·人类命运共同体 ·一带一路 ·新型国际关系,和平发展道路	·知识点:领导人讲话的文体特征、翻译原则与技巧 ·教学案例:讲授领导人讲话的文体特征,例如用词、句式、段落与篇章特点;分析领导人讲话的经典译例及常见误译;以《习近平在庆祝中国共产党成立100周年大会上的讲话》(英文)为源文本,讨论领导人讲话的翻译原则、标准与技巧;领导人讲话翻译练习
第九章 时事评论文章的翻译	·精准扶贫,共同富裕 ·坚持党的领导 ·人类命运共同体 ·一带一路 ·新型国际关系,和平发展道路	·知识点:时事评论的文体特征、翻译原则与技巧 ·教学案例:讲授时事评论的文体特征:用词、句式、段落与篇章特点;分析时政评论的经典译例及常见误译;以 China Daily 有关中国的时事评论为源文本,讨论时政评论的翻译原则、标准与技巧;时事评论翻译练习
第十章 外宣传材料的翻译	·精准扶贫,共同富裕 ·坚持党的领导 ·人类命运共同体 ·一带一路 ·新型国际关系,和平发展道路	·知识点:对外宣传材料的文体特征、翻译原则与技巧 ·教学案例:讲授对外宣传材料的文体特征:用词、句式、段落与篇章结构的特点;分析对外宣传材料的经典译例及常见误译;以《习近平在全国脱贫攻坚总结表彰大会上的讲话》(英文)为例,讨论对外宣传材料的翻译原则与技巧;对外宣传材料翻译练习

四、实践案例

（一）案例1：时政新词的翻译

时政文体的特征之一就是包含大量的新词汇，例如"文明城市""安居工程""农家乐""国货"，这些新词的出现与中国社会发展密切相关。翻译过程中要考虑到它们在中国语境下的具体意义，才能准确翻译。授课过程中，可以将小康社会、共同富裕、社会主义现代化强国、中国梦等与中国社会发展成就相关的思政元素融入课堂之中。

1. 课前

收集一些与大学生日常学习、生活密切相关的时政词汇译例，要求学生在熟悉的场景中讲述时政新词的翻译。在课堂教学过程中，教师与学生一起分析、讨论这些时政新词的具体意义，以及如何选择恰当的翻译方法、翻译技巧阐释这些新词的内涵。例如，"文明城市"是指中国社会发展过程中的一些模范城市，因此翻译为"model city of social development"，而不是"civilization city"；"安居工程"是政府为了解决城市低收入者的住房问题的开展的工作，所以不应译为"peaceful housing project"，而译为"housing project for low income urban residents"；"农家乐"则是一种体验农村生活的旅游产品，应译为"rural-life experience tour"。

2. 翻译实践环节

选择一篇关于中国高等教育发展的时事评论，要求学生以小组为单位，首先找出其中的新词，然后小组成员共同探讨这些新词在中国语境下的具体意义，并试译。每小组派代表展示译文，并解释翻译依据，然后教师与其他学生共同讨论出恰当的译文。整个翻译实践环节，学生不仅熟悉了时政新词的翻译方法和技巧，对于中国高等教育的发展成就也有了深刻的认识，帮助学生对当代中国社会发展历程进行深入思辨。

3. 课后

选择一篇中国旅游业发展报告，请学生找出其中的时政新词，并选择恰当的翻译方法和技巧予以翻译，以此巩固学生的课堂所学的时政新词翻译技巧，也增加学生对于中国旅游产业的历史及发展过程的认识。

（二）案例2：社会制度、意识形态关键词的翻译

在时政文体中，与中国特色社会主义制度、意识形态相关词汇，如"文明""精神""社会""建设""基层""队伍"等词在英文中无对应表述。通过对比中西政治制度、意识形态的差异，向学生讲授中文社会制度、意识形态关键词的翻译技巧。授课过程中，可将"四个自信"、社会主义核心价值观、党的群众路线、依法治国等思政元素融入课堂。

课前挑选在《迈向共同富裕之路》（英文）中有代表性的社会制度、意识形态关键词及相应译文作为经典译例，在课堂上与学生分享。然后与学生共同探讨译者翻译的依据，以及译者对中西社会制度、意识形态的差异的处理方式。例如，在中国的政治语境下，"文明"常指代进步、成就等，因此"政治文明"可以翻译成"political achievement"；"精神"常指最重要的、纲领性的内容，"党的二十大精神"就翻译成"the guiding principle of the 20th Congress of the CPC"；"建设"有提升、改进的意思，因此"党建"就翻译成"party building"；"法治建设"则翻译成"the improvement of sense of law"；"社会"有公共、非政府的含义，所以"社会治安"和"社会资本"分别翻译成"public order"和"non-government capital"。

社会制度、意识形态关键词翻译的规律性不高，需要译者平时多关注、多积累。鉴于此，教师在布置课后作业时，提供给学生一篇政府工作报告，要求学生找到其中的社会制度、意识形态关键词及其对应译文，并对译文是否客观、准确地进行分析与评价。

通过学习社会制度、意识形态关键词的翻译，学生除了翻译技能的提升，还加深了他们对于中西政治制度差异的思辨，坚定了他们的制度自信。

（三）案例3：时政文体中的主体性

时政文体中经常出现无主句。在翻译这些无主句时，译者要对动作的施动者进行判断。实际上，这些无主句的施动者很可能是中国共产党或中国政府。授课过程中，教师将精准扶贫、共同富裕、坚持党的领导、人类命运共同体、"一带一路"倡议、新型国际关系、和平发展道路等思政元素融入课堂。

以《习近平在全国脱贫攻坚表彰大会上的讲话》（英文）作为源文本，要求学生找出文中的无主句。之后，教师再与学生共同讨论出这些无主句隐含的施

动者,生产出恰当的译文。处理时政文章中的无主句时,学生习惯添加"we"或者形式主语"it"。虽然这样生产出来的译文在语法上是正确的,但所述事件的施动者实际上为中国共产党、中国政府或中国。因此,翻译时要增加主语应为"the Chinese Communist Party"、"the Chinese government"或"China",这样才能准确地反映出中国共产党、中国政府在中国社会发展及人类命运共同体建设中所扮演的重要角色。

课后,教师将《习近平在"一带一路"沿线国家领导人会议上的发言》布置给学生,要求学生为其中的无主句选择合适的主语并翻译。

通过对时政文章的主体性学习,学生不仅学会了时政文章无主句的翻译技巧,对于中国共产党、中国政府在中华民族伟大复兴,以及人类命运共同体建设中做出的贡献有了进一步认识,坚定了学生对中国共产党的信任与信心。

五、教学效果

课程开设以来,累计300余人修读过本课程,学生评教满意率一直在98%以上,课程获得学校"优课优酬"教学奖励10余次。学生翻译实践能力得到明显提升,一些学生对于时政翻译研究也产生了兴趣。

(一)学生学习成果

近年来,学生的时政文体翻译能力不断提高,我院学生全国翻译资格考试(CATTI)通过率稳步提升;学生积极报名参与"国才杯""理解当代中国"笔译大赛,2023年有四位同学顺利进入省赛。而且,学生对于时政翻译的兴趣愈发浓厚。最近几年,每年都有多位同学在毕业论文中选择时政翻译方面的研究课题。另外,学生还积极将课堂上学到的时政翻译技能运用到实践之中,他们在学院公众号上开展双语党建,以志愿者的身份为世界互联网大会、亚运会等重大活动提供语言服务。

(二)学生课后体会与评价

学生修读本课程后,普遍认为自己的时政翻译能力得到了明显提升,同时对于当代中国的理解也更加深刻,课程对于自己的学习、生活和工作有积极的影响。

一是有助于时政翻译能力的提升。

老师上课选择的政府工作报告、领导人讲话和时政评论性译例都非常有代表性,讨论和分析都十分深入。翻译练习时,老师挑选了一些新近的时政文章,内容很有时效性,对于我们巩固课程所学内容,提高翻译能力很有效果。老师对知识点讲解很深入,经常传授一些自己翻译经验,激发了我们学习时政翻译的兴趣。(胡伊娜,2016级英语专业学生)

课程内容包括政府工作报告、领导讲话和时政评论的翻译技巧,很实用,很大地提升了我的翻译水平,对于翻译资格考试备考也很有帮助。这门课对于将来有志于从事外事翻译的同学帮助特别大。(赵玺,2016级英语专业学生)

二是加深了对于当代中国的了解。

老师在课上选择的翻译材料非常丰富,老师在讲解翻译技巧时,会结合中国的社会语境,分析出合适的翻译方法。增加我们对于中国政治制度、社会发展的理解,建立了我们对于政治制度的自信,我们对当下社会发展的一些重大事件有了更多的思考。(郭娜,2016级英语专业学生)

这门课讲了很多不同时政文体的翻译方法,如政府工作报告、领导人讲话、时政评论等等,很实用。我们对于祖国已经取得的成就、未来的发展道路有了更多的了解,对我们在未来的工作中讲述中国故事很有帮助。(倪舒扬,2016级英语专业学生)

(三)教师教学成长与反思

教学是一个教学相长的过程,教师本人在教学过程中也在不断发展、成长。在讲授"时政翻译"这门课程的过程中,课程教师每年都会将国家一些新的发展成就和重大发展战略补充到课程之中,与学生共同学习。通过讲授这门课,教师对于中国发展的道路、发展目标的认识也愈发深刻,对于当下社会发展的重大问题有了更为客观的判断;对于自己的生活、工作有了更明确的规划;对于个人的理想也有了更高的要求。一门好的课程不仅要讲授技能型知识,更重要的要在世界观和方法论层面上影响学生。因此,未来有必要继续做好这门课程的思政建设,对于学生和教师本人的成长都有着重大的意义。

科技翻译

教学团队： 孙然颖　李　勇　林蓓蓓
案例撰写人： 孙然颖

> 人类精神必须置于技术之上。
> ——阿尔伯特·爱因斯坦

一、课程概况

（一）课程简介

科技翻译在科技发展的过程中起着不可或缺的作用，决定了科技翻译方面专业人才培养的必要性。"科技翻译"是英语专业开设的一门专业选修课程，于四年级下学期开设，共32学时，2学分。课程内容以科技翻译基础知识为主，探讨汉英科技文章在词汇、语法、修辞、文体等方面的异同，从词语、句子入手，结合段落与篇章结构学习，帮助学生在实践中领悟翻译的原则、方法和技巧。在提高翻译能力的同时，这门课程能增强文科学生的科学素养，使学生的人文素养和科学素养互相促进，在促进学生的思辨和逻辑思维能力发展的同时，通过提升学生对人文和科学关系的认识，形成正确的世界观和价值观。

(二)教学目标

1. 知识目标

(1)掌握科技翻译的基本知识,比如科技英语词汇、常用句式、术语翻译和逻辑问题;掌握中英转化基本规律的知识,比如增词、减词、转词、正反转换、分句、合句,以及英译和汉译的谋篇布局等具体翻译技巧。

(2)了解科技专业主题知识,比如物理、生物、建筑、医学、能源、电气工程等,熟悉科技专业词汇、掌握科技专业句子和段落翻译技巧。

2. 能力目标

(1)具有一般难度英汉科技文本互译的基本能力;

(2)通过翻译实践养成科学的、严谨的逻辑思维能力;

(3)训练并提升阅读和翻译英汉科技文本的综合运用能力。

3. 价值目标

(1)通过人文精神与科学精神相结合的学习,提高作为人文学科的英语专业学生的逻辑思维能力发展,帮助学生形成既丰富内心又严谨科学的专业态度;

(2)提升学生对人文和科学密切关系的认识,从而培养学生以联系的观点看待事物,不仅看到两者之间的对立,也能关注两者之间的共存与合作,使学生形成正确的世界观和价值观。

(三)课程沿革

"科技翻译"最初开设于2020年,2022年和2023年秋季学期的课程更名为"科技笔译"。本课程通过课堂讲解、课堂翻译练习、小组讨论和小组任务,使学生具有科技翻译实践能力,为学生未来从事科技翻译打下基础。

自从开设本课程以来,选用合适的教学内容是课程建设的重点。目前常见的科技翻译教材重在探讨科技文本的翻译方面,缺乏对文本内容的探索,对文本内容的思政挖掘更是欠缺,而且这些科技翻译教材选用的文本在内容的深度上不够,对英语专业的学生来说吸引力不足,比较枯燥乏味。因此本课程吸收一些中英科技经典文本,例如《物理学的进化》《黄帝内经》《美丽新世界》等经典文本的翻译内容,在经典文本的阅读和翻译中,理解科学家们的深邃思想,学习科学家们的高尚品德，明白科学技术与人文学科之间的关系，不仅提高学生的翻译能力，而且提升学生的思想高度，使学生受到思政教育。

二、思政元素

"科技翻译"课程主要在塑造学生从事翻译的敬业精神、增强学生的科学求真精神、提升学生文化自信和培养学生文理融合的创新精神四个方面加强专业教学和思政教育的融合发展。

从事翻译的敬业精神：通过阅读与翻译爱因斯坦的人生观，使学生体会科学家献身于追求真理的高尚情怀，培养学生具有从事翻译活动、甘当幕后英雄的奉献精神，鼓励学生不畏艰辛，勇于承担英汉语之间沟通桥梁的重任；同时在完成翻译任务过程中，能用精益求精的态度追求高质量的翻译文本，为国家的科技发展贡献一份力量。

科学求真精神：通过阅读与翻译爱因斯坦对物理学发展的描写，使学生体会科学家献身于追求真理的事业，以及科学家运用因果关系探求自然规律的方法，培养学生在进行翻译活动中，能采用科学的方法，完成高质量的翻译文本。

文化自信：通过阅读和翻译科幻小说《三体》中的科学家叶文洁的故事以及中医典籍《黄帝内经》，使学生体会中国传统文化中讲求仁爱和天人合一的精神，增强学生对中国优秀文化的自信和热爱，为学生通过语言传播中国文化提供不竭的动力。

文理融合的创新精神：通过阅读和翻译《自私的基因》中的部分章节，使学生认识科学与道德的关系；通过《上帝的错觉》，使学生认识科学与宗教的关系；通过《美丽新世界》，让学生体会科学离不开人文精神的指导；通过《梦溪笔谈》，让学生发现科学与人文并非水火不容。从这些文本的阅读和翻译中，培养学生能将人文精神和科学精神相联系的正确世界观，有助于突破文理科之间的学科藩篱，使学生具有开放广阔的思维，为语言和翻译研究增添科学精神的翅膀，不断创新。

三、设计思路

"科技翻译"的课程教学中吸纳科技经典文本的阅读和翻译，这些经典文本自身蕴含着丰富的语言文化内涵,在阅读和翻译这些材料的过程中,在学习翻译知识和锻炼翻译能力的同时,潜移默化地融入从事翻译的敬业精神、科学求真精神、文化自信和文理融合的创新精神四个方面的价值引导。各章节模块重要的思政元素、相关知识点和教学案例见表20-1。

表 20-1 各章节课程思政设计思路

课程章节	重要思政元素	相关专业知识和教学案例
第一章 科技翻译概论和 科技英语文体	·科学求真精神	·知识点:科技翻译的基本知识和文体特点 ·教学案例:选读和翻译《物理学的进化》第一章机械观的兴起的"奥妙的侦探故事"和"第一个线索"两个部分,小组讨论"从科学家身上我们能学到什么精神和研究方法?"
第二章 翻译单位和翻译 方法	·敬业精神 ·热爱工作 ·勤奋努力 ·精益求精	·知识点:不同层面的翻译单位,直译、意译、零翻译、对译 ·教学案例:选读和翻译爱因斯坦的《我的世界观》中的同名散文,小组讨论"我们可以从爱因斯坦的人生观中学到什么?"
第三章 词的翻译:增译	·创新精神 ·突破陈规 ·大胆探索	·知识点:词义引申和词类转换,语法性、语义性和修辞性增译 ·教学案例:选读和翻译《美丽新世界》第一章,小组讨论"在人类培育方面任意使用基因工程会造成什么后果?"
第四章 减译正反转换	·创新精神 ·突破陈规 ·大胆探索	·知识点:语法性、语义性和修辞性减译,正说反译、反说正译、双重否定和强调否定,否定陷阱 ·教学案例:选读和翻译《自私的基因》第一章"为什么会有人呢?",小组讨论"本性自私的基因是否需要道德引导?"
第五章 被动句、 从句的翻译	·创新精神 ·突破陈规	·知识点:译成汉语主动句、译成汉语被动句和译成无主语句,名词从句、定语从句、状语从句的翻译 ·教学案例:选读和翻译《上帝的错觉》第一章"一个充满宗教情感的非信徒",小组讨论"科学与宗教的关系"
第六章 顺译与逆译、分译 与合译	·创新精神 ·突破陈规	·知识点:完全顺译和部分顺译,复合词及短语的逆译、定语、状语、表语、同位语的逆译、倒装成分的逆译,分译与合译 ·教学案例:选读和翻译《梦溪笔谈》自序和卷十八"技艺"中的一些段落,讨论"为什么沈括能写出这部涵盖外交、历史、文学、艺术以及科技的著作?"
第七章 变译	·文化自信 ·天人合一 ·顺应自然 ·人与自然和谐 共生	·知识点:摘译、编译、译述、缩译、综述、述评、译评、改译、阐译、译写、参译 ·教学案例:选读和翻译《黄帝内经》上卷"素问篇"的"阴阳应象大论篇第五",讨论"疾病与阴阳失衡之间的关系"
第八章 编译	·文化自信 ·讲求仁爱 ·推己及人 ·仁民爱物	·知识点:增译法、删减法、改写法、重构法 ·教学案例:选读和翻译《三体》的"三体问题""红岸之五""红岸之六"三个部分,讨论"科学家的精神危机会给人类带来什么样的灾难?"

四、教学案例

（一）案例1：选读和翻译《我的世界观》，学习科学家追求真理的精神

1. 课程知识点

本案例对应第二章的教学内容，介绍翻译单位和翻译方法，学习不同层面的翻译单位，掌握各种翻译方法如：直译、意译、零翻译、对译，以及选读和翻译爱因斯坦的《我的世界观》中的同名散文。

2. 思政元素

学习科学家献身于追求真理的高尚情怀，培养学生具有从事翻译活动的敬业精神。

3. 思政教学设计

（1）课前预习

学生课前阅读并试译爱因斯坦的"我的世界观"，学习科学家献身于追求真理的高尚情怀。

（2）课堂讨论

①小组讨论：我们可以从爱因斯坦的人生观中学到什么？

②小组总结：爱因斯坦写道，"我渴望过简朴的生活，常常为自己过多地享用别人的劳动成果而深感不安""一直以来，对真、善、美的追求照亮了我的道路，不断给我勇气，让我欣然面对人生""从儿时起，人们所追求的那些庸俗目标——财产、外在的成功以及奢侈的享受，我都不屑一顾。"可以看出，爱因斯坦崇尚简朴，摒弃消费主义，不在乎外在成功，这种不断探索客观世界真理的真诚精神深深地打动了我们。对比追求物质的西方价值观和追求外在成功的现代社会，爱因斯坦的真诚犹如一股清泉，可以荡涤我们的心灵。

③教师总结：爱因斯坦朴素真诚，孜孜以求地探索客观世界真理的精神激励着我们，同时他的这种真诚态度洋溢在字里行间，我们需要把这种真诚清晰地表达在译文中。

（3）课堂文本分析

课堂上对"我的世界观"中的一些句子进行翻译，教师引导，小组讨论，细致

分析,举例如下。

①定语从句翻译

原文:But from the point of view of daily life, without going deeper, we exist for our fellow-men—in the first place for those on whose smiles and welfare all our happiness depends, and next for all those unknown to us personally with whose destinies we are bound up by the tie of sympathy.

译文:不用做过深的思考,仅从日常生活的角度看,有一点我们是清楚的:我们是为其他人而活着的——首先是为了那些人,他们的欢乐与安康与我们自身的幸福息息相关;其次是为了那些素昧平生的人,同情的纽带将他们的命运与我们联系在一起。

分析:这是一个长句,破折号之前的部分结构清晰,翻译比较容易,难点在于破折号之后的部分,这一部分是对"our fellow-men"的解释。由"in the first place"开头的分句将"那些人"提前写出,与后面对"那些人"的描写分开,有效避免了在一句话中由于定语过长而杂乱。由"and next"开头的分句,也将原文中"with whose destinies"引导的从句另起一句说明,有效解决了英译汉过程中定语从句的翻译问题。

②并列分句的翻译

原文:A hundred times every day I remind myself that my inner and outer life depend on the labors of other men, living and dead, and that I must exert myself in order to give in the same measure as I have received and am still receiving.

译文:我每天都会无数次意识到,我的物质生活和精神生活很大程度上建立在他人的劳动成果之上,这些人有的尚健在,有的已故去。对于我已经得到和正在得到的一切,我必须竭尽全力做出相应的回报。

分析:这是一个长句,译者将句子从"and"连接处断开,进行了符合逻辑的拆句处理,有效地对应了中文句子简短的表达习惯。

在上述字斟句酌的分析过程中,锻炼学生翻译实践能力的同时,学生能体会到爱因斯坦很有责任感,崇尚简朴,不断探索客观世界真理以回报他人的真诚态度,同时学习将较长英语句转换成较短汉语句的方法,从而使表达清晰。

(4)课后段落翻译实践

课后以小组为单位对"我的世界观"中的一些段落进行分析,在进一步阅读和翻译实践中掌握所学翻译方法，学习爱因斯坦的不断探索精神，启发学生献身于探索语言和翻译的奥妙。

（二）案例2：选读和翻译《美丽新世界》，理解科学不能凌驾于道德之上的重要性

1. 课程知识点

本案例对应第三章的内容，教学内容有词的翻译和增译，包括词义引申和词类转换，语法性、语义性和修辞性增译，以及《美丽新世界》第一章的中英文版本的选读和翻译。

2. 思政元素

科学要与人文精神相结合，才能具有开阔的眼界和创新精神。

3. 思政教学设计

（1）课前预习

课前阅读和试译奥尔德斯·赫胥黎的《美丽新世界》第一章，思考科学与人文之间的关系。

（2）课堂讨论

①小组讨论：在人类培育方面任意使用基因工程会造成什么后果？

②小组总结：《美丽新世界》描述了一个反面乌托邦的恐怖未来世界。这是一个为了实现稳定而使人们各自安于本分，并且热爱自己奴役身份的社会，为了实现这一目标，社会的管理者对人们的身体和心灵进行了革命性的改变，主要手段就是依赖科学。人类繁衍和养育后代不再依赖于家庭，而是在实验室里标准化地培育婴儿，批量生产瓶装婴儿和经过波卡诺夫斯基流程处理的半白痴。培育聪明的阿尔法婴儿成为社会的高层管理者，培育蠢笨的埃斯普隆婴儿成为干粗活的人。这样无情又疯狂的社会是过于依赖理性和科学造成的怪物，因此我们要把人文精神和科学精神相联系，形成自己正确的世界观，具有开阔的眼界。

③教师总结：科技需要道德的指导和约束，科学精神要与人文精神相结合，才能避免盲目与偏执。我们要全面地看待问题，不能顾此失彼。在翻译文本时要兼顾中英两种文本的特点，把文中无情冷酷的世界清楚表达出来。

（3）课堂文本分析

课堂上对《美丽新世界》中的一些句子进行翻译，教师引导，小组讨论，细致

分析,举例如下。

①

原文:Over the main entrance the words, CENTRAL LONDON HATCHERY AND CONDITIONING CENTRE, and, in a shield, the World State's motto, COMMUNITY, IDENTITY, STABILITY.

译文:正门入口的上方写着中伦敦生育与培育中心,在一面徽章上刻着世界国的格言:集体、身份、稳定。

分析:原文并没有实义动词,译者在翻译时进行了增译,补充了"写着"和"刻着",这让译文的句子结构完整。由于这句话是正文第一章的第一句话,译者的翻译工整简洁,符合全文严肃的基调。

②

原文:Bent over their instruments, three hundred Fertilizers were plunged, as the Director of Hatcheries and Conditioning entered the room, in the scarcely breathing silence, the absentminded, soliloquizing hum or whistle, of absorbed concentration.

译文:三百位受精操作员正俯身操作着仪器,生育与培育中心的主任走进房间时,在几乎听不到呼吸声的安静中是全神贯注之下不经意间发出的自言自语的喃喃声或口哨声。

分析:这句句子有较多的小分句和形容成分。"Bent over their instruments"在译文中后置,与主语"three hundred Fertilizers"放在一起翻译。后半句中,译者将"of absorbed concentration"的位置提前,使译文句子在逻辑上更合理。

③

原文:Standard men and women; in uniform batches. The whole of a small factory staffed with the products of a single bokanovskified egg.

译文:标准化的男人和女人,标准化的群体。一座小型工厂的员工可能就是同一个波卡诺夫斯基流程处理的卵子的产物。

分析:两个修饰语"standard"和"uniform"的译文都是"标准化的",符合中英文各自的语言特点,两个连续的"标准化的"读上去朗朗上口,有气势,起到了强调的作用。

在上述分析过程中,锻炼学生翻译实践能力的同时,让学生体会这个恐怖的未来世界。为了实现稳定,管理者对人类进行了操控,人类繁衍和养育后代不再依赖于家庭,而是在实验室里标准化地批量生产瓶装婴儿。从而使学生认识,没有道德引导的科学会给人类带来灾难。

4. 写作读书报告,升华理解

具体要求:进一步阅读与翻译《美丽新世界》的部分章节,完成中英文版的读书报告写作。

教学目标:通过写作,理解科学需要人文精神的指导和规范,引导学生把科学与人文精神相结合,认识到具有开阔的思维,才能避免盲目,走得更远。

(三)案例3:选读和翻译《黄帝内经》,理解人与自然和谐共生的重要性

1. 课程知识点

本章对应第七章,介绍变译,包括摘译、编译、译述、缩译、综述、述评、译评、改译、阐译、译写、参译,以及选读和翻译《黄帝内经》上卷《素问篇》的《阴阳应象大论篇第五》。

2. 思政元素

天人合一,顺应自然,人与自然和谐共生的重要性。

3. 思政教学设计

(1)课前预习

课前阅读和试译《阴阳应象大论篇第五》,体会中医反映出的人与自然和谐共生的中华优秀传统文化的重要性。

(2)课堂讨论

①小组讨论:疾病与阴阳失衡之间的关系。

②小组总结:身体的阴阳失衡,就容易被内外邪气干扰,就会造成各种疾病。要保持健康,我们需要保持身体的阴阳相对均衡,饮食要有所节制,生活要有规律,不过于操劳或者焦虑,顺应自然,安定情绪,与周围世界和谐相处。

③教师总结:身体的阴阳均衡很重要,我们的饮食要节制,情绪要稳定安闲,作息要有规律,顺应寒暑的节气变化等,这些是中医独特的养生观点。在分析翻译文本中,我们会发现汉语句子也具有这种平衡的特点。

(3)课堂文本分析

课堂上对《阴阳应象大论篇第五》中的一些段落翻译进行分析,教师引导,

小组讨论,细致分析,举例如下:

原文:黄帝曰,阴阳者,天地之道也,万物之纲纪,变化之父母,生杀之本始,神明之府也。治病必求于本。故积阳为天,积阴为地。阴静阳躁,阳生阴长,阳杀阴藏,阳化气,阴成形。寒极生热,热极生寒。寒气生浊,热气生清。清气在下,则生飧泄;浊气在上,则生䐜胀。此阴阳反作,病之逆从也。

译文:

The Emperor said:

The yin and yang are the law of the heaven and earth, the rule of everything, the parents of variations, the root of life and death, and the locus of power of the universe. The root must be sought in treatment. So, accumulations of the yang constitute the heaven, and accumulations of the yin constitute the earth. The yin is tranquil, and the yang is restless. As the yang is generated, the yin grows. As the yang is harsh, the yin is blockaded. The yang produces the qi, and the yin produces forms.

Extreme cold engenders heat, and extreme heat engenders cold. The cold qi generates turbidity, and the hot qi generates clearness. If the clear yang is suppressed downward, it will cause diarrhea containing undigested foods. If the turbid yin is carried upward, it will cause abdominal distention. When the yin and yang are disordered, disease is induced.

分析:原文是一段,译文分成了两段,第一段写"阴"和"阳"的特点,第二段是疾病的根源与"阴"和"阳"的关系,译文中分成两个段落,表达的意义更清晰。

原文的第四句"阴静阳躁,阳生阴长,阳杀阴藏,阳化气,阴成形。"的译文分成了四个句子,"The yin is tranquil, and the yang is restless. As the yang is generated, the yin grows. As the yang is harsh, the yin is blockaded. The yang produces the qi, and the yin produces forms." 这个句子的翻译中我们能看出中文意合和英文形合的特点。

从词语层面上看,"阴"和"阳"的译文采用了音译"yin"和"yang",并添加了注释,保留了中医的术语不变;注释中写着,"阳"的特点包括活跃、外向、上升、温暖、明亮、功能性,"阴"的特点包括平静、内向、下降、寒冷、物质性。第一句"阴阳者,天地之道也,万物之纲纪,变化之父母,生杀之本始,神明之府也。"

的翻译中，"天地之道"译为"the law of the heaven and earth"，"万物之纲纪"译为"the rule of everything"，这两个名词短语的译文很具体，比原文"道"和"纲纪"更清楚明白；"变化之父母"译为"the parents of variations"，"生杀之本始"译为"the root of life and death"，这两个短语保留了原文"父母"和"本始"的比喻意义；"神明之府"译为"the locus of power of the universe"，这个短语的译文对"神明"不是直译为"God"，而是进行了转化，译成了宇宙的力量，符合原文把阴阳比作"神明之府"的意思。

在上述分析过程中，锻炼学生翻译实践能力的同时，让学生体会中医的奥妙独特，了解顺应自然规律，与自然和谐共生的中华优秀传统文化的重要意义，增强文化自信。

（4）践课堂所学，感悟中医价值

布置单元任务："顺应自然，健康生活"主题展示

具体要求：在进一步阅读与翻译中医典籍、网络搜索相关中医思想的基础上，制作完成中英文版"健康生活行动"海报。在内容呈现中，教师要求各小组具体分析现代年轻人的生活方式，可能对身体产生的不良影响与疾病，从而劝诫年轻人要关爱自己，健康生活。

教学目标：引导学生关心自己的生活和健康。在实践过程中，深刻感受中医的魅力，鼓励学生用实际行动践行顺应自然规律、与自然和谐共生的文化理念。

五、教学效果

（一）学生课后体会与评价

1. 课程内容丰富，助力培养文理融合的创新精神和增强文化自信

课程内容丰富多样，涉及物理、生物、医药等多方面的翻译文本。

> 这门课程内容丰富，涉及多方面的翻译实践，很好地拓宽了我们的知识面。（吴子蘅，2017级英语专业02班学生）

通过阅读科技类的经典书籍，拓展学生的眼界，有助于打破学科壁垒，打开全新的视野，助力创新。此外，学生还能体会中华优秀传统文化对科学的引导作用，增强文化自信。

2. 课堂细致分析文本，培养从事翻译的敬业精神和科学求真精神

课程从多个角度细致分析了科技翻译的技巧，包括科技英语的特点，如行文简洁、表达客观，科技英语较多使用名词化结构和被动句，还有非限定动词和后置定语的显著特点。

> 这门课程令我收获颇丰。我了解到科技英语的特点，如较多使用名词化结构和被动句。我认识到，由于科技词汇大多难懂，科技英语词典必不可少，要避免误译。（张家邦，2017级英语专业05班学生）

通过细致的翻译文本分析，培养学生具有勤奋努力、刻苦钻研的翻译职业态度。

（二）教师教学成长与反思

回顾本课程的教学实践，课程教师发现学生阅读和翻译这些科技经典文本时充满乐趣，学得津津有味，还能学会深刻思考问题，提高思辨能力，在品德修养方面，也会拥有一份真诚和向善的精神。任课教师对本课程的认识也发生了很大的转变：从最初认为的枯燥无味，到现在的乐于探索；从原来认为翻译课程是对翻译原则、策略和方法等方面翻译知识的学习，到逐渐认识到翻译课程不仅是语言方面的学习，还是内容的理解、思辨能力的提高和品德修养的锻炼。尤其教师认识到，科技翻译是一座联系文理科之间的桥梁，有助于英语专业学生科学思维的培养。未来的课堂教学中，在课程思政的深度、教学方法和作业的多样化方面还有待继续探讨。

综合英语

教 学 团 队：彭　燕　周　易　杨宁宁　刘丹凤　刘银燕
案例撰写人：刘银燕

> 读书足以怡情，足以博彩，足以长才。其怡情也，最见于独处幽居之时；其博彩也，最见于高谈阔论之中；其长才也，最见于处世判事之际。
>
> ——弗朗西斯·培根《论读书》

一、课程概况

（一）课程简介

"综合英语"是为英语专业本科生开设的专业必修课程，共4学期，256学时，16学分。课程通过听、说、读、写、译等基础技能的训练和积累，培养学生综合英语能力，为高年级专业课程学习打下扎实的语言基础。以"综合英语Ⅵ"为例，该课程于二年级第二学期开设，为专业考试课，共64学时，4学分。

本课程以语言难点和重点讲解、文章赏析、主题讨论为主，训练学生正确熟练地用英语进行听说读写，达到语言交际的目的；让学生了解英语语言的思维方式和研究方法，进行中西对比并表达当代中国，将所学知识转化为精神财富。

本课程教学内容丰富，文章题材和体裁多样，蕴含深厚的社会文化知识和人文修养元素，教学中将专业技能培养与道德教育融为一体，在引导学生形成良好的学习作风和正确的学习方法、锻炼学生独立的学习能力的同时，亦有利于培养学生的逻辑思维能力，增强学生对文化差异的敏感性，提高学生综合人文素养，引导学生树立正确的世界观、人生观、价值观。

（二）教学目标

1. 知识目标

（1）掌握语音、词汇、语法、文体、写作、翻译等基础知识。

（2）了解课文相关文化背景、积累跨文化知识。

（3）了解课文相关跨学科知识。

2. 能力目标

（1）培养学生扎实的语言运用能力、课外查阅资料的能力和自主学习的能力。

（2）培养学生批判性思维能力和逻辑分析能力。

（3）培养学生跨文化交际能力。

（4）培养学生在信息时代创造性解决问题能力、创新能力和合作能力。

3. 价值目标

（1）增强人文修养和社会责任意识，引导学生形成正确的人生观、世界观、价值观。

（2）增强文化自信，拓展国际视野，培养家国情怀。

（3）提高文化差异敏感性、包容性和处理文化差异的灵活性。

（4）培养学生以发展的眼光看问题，树立终身学习的意识，为建设终身学习型社会贡献力量。

（三）课程沿革

"综合英语"课程为英语专业本科生专业核心课程，自英语专业成立以来便开设至今，已有20余年的历史。"综合英语"共开设4个学期，分为"综合英语"Ⅰ、Ⅱ、Ⅲ、Ⅳ，于一、二年级开设。

20世纪90年代，"综合英语"教学注重英语语言基本知识和听、说、读、写、译基本技能的培养，注重语言的"工具性"。进入新千年，"综合英语"教学逐步转向兼顾知识、技能、文化、情感态度、价值观，课程性质转向了工具性与人文性的结合。

2015年以后，随着"核心素养体系"这个概念的提出，"综合英语"教学过渡到"核心素养"时代，引入IT技术，实现线上线下学习相结合，课程思政得到高度重视。2020年建成校级核心课程，2021年底院级一流本科专项（课程思政类）结题。

目前，本课程目标从学科本位转向素养立意。课程内容以主题为引领，语篇为载体，语言知识为语言要素，文化知识为内容资源，语言技能为途径，学习策略为具体方法，六要素相辅相成。

二、思政元素

"综合英语Ⅳ"作为英语专业的专业基础课，具有学习时间长、涉猎范围广的特点，这也便于教师多角度、系统性地开展课程思政教育。此课程涉及的主题涵盖教育、环保、哲学、法律、人权、文学等，涉及很多西方文化与价值观。文化比较可以提升学生的思辨能力，激发他们的公民意识，中国情怀和国际视野。思政元素包括但不限于：

消除偏见、追求真理：偏见是一种习惯性态度，针对特定目标群体，包括消极的情感、消极的信念，以及逃避、控制、征服和消灭目标群体的行为意向。由于人性的弱点，产生偏见不可避免，但可以改进。"综合英语Ⅳ"的第一、三、九单元为这个主题提供了非常好的素材。这三个单元极具思想性和思辨性，在教学的过程中可以引导学生看见偏见的普遍存在性，分析偏见产生的原因，正视人性的弱点，独立思考，追求真理，提升自己的修养，提升解决问题的方法。

健康的爱情与婚姻观：爱情与婚姻是人类一个永恒的话题。而当代年轻人的婚恋现状则是：在期待甜蜜的爱情和恐婚恐育之间反复横跳。"综合英语"课文中不止一篇涉及爱情与婚姻。第四册的第二单元"春种"让学生们领略了爱尔兰的传统价值观，同时思考婚姻的价值。在阅读他人故事中，年轻的大学生需要认真思考当下年轻人的婚恋。近年来结婚率下降，而离婚率上升，如何经营婚姻这个问题虽然没有标准答案，但学生在思考与讨论中获得的感悟更为重要。

文化自信和民族自豪感：原汁原味的综合英语课文既真实呈现了西方的价值观和文化，也提供了一个让学生去对比和表达中国传统文化和价值观的平台。教学中适当引入中国传统文化和本土文化相关的内容，在比较与分析中，学生可以看见中华文化的博大精深，文化自信和民族自豪感油然而生。从而避免学习西方语言和文化时只了解到西方文化的皮毛就盲目崇拜，忽略我们自己的悠久灿烂的中华文明。

社会责任和公民意识：在科技进步和经济发展的洪流中，总有一部分人难以跟上节奏。中国的发展是以人民为中心的发展，在高质量发展中促进共同富裕。"综合英语Ⅳ"第六单元"电话"展示了科技进步给传统社会带来的冲击，让社会产生分化。故事中的人们背井离乡，却只能站在主流社会的外围。通过研读故事，教师引导学生思考在科技强国、发展经济的同时要推进社会公平，缩小区域发展差距，关照弱势群体，让人民安居乐业。青年是时代的先行者，我们要"以吾辈之青春，守护这盛世之中华"。

三、设计思路

课程主要从课文主题深化、词汇语言修辞学习、篇章理解及练习作业这四个维度从课前、课中、课后三个教学环节中挖掘思政教学元素。单元主题为立足点挖掘思政元素；词汇修辞灵活辐射思政元素；课前演讲延伸思政元素；课后练习加强思政元素。各章节模块重要的思政元素、相关知识点和教学案例见表21-1。

表21-1　各章节课程思政设计思路

课程章节	重要思政元素	相关专业知识和教学案例
第一单元 思考作为一种嗜好	·追求真理 ·批判思维	·知识点：作者简介，三个小雕像（维纳斯、美洲豹和思考者）的解读，词汇、修辞运用 ·教学案例： （1）头脑风暴：三个级别的"思考"分别对应哪些人，从历史和现实中举例 （2）讨论：作者后来调整了三个小雕像的摆放位置，如何解读？ （3）文献对比："三季人"中的绿袍客、子贡和孔子与三类思考者的比较，中西价值观的比较
第二单元 春种	·执子之手，与子偕老	·知识点：作者简介，爱尔兰的过去和今天，爱尔兰人民的传统生活和价值观，豆在爱尔兰社会中的角色，词汇、语法、修辞的理解和运用 ·教学案例： （1）讨论：男女主人公性格分析，预测男女主人公的婚姻走向，思考从男女主人公身上可以学到什么 （2）时事评论：当下社会的恐婚恐育、离婚率攀升的原因在哪里？分享幸福婚姻的案例

续表

课程章节	重要思政元素	相关专业知识和教学案例
第三单元 毫无根据的信念	·消除偏见	·知识点：作者简介，偏见的5个来源，一夫多妻、猎头、杀婴、角斗、决斗等历史现象，西方新闻媒体的本质，词汇、语法、修辞的理解和运用 ·教学案例： （1）个人经历分享：你是否被偏见伤害过？你是如何应对的？ （2）时事评论："新疆棉"事件背后的逻辑，关于偏见的TED演讲分享、评述
第四单元 狮子、老虎和熊	·文化自信 ·民族自豪感	·知识点：作者简介，纽约中央公园概况，纽约中央公园的变迁及相关历史，《绿野仙踪》相关信息，词汇、语法、修辞的理解和运用 ·教学案例： （1）讨论：这篇游记有何创新之处？美国人对中央公园是什么态度，折射了什么？ （2）仿写：学生仿照课文写作方法描写杭州或自己的家乡（历史、文化和独特性）
第六单元 电话	·社会责任感 ·公民意识	·知识点：作者简介，中东地区和黎巴嫩简介，美国移民的生活，移民文学，词汇、语法、修辞的理解和运用 ·教学案例： （1）头脑风暴：列举另一种给人类社会形态带来巨大变化的技术进步，并描述过程；描述一个小物件的变迁，反映社会发展（如火车票、钱包、手机等） （2）分享：你的家乡在现代化大潮中如何被改变？如何看待这些变化？科技进步是否等于幸福感？如何关照"被先进科技淘汰"的弱势群体？
第九单元 可恶的人类	·正视人性	·知识点：作者简介，马克·吐温笔下的人性的弱点，马克·吐温时代的美国社会，生物学角度的生物的演化，科学论文写作方法，中世纪的欧洲，词汇、语法、修辞的理解以及运用 ·教学案例： （1）推理归纳总结：根据课文，列举人类历史上的领土扩张和殖民行为 （2）调研并分享：美国人和你对奴隶制的评价；辩论：人之初，性本善还是性本恶 （3）讨论：如何向善；批判阅读：作者有没有一丝的"人类中心主义"？

四、教学案例

（一）案例1：词汇学习，灵活引入思政元素

词汇是非常小的教学单位，但是在引入思政概念上非常灵活，不受主题限制。

1. belief、faith 和 confidence 的辨析

第三单元课文标题"Groundless Belief"中的 belief 需要与 faith、confidence 进行辨析。教师选取习近平总书记在2019年4月30日纪念五四运动100周年大会上的讲话原文:"新时代中国青年要树立对马克思主义的信仰、对中国特色社会主义的信念、对中华民族伟大复兴中国梦的信心",请学生将其翻译成英文并使用这三个词。

学生的译文可能五花八门,但教师应将点评重点放在这三个词的区分和正确使用方法上。confidence 和 belief、faith 区别明显,关键是辨析 belief 和 faith。两者都有"相信、信任"之意,后者比前者语气强。belief 指从主观上的相信,不强调这种相信是否有根据。faith 语气较强,强调完全相信;有时也能仅凭感觉产生的相信。分析原文三个表述:马克思主义、中国特色社会主义、中国梦。中国特色社会主义是中国共产党把马克思主义与中国实际相结合,实现马克思主义中国化的理论成果。在这个语境中,值得强调,所以选择 faith 一词。相比之下,选择 belief 与"马克思主义"搭配,confidence 与"中国梦"搭配。参考译文如下:

Young Chinese of the new era should establish belief in Marxism, faith in socialism with Chinese characteristics, as well as confidence in the Chinese dream of national rejuvenation.

学生在掌握目标词汇的同时,也了解到了中国的国情,受到了正向激励。

2. 结合语境,理解"irreverent"

第一单元课文"Thinking as a Hobby"中出现的关键词 irreverent。从该词构词法、词源学角度解释和延伸,进一步加深学生在课文语境中对该词的理解,借此深化理解主题思想,激发学生独立思考的意愿。

先让学生指出其词根和词缀,并延伸出和它相关的词族。学生可借此否定前缀 ir-、词根 revere、派生性后缀 -ent,并掌握该词的同族词如 revere、reverence 及其否定形式。向学生介绍 revere 的词源,即法语 révérer 或拉丁语 revereri,表示"崇敬、尊崇、敬畏"(stand in awe of, fear, respect)。

结合课文语境,引导学生深度理解这个词及其在表现主题方面的张力。教师提问学生:作者的"irreverent"表现在哪些地方?学生可能会回答:他在文法学校读书时对校规的不屑,对学校老师霍顿先生言行相诡的调侃,对社会繁文缛

节的鄙夷，等等。

教师再提问学生：作者为什么要如此 irreverent？学生可能会回答：源于内心对真理的渴求，追求理想的坚定信念和强大勇气。

教师接下来让学生用一个中文词来翻译 irreverent，学生就会从最初的"字典对等译文""不尊重的，不敬的"调整为"叛逆的、离经叛道的"。因此，这个词如同珠线般串联起文章的前后段落，深化了文章主旨。

教师进一步问学生：你对作者的"离经叛道"如何评价？通过这个问题培养学生的思辨能力，引导他们独立思考，追求真理，无惧曲高和寡的孤独，始终义无反顾。这样的词汇学习更有感情、有温度、有意义。

（二）案例2：修辞学习，烘托思政元素

"平行结构"这种修辞方法对学生来说并不陌生。"平行结构"是以语法结构对称来突出意义的一种修辞手段，如果该"意义"本身具备思政内涵，则可以巧妙地通过修辞学习深化思政元素。

第三单元"Groundless Belief"中有这样的一组平行结构句型：

"While we are young, we are continually taking in new ideas, altering our thought-patterns, making up our minds afresh..."

本句蕴含"不断接受新事物、独立思考"的思政元素，富有语言感染力。教师从语言教学平滑过渡到思政融入。具体步骤如下：

教师首先要求学生朗读这句话所在的段落，体会平行结构的语言流畅感和节奏感。然后要求学生用自己的话重述这个句子，同时注意分句之间的逻辑性，建议用上适当的衔接连词。学生将自己的句子与原文这句话进行对比的一瞬间，平行结构这种修辞手法的感染力一目了然。

其次，教师将从语言学角度阐述平行结构的知识。教师要求学生将这句话翻译成中文。学生下意识地会使用中文的排比句来翻译："当我们还年轻时，我们不断吸收新思想，修正旧思维，重新拿主意"。这相当于用中文且结合中文的语言感染力再次正强化这个句子的内容。

再次，教师要求学生思考作者说这句话的意图是什么，即深度分析这句话所说内容的合理性。结合课文主题，"不断接受新事物、不守旧"这样的思维方式在学生们的心头便扎下根。

最后，要求学生从课文中找出其他含平行结构的句子，再次升华主题。教师还可以补充推荐一些含有平行结构的名句。如：

It was the best of times, it was the worst of times, it was the age of wisdom, it was the age of foolishness, it was the epoch of belief, it was the epoch of incredulity, it was the season of Light, it was the season of Darkness, it was the spring of hope, it was the winter of despair...（狄更斯《双城记》）

We shall fight on the beaches, we shall fight on the landing grounds, we shall fight in the fields and in the streets, we shall fight in the hills; we shall never surrender...（丘吉尔《我们将在海滩上作战》）

（三）案例3：主题解读，树立科技兴国观念

教材第六单元"电话"是一名黎巴嫩裔的美国作家所写的既幽默又有深度的文章。文章前半部分主要讲述作者的故乡——一个黎巴嫩闭塞的小村庄在第一部电话安装前的社会生活风貌，文笔朴实、幽默风趣，描述的视角是一个懵懂无知的孩童；文章后半部分主要讲述电话出现后所带来的村庄生活的巨大变迁。

1. 导入阶段

通过分享2018年以黎巴嫩为背景拍摄的电影《何以为家》片段，让学生了解黎巴嫩的当时社会面貌，请学生将其与课文呈现的黎巴嫩面貌进行对比，引发学生兴趣。

2. 课堂小组讨论

研读完整篇课文之后，安排课堂讨论，以"电话"为主题，设4个小话题，逐步递进，教师点评穿插其中。讨论旨在激发学生的民族自豪感、自主创新欲、社会责任感、家国情怀。

讨论话题1：电话安装前后的小村庄的生活变化对比。

讨论话题2：科技进步如何改变历史。还有哪些重大发明给我们生活方式和社会面貌带来的巨大革新？（备选项提示：轮子、火药、指南针、火车、飞机、手机、互联网等）此处回溯历史，激发学生的民族自豪感。

教师点评：中国在一些高科技领域落后于西方国家，比如半导体、芯片等，但自主创新的脚步从未停下，华为迎难而上，比亚迪杀出重围。国运之争即科技

之争，此处引导学生树立自主创新意识。

讨论话题3：科技进步，比如 ChatGPT 等，在提升生活品质的同时，有没有让人有一丝"危机感"？这个问题一定会引起学生的兴趣和共鸣。教师趁机提醒学生顺势而为，拥抱科技，保持好奇心和进取心，做好职业规划。

讨论话题4：其实有一些人已经被高科技"甩下"了，比如说很多老年人不会用智能产品。如何关照弱势人群？此处引导学生们树立社会责任意识。

最后在总结点评阶段，把学生们从讨论拉回到课文本身。小村子的年轻人和中年人，包括作者的父亲，都纷纷离开了家乡，在更广阔的世界找到了工作机会。作者后来甚至成为美国田纳西州大学教授，但是他在文章结尾仍然流露出对家乡的眷恋，那些背井离乡寻找美国梦的同胞们依然站在美国主流社会之外。这份"乡愁"说明，只有祖国强大人民才会真正幸福安康，此处上升到"家国情怀"层面。

五、教学效果

（一）学生专业四级通过率和学科竞赛情况

课程教师坚守教书育人的职责，认真负责地投入教学，注重课堂互动，培养学生独立思考能力，激发学生的学习兴趣，始终将"三全育人"理念贯穿教学全过程，教学效果良好。

学生语言基本功在低年级得到夯实之后，英语专业四级通过率每年稳定在90%以上，考试成绩远高于全国理工科院校的平均水平，并为他们将来参加写作、辩论、演讲、口译、笔译等学科竞赛奠定了良好的基础。有部分优秀学生参加口、笔译竞赛和演讲比赛并获奖。例如，2004班汪冉、郑康、徐文辉等同学获得 LSCAT 杯口译和笔译比赛省赛二等奖或三等奖。

（二）学生课后体会与评价

每学期结束时"综合英语"课程组均会进行学生意见和建议调研，听取学生的意见和建议。"综合英语"课程在珍贵的大学本科生涯中，扮演着非常重要的角色。这门课程不仅帮助学生"巩固英语专业知识，提高专业素养，还培养了国际视野,促进跨文化思维的发展"(许静,2019届英语专业毕业生,后赴香港中文大学法学专业就读硕士研究生)。以下评价基于学生的亲身经历,通过这些评价可以更深入地了解综合英语课程在他们学习和成长过程中的积极影响。

"综合英语"作为英语专业的核心课程,是浙江工业大学外国语学院学生最喜欢的课程之一。学生通过"综合英语"课程,提高了英语知识和应用技能。课文中的哲理和故事启发了他们"对国内和国际时事的思考,培养了批判思维能力,跨文化能力",也让他们"在科学精神和人文情怀方面得到全面发展"(袁秋立,2023届英语专业毕业生)。通过课程,他们"激发了对外国文学的兴趣,学会了尊重和欣赏不同文化,也培养了文化自信"(李佳凝,2023届英语专业毕业生;胡伶俐,2020届英语专业毕业生,后赴北京师范大学就读硕士研究生)。"综合英语"为他们"打开了通往世界文明的大门,帮助他们树立正确的世界观、价值观与人生观"(何曦晨,2021届英语专业毕业生)。

通过精读和思考各种文章,学生对西方文化有了更深入的认识。通过学习西方文化,他们更加深刻地体会到中国文化和精神的特殊之处,并树立了文化自信,传承中国优秀文化。每篇课文都传达着一定的主旨,帮助他们获取语言知识、了解异国文化的同时,也塑造了他们的价值观。例如,通过学习一篇关于种族歧视的课文,学生们不断反思自己对待其他民族的态度,促使他们更加开放和包容(陈伊妮等,2021届英语专业毕业生)。

"综合英语"课程在学生的大学生涯中发挥着重要的作用。它不仅为学生提供了提高英语技能的机会,还培养了他们的开拓性思维,让他们深入了解其他国家的文化,拓展了国际视野。这门课程在塑造学生的价值观和世界观上也起到了积极的作用,使他们成为全面发展的外语人。综合英语课程不仅是学科知识的殿堂,更是培养学生国际视野的起点。通过综述这些学生的体验和感受,我们可以看到综合英语课程的重要性和价值,它在学生的学习和成长中发挥着不可替代的作用。

(三)教师教学成长与反思

教学相长,集体备课中的头脑风暴让课程教师团队也通过发散性思维去发现、洞察、领悟与课文相关的知识和信息。为了将思政元素融入单词讲解中,课程教师需要广泛阅读经典与时事新闻,在这个过程中丰富了个人知识和眼界,也积累了更多的思政素材。为了了解课文背后的文化知识、课文写作的手法,教师也需要广泛查阅各种学术的或非学术的资料。从长远看,课程教师不但丰富了自己的知识面,提升了学术水平,也提升了个人素养,反哺教学,形成良性循环。

英语视听说

课程团队： 刘丹凤　杨宁宁　张　平　丁丽宏
案例撰写人： 刘丹凤

> 探情以华，睹著知微。视明听聪，靡事不惟。
>
> ——王粲《赠文叔良》

一、课程概况

（一）课程简介

"英语视听说"是面向英语专业开设的基础必修课程，共 3 学期，6 学分，96 学时。以"英语视听说Ⅲ"为例，课程设在二年级第二学期，共 32 学时，2 学分。该课程是通过聚焦社会问题研究领域，训练学生的视听理解能力与口头表达技能和策略，培养正确分辨标准英语及其常见变体差异的技能，同时融入相关社会文化知识、思辨能力、跨文化交流能力与价值观塑造为一体的一门课程。它是夯实专业学生语言基本功和培养学生语言实践能力的一门课程，也是为后续口译相关课程如英汉/汉英口译、交替传译、同声传译等做准备的一门课程。在《全国外语类人才培养指南（2020 版）》中，该课程是英语专业和翻译专业学生必修的一门核心课程。

该课程既注重语言知识、文化知识和社会学领域知识的学习，也注重将思辨能力、跨文化交际能力和团队合作能力融入教学中，培养学生的学科素养和积极向上的价值观、世界观。

（二）教学目标

1. 知识目标

（1）掌握英语听力及口语交际的知识与技能；

（2）了解英语国家文化背景，深入了解文学、艺术、神话、建筑等文化形式；

（3）掌握与环境问题、医疗卫生、法律辩论、婚姻和性别等社会问题相关的英语表达以及背景知识；

（4）了解跨文化交际的基本概念；学习社会学领域的学科知识，搭建跨学科的知识结构。

2. 能力目标

（1）能够运用主要的听力技能和策略了解视听材料的主要大意，辨别主要国家的英语口音，抓住材料的关键细节，快速记下主要信息点，推测生词的意思和辨别说话者的意图。

（2）能够评价视听材料的观点，并结合主题和材料进行拓展，提高跨文化交际能力和思辨能力。

（3）能够与团队成员合作，解决问题和协作完成任务。

3. 价值目标

（1）通过丰富的视听材料蕴含的思政元素，培养学生坚定的制度自信和文化自信。

（2）通过不同文化主题的视听材料，引导学生理解和尊重世界文化的多样性，培养跨文化同理心和批判性意识，增强学生的跨文化交际能力。

（3）通过对主要社会问题的分析和讨论，增强学生的社会公正感和法律意识。

（三）课程沿革

"英语视听说"课程自开设以来，历经了以下发展阶段：

第一阶段（课程开设之初—2010）：课程前身为"英语听力Ⅳ"，英语听力系列课程从一年级第一学期延续至二年级第二学期，每学期32课时，学分2分，为英语专业的基础核心课程。课堂教学主要以音频听力训练为主，口语交际比重相对较少，注重听力技能以及标准化考试应对策略的训练。

第二阶段（2010—2019）：该课程更名为"英语听说BIII"，每学期32课时。2011年获得校级优秀课程立项，在教学内容、课堂教学模式、课外拓展、教学考核等方面得到较大的提升，加入了较多文化相关的视频和音频作为学习材料，课堂小组活动和演讲等口语活动较多，课堂教学突出以学生为中心的原则，考核注重学生听和说两方面的能力。

第三阶段（2019至今）：课程再次更名为"英语视听说"。完善了超星平台上的课程建设，更多主题的拓展性学习资料依托平台，提高了教学效率。课程设计突出思政导向，譬如布置文化主题的短视频制作作业，课堂讨论话题以锻炼学生观察、思考和评价社会现象的能力为主导。该课程在2021年获得校级课程思政改革建设立项，2022年获得校级示范课。

二、思政元素

本课程的思政元素主要体现在人与自然和谐共生、中国特色社会主义制度自信、尊重生命和敬畏生命、法律意识和社会公平。

生态文明：生态文明的核心就是坚持人与自然和谐共生。尊重自然、顺应自然、保护自然，维护人与自然之间形成的生命共同体，已是人类共识。课堂通过大量与环境相关的视听材料以及课外延展材料的学习和讨论，比如土壤污染处理、中国政府水污染治理、全球变暖、濒危物种等话题，培养学生的生态意识与环境保护意识。

民族自信：通过"跨文化反思"板块致力于培养学生跨文化能力及树立道路自信、理论自信、制度自信、文化自信。通过对全球化时代人类面临的重大挑战讨论，意识到党和国家选择的有中国特色社会主义制度的巨大优势，经济实力提高给国家和人民在国际舞台带来的自主权，树立学生对社会主义制度和中国文化的自信心。

尊重生命：通过教材关于疾病、疫情、死刑、安乐死等相关话题的信息深入和拓展材料学习和研讨，帮助学生树立生命至上、健康至上和举国同心的积极价值观。

文化互鉴：文明和文化交流互鉴是推动人类文明进步和世界和平发展的重

要动力。各种文化在价值上是平等的，各有千秋，我们在讨论重要议题比如多文化多种族社会实现和平共处的方式、两性关系、婚恋习俗时，通过对比分析、头脑风暴和案例分析，培养学生开放包容和积极向上的心态。

法律意识：法治国家和法治社会离不开法律意识的养成。教学内容包含关于环境问题的法律纠纷、恢复死刑、安乐死合法化等真实法律案件，通过对语料的分析和辩论，提高学生的法律意识和法治观念，有利于培养个体遵纪守法的观念和全面推进法治建设。

社会公平：教材中包含家庭关系、婚姻、家庭暴力、两性关系等丰富的视听资料，帮助学生树立正确的婚姻观，意识到健康平等的夫妻关系、两性关系关系着家庭幸福和社会安定。在新的时代背景下，消除性别歧视和性别刻板印象，推动两性在权力、责任和机会等方面真正平等才可能建设和谐社会，自由社会。

三、设计思路

在本课程每个单元的教学设计中，教师依托丰富新颖的语料和人文社科核心话题，以思政问题为导入，将听说语言训练、思辨能力提升和合作学习贯穿课程涉及全过程，兼顾专业课程对人的综合素质培养和全面发展的目标以及社会主义发展道路对人才的需求目标。各单元模块重要的思政元素、相关知识点和教学案例见表 22-1。

表 22-1　各章节课程思政设计思路

课程模块	重要思政元素	相关专业知识和教学案例
第一单元 环境	·天人合一 ·和谐共生 ·责任担当	·知识点：记笔记和总结概括的方法，利用上下文猜测词义和预测下文的内容，辨别说话者的态度，了解土壤污染的理途径 ·教学案例：小组讨论如何在经济发展的同时保护野生动物
第二单元 医疗卫生	·制度自信 ·科学养生 ·包容互鉴	·知识点：通过听力材料中的已知信息和背景知识进行推理，抓住关键词及要点，数字听辨，方言辨识，抑郁症的临床特征和治疗方法 ·教学案例1：小组调研肥胖症对健康的威胁 ·教学案例2：以非洲埃博拉病毒和新冠为例对比研讨疫情防控期间政府和个人应如何共度危机

续表

课程模块	重要思政元素	相关专业知识和教学案例
第三单元 法律辩论	·尊重生命 ·法治意识 ·社会正义	·知识点：视听材料语流中的关键词抓取，生词词义推测，推理过程 ·教学案例1：课堂陈述过去几十年英国和美国公民对死刑态度变化 ·教学案例2：头脑风暴碳税实施的利弊 ·教学案例3：小组辩论安乐死是否应合法化 ·教学案例4：辩论是否应该对参与儿童贩卖的罪犯执行死刑
第四单元 婚姻	·自由平等 ·文化互鉴 ·尊崇正义	·知识点：篇章大意的总结，说话者论点的有效性评价 ·教学案例1：课堂陈述中美过去几十年平均结婚年龄的变化以及晚婚趋势的原因 ·教学案例2：小组讨论相亲和包办婚姻现象及各自的利弊 ·教学案例3：课堂讨论离婚率上升的原因及其对家庭和社会的影响
第五单元 性别	·社会公平 ·社会责任	·知识点：听力文章的主旨大意和主要细节提取，语篇的话语标记词认知意识，从已知信息合理推测，把握说话者意图 ·教学案例1：小组讨论不同文化的性别刻板印象和性别歧视现象 ·教学案例2：以"He For She"运动讨论平权主义以及男性在实现男女平等过程中发挥的作用 ·教学案例3：观看电影《红粉联盟》(*A League of Their Own*)，讨论女权主义价值观和两性平权对社会发展的重要意义
第六单元 种族和民族	·平等互助 ·开放包容 ·公序良俗	·知识点：归纳总结能力，听力语篇的梗概总结，说话者的意图识别，race和ethnicity的概念区分，美国的种族歧视历史 ·教学案例1：以白人侦探对年轻黑人警官的推测故事为案例研讨种族刻板印象和种族偏见的危害性 ·教学案例2：小组讨论美国种族歧视现象及其危害 ·教学案例3：以新加坡为例，头脑风暴多民族国家和谐共处的方法

四、教学案例

（一）案例1：生态文明意识：人与自然生命共同体

1. 教学内容

本案例主要围绕第一单元第二部分的两个重点学习的视频内容。视频一是关于越来越多的游客和观鸟者来到太平洋拉迪格岛，严重影响岛上濒危物种——翔食雀的生存；视频二是了解海龟和刚果山地大猩猩濒临灭绝的原因。通过本课文具体实例的学习，帮助学生加强对人类与大自然共生关系的认识，树立

"天地与我并生，而万物与我为一"的天人合一思想，并主动承担保护生态环境的责任担当。

2.思政教学过程

（1）问题驱动

首先引入2019年联合国生物多样性和生态系统服务政间科学与政策平台（IPBES）发布的"全球自然状态评估报告"一组数据，引发学生对濒临灭绝物种的关注和讨论。顺势提出两个问题"你知道哪些已经灭绝的物种吗？""你觉得是什么导致了它们的绝迹？"学生经过讨论和引导后会提到诸多因素，比如人类过度改造土地、过度捕捞、燃烧化石燃料、气候变化和环境污染等，其中一些原因会在接下来的音频和视频中有所涉及，这一热身环节激活了学生的背景知识和相关语言表达，为接下来的视听任务做准备，同时促使学生关注人类生存和野生动植物生存之间相互依存的关系。

（2）视频学习

①任务一：观看"太平洋上拉迪格岛的濒危物种——翔食雀"视频。

视频主要内容是在拉迪格岛上岛民为了旅游业的发展砍伐森林造房子和酒店，岛上的濒危物种黑天堂翔食雀（全世界只剩下250只）的栖息地越来越少，生存空间堪忧。岛民意识到问题后，停止继续扩建，保护了鸟类的栖息地，反而使这个岛屿的旅游业更加繁荣。

学生讨论：经济发展和环境保护如何齐头并进？

教学意图：深刻理解"绿水青山就是金山银山"的内涵。

在讨论之初，部分同学认为环境保护的力度应该取决于经济发展的不同阶段，如果社会经济发展比较落后，可以允许充分利用自然资源，因为人的生存是占首要地位的。但有同学通过课文的反例来反驳同学，如果这个岛上的树木砍光了，建了很多奢华的酒店和住宅，这种珍稀的鸟也没有了，还会有观鸟者和旅游者过来度假吗？最后同学们都达成共识，不能为了眼前短期的经济利益破坏环境、牺牲环境，保护生态环境就是保护生产力。

教师总结点评：2023年6月28日十四届全国人大常委会第三次会议表决通过，将8月15日设为全国生态日。课上播放时长一分半的视频展示我国生态文明建设在森林覆盖率、沙漠治理、湖泊水质改善和空气治理等方面取得的亮眼成绩。指出生态环境是人类存在和发展的根基，改善生态环境就是发展生产力。

顺势提到"两山理论",增强学生对党和国家政策的认同感。

②任务二:观看"濒临灭绝的物种"视频

视频主要内容是非洲赤道附近的山地大猩猩因为森林过度砍伐数量急剧减少以及八种海龟因为各种原因都处于濒危边缘。

学生讨论:盘点视频中提到的原因后,探讨如何保护濒危物种的可行措施。

教学意图:深刻理解生物多样性对人类生存的重要性以及中国政府实施生物多样性保护政策的必要性。

学生在讨论过程中提到了宏观和微观层面上的各种措施。过度砍伐森林和开发土地导致野生动物失去了家园,无法生存,有同学提议政府应该颁布法令设立濒危物种保护地,禁止土地的随意开发,调整产业结构,刺激新的经济增长点。针对过度捕杀海龟,掠取龟壳、龟肉和龟蛋等问题,有同学提出对民众加强教育和劝导,及时制止错误行为。同时应在国际社会呼吁各国制定可行性政策保护它们的繁衍以及幼年海龟的生长。

(3)教师总结点评

正如习近平总书记所说的"万物各得其和以生,各得其养以成。"人类应该始终以自然为根,尊重自然、顺应自然、保护自然。不尊重自然,违背自然规律,只会遭到自然报复,人类生存发展就成了无源之水、无本之木。生态兴则文明兴,生态衰则文明衰。保护自然和生物多样性,就是保护人类自身。我国在2021年颁布了《中国的生物多样性保护》白皮书是非常明智和及时的举措,必将为遏止全球生物多样性丧失和改善生态系统退化做出应有的贡献。

(4)课后作业

布置学生观看《BBC 蓝色星球》第二季第七集,了解人类活动尤其是往海洋倾倒垃圾和碳排放对海洋生态和人类环境的危害。课后再结合阅读任务《习近平在"领导人气候峰会"上的讲话》(英文版),了解我们国家在应对气候变化和减少温室气体排放的计划和措施。

(二)案例2:尊重生命,敬畏生命和法治意识:重新思考安乐死

1. 教学内容

本案例围绕第三单元"Legal Debate"中安乐死相关的视听内容。视频介绍的是住在美国康涅狄格州的斯图尔特·莱恩因身患绝症,饱受痛苦的折磨,欲实施安

乐死,但由于在该州安乐死是违法的,他的医生起诉政府要求将安乐死合法化。通过该视频的学习,帮助学生树立对生命的敬畏之情和强化法治意识。

2.思政教学过程

(1)随堂调查

随堂提问了解学生个人对安乐死的态度和理由,并追问是否了解以下相关情况:目前全世界安乐死合法的国家或地区有多少?看过哪些安乐死主题的电影?等,通过几个问题导入主题,同时交流思想。

(2)视频学习

通过视频学习了解案件的主要诉求和缘由,学生在充分理解的基础上学会总结主要观点,并根据访谈的细节预测安乐死有没有可能被立法通过。

小组辩论:安乐死应该合法化吗?

教学意图:培养学生尊重生命和敬畏生命的意识,同时强化学生法律意识,个体的行为不能打破法律的边界。

学生在辩论过程中发表了各种看法,引用了一些很有说服力的真实案例,拓展了视野。

学生辩论涉及了法律、伦理、宗教等各种层面的知识。比如支持安乐死的部分同学谈到我们不能选择生,但应该有选择死的权力,这是个人选择。如果被重症折磨的病人难以继续忍受,在意识清楚和能独立做决定的时候做出了这样的选择,我们应该支持和尊重。舒适地死去也是对生命的尊重。但有不少同学对这个观点进行了反驳,生和死都应该是自然而然发生的,我们应该尊重自然规律,不能人为干涉这种规律。安乐死属于帮助下的自杀,这是违背自然规律的,有同学还引用了道教和佛教的观点来支持这一观点。

(3)教师总结点评

死亡对于我们每个人来说是一个严肃而又绕不开的话题。如果我们像视频中的病人一样在生命的最后阶段,病魔缠身,度日如年,你会选择安乐死吗?如果我们是这种一心求死的病人的医生,你会选择如何帮助自己的病人?是故意开过量的药给病人以遂其愿,还是像视频中的医生通过法律手段将安乐死合法化或是什么都不做?

对抗病魔需要顽强的毅力,教师可引用我国传统文化经典《孝经》的经典开篇名句"身体发肤,受之父母,不敢毁伤,孝之始也"与学生分享学习。这些讨论可以引导学生珍爱生命，尊重生命。同时，视频中提到如果美国医生对病人实施安乐死，他们会被以谋杀的罪名起诉。引导学生认识到个体行为一定要在法律框架下，违背法律必然受到惩罚。反之，法律必须被信仰，否则它将形同虚设。作为新时代的大学生更应该懂法，知法和守法。

（4）课后拓展

布置学生于课后观看一部安乐死主题的美国电影《死亡医生》，准备下次课口头汇报观影反思。

（三）案例3：抵制家暴，维持幸福婚姻和社会安定

1. 教学内容

本案例主要围绕第四单元"婚姻"主题相关的音频材料。该音频内容关于家庭暴力，主要讲述的是家暴的定义以及五种类型。通过该任务的学习，帮助学生了解家暴的真相，抵制和反抗家暴，保护自己的权益，过上健康、幸福的生活。

2. 思政教学过程

（1）课前

布置学生观看家暴受害者和记者之间的采访视频，用一句话总结视频的主要大意。这个热身环节有助于学生通过受害者的视角了解家暴的危害和走出不健康关系的决心和收获。

（2）时事新闻导入

教师首先引入2019年10月9日北大法学院女生包丽在北京某宾馆内服药自杀的案例以及该案在2023年6月由北京市海淀区人民法院对被告人牟林翰涉嫌犯虐待罪刑事附带民事诉讼一案依法公开宣判的结果，让学生查阅资料并分析包丽是不是家暴的受害者？如果是，包丽受到了哪种家暴？PUA属于家暴吗？师生一起探讨这些问题的答案。

（3）音频学习

通过音频的学习，学生首先了解家暴的完整定义，冲破了很多人之前对于"家暴等于身体暴力或侵害"的狭义理解。其次了解家暴的各种类型比如身体暴力、情感暴力、经济控制、精神暴力、跟踪等。再次，课上让学生观看TED演讲"Why Domestic Violence Victims Don't Leave"，主讲人Leslie Stainer是一名藤校毕业的高材生，她从一名曾被伴侣家暴的受害者角度，讲述受害者的心理机制和

后来一步步摆脱伴侣的控制并获得幸福婚姻的跌宕历程,让学生重点讨论两个问题:(1)在亲密关系中被虐待和控制时应该做的第一步是什么?(2)何防止家暴?

教学意图:和谐的家庭生活和平等、互相尊重和互相支持的亲密关系对个体幸福和社会和谐安定具有重要意义。

(4)教师总结点评

从诸多例子可以看出家暴受害者不仅限于受教育程度低的个体,家暴也不只是身体暴力,精神和心理上的侵害更要防范。教师在总结发言时简要普及《中华人民共和国反家庭暴力法》,引导学生增强保护自身权益的意识,共同建设平等和互相尊重的家庭关系。

(5)小组调研

小组通过查阅资料对国内家暴现象进行调研,比较受害者的性别、对象和家暴的类型。

通过小组活动,增强学生保护自己和他人权益的意识。

五、教学效果

自2019年以来,本专业开设的英语视听说课代替了原来英语听说课,并采用了全新对标国标的配套教材,包含了更多适合学生思辨和讨论的文化与社会话题,并采取跨文化的视角促进学生反思。一直以来这门课深受学生的喜爱,学生获得感较强。

(一)学生学习成果

作为夯实学生专业基本功的课程之一,本专业历年专四考试成绩均远高于全国理工科院校的平均水平。"英语视听说"课程的实践环节是制作关于中国文化的英语视频,学生都非常积极认真,精选的视频作业比如茶文化、象棋等内容,发布在语林之声公众号上短时间内播放量达880多次。此外,课堂上的演讲环节、小组汇报、辩论活动为他们参加英语辩论、演讲类学科竞赛奠定了良好的基础。我院学生多次多人在一些重量级赛事如"外研社·国才杯"全国演讲比赛和各类辩论赛中获得过优异成绩。

(二)学生课后体会与评价

"英语视听说"这门课程涉及知识面非常广阔,从环境保护到我国的可持续发展政策如何得以实现,从文化差异到我国的文化自信如何日渐强大,以层层递进的方式传输不同的观点,从更高层面的国际视野观察不同的事件。印象最深刻的要属这门课带给我的思辨性启迪和跨文化能力。这门课程使我们逐渐构建了自己独立的价值思考体系。课堂氛围轻松活泼,形式多样,经常以英语辩论赛的形式,教育我们理性思考和分析,不人云亦云。(朱子琪,2019级英语01班学生)

在课堂互动中,教师着重锻炼学生口语表达及辩证性思维能力,培养学生的国际视野,以课堂汇报尤其是辩论的形式促使学生展开对诸如安乐死等热议话题的哲学性思考,助力我之后在演讲比赛场上取得国一的好成绩。教学设置上,课程做到了融会贯通,一方面提高学生对西方思维模式的理解,另一方面又扎根本土,促使学生加强文化输出能力。

这门课程教会我如何用英文在演讲台上、英语角里、网络平台上向外国友人讲好这些中国智慧与贡献。(梁士虎,2019级英语05班学生)

课程的每个单元都很好地融合了思政教学,引导学生对单元主题进行更深的思考与认识,树立积极向上的价值观和世界观。本学期选到的主题内容都很有代表性与教育意义,在"环境"那一单元,讲到了环境污染与环境变化危及动物生存的现状,加深了学生的生态文明意识;有关"医疗卫生"的单元,普及了抑郁症预防等心理健康知识,同时也联系时事,引导同学思考我国疫情防控举措的可圈可点之处,从而能更加深刻领悟疫情背景下"四个自信"的内涵;有关"法律辩论"的单元以死刑话题为切入口,进而延伸到死亡相关的话题,为同学们上了一堂有关生命观的宝贵一课。

"婚姻"一单元令人印象深刻也颇有意义,因为我相信对于很多人来说,这是目前学生生涯中为数不多真正的情感教育。在与大家进行有关恋爱和结婚探讨的过程中,老师还引用一些生活实例,带动学生培养正确的婚恋观。最后一单元讨论"性别"这一议题,老师带领我们关注性别歧视问

题，有助于塑造正确的性别平等的两性价值观。（朱可珂，2020级英语04班学生）

（三）教师教学成长与反思

课程教学团队由4名专业教师构成，课程教师集体备课，定期交流，坚持教书育人的原则，全身心投入教学当中。多次获得"优课优酬"教学奖励；两次被推荐为院级示范课。2022年上学期，刘丹凤老师主讲的"英语视听说Ⅲ"被推荐为校级示范课。

在视听说课的教学过程中，每次九十分钟的课都能让大多数学生发言和表达自己的观点，课堂参与率比较高。最近一个学期通过奖励机制让不少同学主动参与到课堂，但有些班级还会有极少数同学整个学期也不会主动回答问题，对于这样不愿开口的学生，除了靠教师来推动，更需要单独的辅导或面谈，来了解背后的原因，以此来对症下药，化被动学习为主动学习，才能真正做到以学生为中心的教学。

此外，教学内容的丰富性大大提高，对每轮上课都提出了新的挑战，教师必须与学生一起共同学习，只有针对层出不穷的社会新问题和挑战进行深入学习、探讨和分析，才能抓住时代脉搏，更新知识结构、打开视野、提升格局，共同进步。语言技能课程只有赋予了知识和思政的课程目标，才能真正服务于培养社会主义接班人的根本目的。

英语阅读

教学团队： 陶正桔　陈晓霞　崔秀红　丁丽宏　刘　星
案例撰写人： 陈晓霞

> 读书使人充实。
>
> ——弗朗西斯·培根

一、课程概况

（一）课程简介

"英语阅读"是开设于英语专业一年级第二学期、二年级第一学期的专业必修课，共64学时，4学分。课程覆盖全年级学生，阅读材料多样、内容丰富、受益面广。以"英语阅读Ⅱ"为例，本课程采用的阅读材料紧跟时代，主题丰富，思想深刻。课程通过主题阅读、快速阅读、比较阅读等方式，辅以强化语言点和理解能力的习题，满足了批判性阅读的需求，有利于培养学生的阅读技巧和思辨能力。本课程遵循"三全育人"理念，目标是让学生精于阅读、乐于阅读，在提高阅读技能的同时提升学生的自主学习和思辨能力。

（二）教学目标

1. 知识目标

（1）掌握基本阅读技巧，巩固语法，扩充词汇量。

（2）提高阅读速度与阅读理解能力。

（3）拓展阅读范围，接触各个领域的阅读材料，积累相关背景知识。

2. 能力目标

（1）提高学生对整体语篇的分析与理解能力。

（2）通过略读、速读等各种阅读技巧的训练，提高学生重要信息的抓取和梳理能力。

（3）通过广泛阅读以及对阅读语料的比较分析，培养学生推理、思辨的能力。

3. 价值目标

（1）让学生更深刻了解中西方文化与思维的差异。

（2）通过经典阅读感受中外文学的魅力，提高文学素养并树立民族文化自信。

（3）通过比较阅读、主题分析和拓展阅读报告等学习任务培养学生的批判性思维。

（三）课程沿革

"英语阅读"课程开设至今，一直是英语专业最重要的基础课程之一。该课程覆盖面广，推行大类培养之前覆盖英语专业一、二年级，共4个学期，8学分。大类改革后，二年级的阅读课程并入读写课程，保留一年级下学期的阅读课，共2学分。

2021级，开始开设一年级下学期和二年级上学期的英语阅读课，共4学分，另设阅读实践0.5学分。该课程已于2014年建成校级优秀课程（YX1220），于2021年获得院级课程思政立项。目前该课程已形成了完善的、融入思政元素的教学大纲、教学计划、课件和教案。

2023年开始，该课程进行了英语专业阅读实践课程专项建设，为2021、2022和2023级学生分别制定两次实践任务，目前已在2021级学生中全面展开，2022、2023级实践方案已制定。

二、思政元素

英语阅读的课程建设响应习近平主席在全国高校思想政治工作会议上的号召，力求与思想政治理论课同向同行，形成协同效应。本课程遵循"三全育人"

理念，目标是在提高阅读技能的同时，通过思辨式阅读默化思政教育，做到思政教育的融入如春风化雨，润物无声。思政元素在各个环节隐性渗入，具体可以概括为以下四个方面：

批判性思维：本课程的阅读训练不仅关注学生思维习惯的养成，更注重培养学生的批判性阅读能力，并通过批判性阅读能力的提升，提高学生思维能力，提升核心素养。该课程的学习内容与多文化、跨文化相关，学生通过广泛阅读，尊重不同文化、不同观点。中西比较阅读的扩展报告环节在拓展知识结构的同时训练学生的思辨能力和批判性总结能力，帮助学生在面对中西意识形态、价值观、思想观念、民族立场和生活背景等方面的冲突时，能批判性分析推理，做出合理的甄别和判断。

文化自信：在本课程的课内外阅读中，教师引导学生进行材料筛选和比较阅读，选取展现中国"仁义"思想、中国传统艺术、神话体系、法治精神等的阅读材料，在篇章主题分析中把德育、民族责任感和文化自信贯穿进去，让学生在阅读中感受中华文化的博大精深，进一步树立文化自信。

开放包容的心态：当前世界正处在一个思想大活跃、观念大碰撞、文化大交融的时代。英语阅读课上学生通过广泛阅读关于中西各国不同的家庭观念、种族意识、思维方式、宗教神话等主题的材料，接触到多元文化和多种意识形态。在阅读中感悟中西文化差异，有助于学生广泛涉猎，养成开放包容的心态。

国际视野：学生通过广泛阅读关注国际事态，对全球的社会文化、政治经济、价值观有进一步了解，不断拓宽国际眼界。通过了解其他国家的家庭观念、音乐史、种族制度、神话体系和法制等相关知识，体会世界的多元性，培养学生的国际视野，进一步认清全球化背景下，外语专业生作为跨文化使者的使命和责任。

三、设计思路

英语阅读课程结合课前指定范围的背景知识材料阅读、课内文本阅读分析、主题拓展阅读、小组比较阅读报告、课外经典阅读等多种阅读方式，在课程中有效实现思政教育。以《泛读教程》（第二册）中七个课堂教学单元为例，各章节模块重要的思政元素、相关知识点和教学案例见表23-1。

表 23-1　各章节课程思政设计思路

课程章节	重要思政元素	相关专业知识和教学案例
第一单元 代沟	·思辨能力 ·文化自信	·知识点：代沟引发的两代人对职业选择的分歧，代沟产生的历史原因及表现形式，略读这一阅读技巧的训练和对篇章中主旨句的定位 ·教学案例1：欣赏漫画"父与女"，探讨当前社会中代沟问题的表现方式及其原因 ·教学案例2：小组讨论"我国传统美德中的'尊老爱幼'对解决代沟问题有什么积极意义？"
第二单元 音乐	·中西并蓄 ·包容心态	·知识点：美国的音乐发展史和几大主要音乐流派，音乐欣赏的三个由浅入深的层次，对查读的训练 ·教学案例1：欣赏由学生收集的西方交响乐"命运交响曲"、中国民乐《二泉映月》、中西合璧的摇滚琵琶《十面埋伏》等音乐的经典选段，探讨音乐对生活的"美"的影响 ·教学案例2：小组讨论"如何看待中西方音乐相互借鉴和融合产生的现代'混搭'音乐？"
第三单元 非裔美国人	·种族平等 ·制度自信	·知识点：非裔美国人通往种族平等道路上的血泪史和奋斗史，各行各业中的黑人领袖人物典型事迹，练习按时间线整理文章脉络。 ·教学案例1：拓展阅读时事新闻"Stop Asian Hate"，探讨亚裔美国人的生存现状 ·教学案例2：小组讨论"我国是否存在对'弱势群体'的歧视现象？社会主义制度是如何保障人民群众的自由平等权利的？"
第四单元 希腊神话故事	·文化自信 ·思辨能力	·知识点：阅读希腊神话故事"Orpheus and Eurydice""The Return of Odysseus"等，了解希腊神话的总框架；训练阅读中对"支撑细节"的识别技巧 ·教学案例1：例举潘多拉魔盒、西西弗斯之石、阿喀琉斯之踵等文学典故，探讨希腊神话对后世的文学艺术创作产生的影响 ·教学案例2：小组陈述，将中国神话与希腊神话进行并举和对比，感受东方神话体系的独特魅力
第五单元 急救	·国际视野 ·开放心态	·知识点：阅读了解急救常识和常见误区，学习心肺复苏中几大动作要领；掌握急救相关的专业词汇，快速阅读训练 ·教学案例1：急救知识小测试，了解急救知识和我国的急救知识普及现状 ·教学案例2：小组讨论"西方国家在急救方面有哪些值得我们学习的先进经验？"
第六单元 创造性思维	·创新精神 ·批判思维	·知识点：创造性思维之源头的心理层面解释，如何从现实生活经验中探寻创造性思维之源，训练根据课文列提纲的技巧。 ·教学案例1：讨论"创造性思维如何推动社会经济文化各方面的发展？" ·教学案例2：辩论"目前的教育体制能否有效激发学生的创新思维？"

续表

课程章节	重要思政元素	相关专业知识和教学案例
第七单元 知识产权	·法治精神 ·制度自信	·知识点：版权、专利权和商标权的发展历史以及各自的保护范围，对知识产权的专业词汇和主要条例的学习，进一步练习写提纲 ·教学案例1：知识产权知识小测试，了解我们日常学习生活中触犯知识产权的行为及避免措施 ·教学案例2：拓展阅读 China Daily 关于"奥迪广告侵权"事件的报道，探讨我国知识产权保护现状，见证我国法治在这一专业领域取得的长足进步

四、教学案例

（一）案例1：两代人的相处之道

1. 教学内容

本案例以第一单元"代沟"为主题，描述了代沟引发的父女两代人对从事律师还是钢琴家这两个职业选择的分歧。通过文本分析，探讨产生代沟的原因，代沟引发的问题以及解决问题的方法，关注矛盾解决中长幼两辈人所做出的理解与妥协。学生通过这一课的学习更加重视中华传统文化中尊老爱幼、仁义谦让等美德的重要意义，增强了文化认同感。

2. 思政教学过程

（1）讨论式导入

课前的预习任务是让学生对"代沟"的社会文化起源和表现形式的相关资料进行阅读和了解。

课上，首先让学生描述一幅父女对话的漫画，请学生设想图中父亲希望与女儿面对面亲近交流，却被告知"去我的 blog 看我的动态"时内心的反应。进一步结合课前阅读材料讨论"在现代生活中我们被怎样的代沟问题所困扰？是什么导致了这些问题的产生？"

（2）文本阅读与分析

比较阅读本单元第一篇课文"法律与钢琴"和第二篇课文"砖匠的儿子"，根据重要的时间线索词以简述的方式还原故事梗概，然后就其中所体现的代沟问题的异同进行对比分析。

这两个故事中的代沟问题有什么共性？两个故事中代沟问题的解决方式有何相似之处？由此总结出两代人需要互相尊重、相互包容的相处之道。

（3）小组拓展阅读报告

负责本单元的三个学生小组在课前两天将搜集整理的拓展阅读材料发至班级群共享，并在课上就所选阅读材料做解读报告。

学生在报告中提到中国传统文化对"尊老爱幼"的提倡一定程度上降低了代沟问题的严重性；美国社会中对个性的尊重和家庭的平等关系也对代沟问题有缓解作用。其中一组学生关注到印度这一以英语为官方语言的亚洲国家中代沟的独特表现形式：青年一代女性意识的觉醒导致对父系氏族社会男权的反抗，在家庭中体现为父亲与女儿的代沟问题的爆发。

每个报告的最后，发言学生就材料内容向班级同学简短提问，抽查其他同学课外阅读的质量。

（4）思政拓展与深化

教师组织学生进行总结性讨论：代沟问题在哪些国家最为严重？最典型的表现方式是什么？如何有效缓解？由此自然引出中国"仁爱""敬老"等传统美德的社会价值，以及各国处于社会变革中的两代人相互理解与包容的相处原则。

（二）案例2：美国种族歧视的历史变迁

1. 教学内容

本案例对应的是第五单元"非裔美国人"，以奥巴马获选美国第一任非裔总统为切入点，回顾非裔美国人从奴隶到自由公民，到在各个领域崛起的奋斗历程。种族歧视是文章关注的焦点。学生从课文出发，结合时事，探究这一社会问题的危害与根源，横向对比不同政治体制对人民自由平等的保障，激发学生对本国政治制度的自信。

2. 思政教学过程

（1）思政导入

播放马丁·路德·金著名的民权运动演讲"I Have a Dream"的精彩片段，引导学生简要回顾美国民权运动。结合近期的时事报告讨论美国社会中"种族歧视"这一毒瘤产生的危害。

（2）文本阅读与分析

课前要求学生阅读关于美国的总统选举制度、美国内战、废奴运动等重要政治制度和历史事件的材料，并自主学习课文中的生词，了解文中"the 13th amendment to the US Constitution""the Reconstruction era""the Brown-vs-Board of Education"等专有名词，为课堂的有效阅读积累充分的背景知识。课内阅读课文"奥巴马是如何成为第一任非裔美国总统的：不为人知的历史"，通过快读（scanning）方法查找出非裔美国人斗争历史上的重要时间点，由学生按这些时间点以接力的方式总结回顾美国黑人从奴隶到自由公民到政治领袖的崛起之路。引导学生总结历史中的障碍与进步事件，挖掘主题中"不为人知的历史"具体所指。

（3）主题拓展

对比中美选举制度。将全班同学分为两大组，一组基于课文"奥巴马是如何成为第一任非裔美国总统的"简述美国的总统选举制度，一组由我国国情出发，简述我国的人民代表大会制度。通过横向比较，总结出两种政体在保障"弱势群体"民主平等方面的主要措施。

（4）小组拓展阅读报告

负责本单元的三个学生小组在课前两天将搜集整理的拓展阅读材料发至班级群共享，并在课上就所选阅读材料做解读报告。学生通过时事新闻关注近期美国"Black Lives Matter"这一抗议运动、近期亚裔在美国遭受的暴力袭击事件，以及"Stop Asia Hate"的抗议运动，并解读了南非等其他国家种族歧视的现状。拓展报告对教材课文和时事报告中体现的种族歧视现象进行横向比较，由历史进程到时事跟踪，由非裔到亚裔美国人的现状，由美国到世界各国的种族政策，学生们关注全球动态，在教师引导下理性评判国际局势。

（5）思政拓展与深化

组织学生进行总结性讨论，探究造成种族歧视的政治体制根源，由此延伸到我国政治制度在保障人民自由平等权利方面的种种措施。学生通过鲜明对比树立制度自信，更体会到每个人肩上振兴中华的社会责任感。最后教师和学生互相推荐主题相关的经典文学作品，如《汤姆叔叔的小屋》《最蓝的眼睛》等，作为课后补充阅读材料。

（三）案例3：思辨式经典阅读大作业

1. 思政目标

经典阅读是本课程最重要的拓展阅读内容，让学生沉心静气深度感悟文学魅力。学生阅读经典书目，提交批判性读书报告和双语解读视频，有助于养成良好的阅读习惯，以阅读促进思考，培养学生敏于探究的学习态度。学生通过阅读、读书报告及对比解读与作者对话，以兴趣为引导，以思辨为武器，能客观地了解和评判中西方文化，树立民族自信。

2. 思政教学过程

（1）期中书面读书报告

学期初，课程组教师选定10种难度适中、字数在10～20万字之间的中篇英美经典文学作品，要求学生在期中前完成指定书单中的一种，从作品内容、作者风格、社会意义等方面展开解读，提交书面读书报告，并完成生生互评。每位学生点评所评阅的读书报告，给出优缺点各两大项评价。

学生通过经典阅读，进一步探讨本学期的重要主题，如呼应第五单元"非裔美国人"主题的读书报告"《汤姆叔叔的小屋》中的斗争精神"（苏雷，2101班）和"《动物农场》中的政治隐喻"（陈奕丹，2102班）。经典阅读也给学生带来关于社会与自我的深刻反思，如"《月亮与六便士》带来的家庭责任的思考"（江巧慧，2102班）和"《小妇人》对女性成长的启迪"（王雨妍，2107班）。

教师选取上述优秀读书报告在课堂进行赏析，并推荐给我院的外语文化节进行展示。学生通过深度阅读了解西方文化，并选取特定角度分析评价作品，有效锻炼了批判性思维能力；同时生生互评环节督促学生换角度思考，客观评价，进一步培养了学生的思辨能力。

（2）期末双语解读视频

学生从指定书单选取第二部作品，将所阅读主题与中国相关文学作品进行横向比较，从内容、作者风格、社会意义等方面展开解读，每2人一组制作双语解读视频，时长在5分钟左右。

学生通过比较阅读接触到多元文化，对本国文化也有了更深刻的反思。优秀学生作品如"通过《傲慢与偏见》看中西文化中的婚嫁观"（孟海洁，2102班），

"《茶花女》与中国现代文学作品中的妓女形象比较"（厉婉婧，2002班），"亨利·基辛格《论中国》——西方眼中的中国形象"（王琳，2101班）等由教师推荐至学院外语文化节、语林之声等交流展示平台。

对中西经典文学作品的比较阅读能让学生从一个新的窗口回看本国文化，摆脱固有的思维定式，开拓视野，养成开放包容的心态。同时在比较中阅读了解中国文学作品，也有助于学生体会中华文化的独特魅力，进一步树立文化自信。

五、教学效果

（一）学生课后体会与评价

"英语阅读"是英语专业的学科基础必修课程，覆盖全年级学生。本课程提升学生的阅读技能、拓展知识面、提升文化自信，训练学生的批判性思维能力，并有效提高学生专四专八考试阅读模块的成绩，为高年级的高阶课程打好语言基础。课程开设至今，其授课内容、授课方式和授课效果得到学生的普遍认可。

该课程涉及阅读文本内容丰富，体裁多样，可读性强，不仅提高了学生的英语阅读能力，更拓宽了知识面，拓展了国际视野。

> 该课程所选教材精良，涵盖文化冲击、圣经故事、饮食、节日、小说等中西方文化内容，更有信息技术等前沿技术模块帮助我们拓展国际视野，可以说正是大一阶段对不同主题的广泛阅读培养了我英语学习的兴趣。（叶舟，2020届英语专业毕业生）

学生还认为广泛阅读有益于促进综合学习能力。

> 该课程带领学生领略了各国的科学地理、风土人情、文学著作，还从中反思本国文学、文化进而在自己学习过程中加以运用。（管佳乐，2021届英语专业毕业生，现就读于上海外国语大学）

> 在该课程的学习中，老师不断补充文本的背景知识，让学生了解到更多不同领域的知识，也接触到更多不同的文化，提高了学生的文化感知力，拓宽了国际视野。（卓婷婷，2018届英语专业毕业生，现就读于南京师范大学）

"英语阅读"引导学生在阅读中思考,培养学生的逻辑能力和批判性思维能力。

老师在课程教学过程中不断引发我们对文本的解读和思考,培养我们 critical thinking 的能力,让我们不仅仅局限于文本本身,而是多角度地分析文本,并深入探究文本的含义。(卓婷婷)

该课程最值得称道的是老师对学生批判性思维的培养,阅读不是没有思考的通盘接受,而是有针对、有重点的吸收与内化。(叶舟)

此外,每一单元的主题拓展阅读也是有效的思维训练方式。

对于某一个特定的主题,老师引导我们查找很多相关资料,与中国文化进行对比讨论。老师的引导拓宽了我们的国际视野,也促使我们的思考更具批判性。(孙思佳,2023 届英语专业毕业生)

回顾起该课程所设的经典阅读大作业,学生也觉得受益匪浅。

每学期的两篇读书报告也使我在繁忙的学习之余得以静下心来,感受作者呈现的故事,构建出主人公的立体形象。静心阅读现在已经成为我休闲的习惯,随手摘录和批注也让我能够从阅读中汲取经过深思的精华所在。(叶舟)

该课程要求撰写英文原著的读后感,这为我打开了探索英美文学的大门。与此同时,我掌握了愈加深奥的词汇,更感受了中外文化的魅力。(管佳乐)

学生通过该课程的学习,夯实阅读技能,拓宽知识眼界,训练思维能力,更体会到"阅读是一种文化的传承,一种习惯的培养,塑造我们每个人的精神境界,带领我们的视野去往更广阔的地方"(沈尧翔,2022 届英语专业毕业生)。

阅读课帮助培养我们正确的人生观,是一种人文素养的提升。(冷雪梅,2004 届英语专业毕业生)。

（二）教师教学成长与反思

目前该课程由 5 位主讲教师组成，教学资历长，教学经验丰富，拥有语言学、翻译、商务英语等研究背景，教学效果突出，学生评价名列前茅，多次获院级、校级课程建设和教改立项，多次获"优课优酬"教学奖励。

"英语阅读"课程涉及大量的课内外阅读，非常有利于课程思政的开展。课程组教师为了实现思政元素更自然地融入，筛选了富含思政元素的阅读材料，引导学生在主题探讨中深化思政元素，并向班级展示优秀的学生阅读报告以作示范，目前看来思政元素能得以充分渗入。课程教师发现，在教学中监控课堂外的阅读过程和阅读质量是比较困难的，教师组目前采用了小程序阅读打卡、课外阅读材料小测试等方式进行检测，并要求学生在读书报告中展示阅读细节。这些措施对原本不够自觉的部分学生起到了较好的督促作用。另外，有效评价学生的阅读效果和思政学习效果也是一个难点，目前主要以学生的中西对比读书报告和经典阅读书评的大作业形式来展现，教师组还在进一步摸索更加可量化的衡量标准。

课程教师组还需要及时倾听学生的反馈意见，解答学生在阅读材料搜集、书目选择和分析角度切入等方面的疑问。教师自身也需要广泛阅读文学经典与时事新闻，与学生的阅读范围和阅读内容充分接轨才能更有效地提炼阅读材料中的思政元素，指导与点评学生的各种阅读任务。英语阅读课是教师与学生共同阅读、共同成长的过程，是教师引领下专业学生在基础阶段不断完善自身学识与修养的成长之路。

二外德语

教 学 团 队：乐波娜
案例撰写人：乐波娜

> 一种语言限定了你的发展方向，两种语言就在沿途为你打开每一扇窗。
>
> ——弗兰克·史密斯

一、课程概况

（一）课程简介

"二外德语"课程是英语专业必修课程，包括"德语"Ⅰ、Ⅱ、Ⅲ，共计160课时，分3个学期完成。以"德语Ⅰ"为例，其为零起点课程，共64课时，于英语专业二年级上学期开设，完成语音入门教学及教材《走遍德国》第1至4单元。本课程以德国城市为背景，以交际场景为主线展开，通过交际任务将听、说、读、写、译各项语言技能的训练贯穿其间，用启发式的教学方法将语法的学习和应用融入其中。

（二）教学目标

1. 知识目标

（1）掌握德语标准发音、读音规则，正确拼读单词。

（2）掌握并熟练运用核心词汇。

（3）掌握相关日常交际用语。

（4）掌握基础语法知识：动词变位、句子结构、情态及可分动词。

（5）了解三个德语母语国家的国情知识、风土人情。

2. 能力目标

（1）培养听、说、读、写、译的初级技能，能够在一定程度上运用德语进行有效的交际。

（2）培养终身学习和自主学习的意识和习惯。

（3）提高语言沟通能力、跨文化交际能力和思辨能力。

3. 价值目标

（1）打开视野，消除偏见，提高文化洞察力，建立多元文化意识。

（2）培养传播中国文化的意识和用德语讲好中国故事的能力。

（3）树立正确的世界观、人生和价值观，增强民族自信，培养既有开放的国际视野又有深厚的家国情怀的健全人格。

（三）课程沿革

本课程的建设与改革，可大致分为以下三个阶段：

初创建设阶段（2003—2014年）："二外德语"最初采用国内二外通用教材，以应试为导向，课程进度较快，在第一学期内完成该套教材第一册。

发展探索阶段（2015—2019年）：教材更换成《走遍德国》，对应欧标，采用全新的教学理念，降低语法难度和词汇量，以产出为导向，全面培养学习者的听说读写能力。

改革提升阶段（2020年至今）：为满足部分学生升学的需求，对接研究生入学考试难度，课程结合传统教材建设线上课程、翻转课堂，提高教学效率。课堂设计融入思政元素，培养学生对外传播中国文化的意识和能力。

二、思政元素

思政元素的挖掘是一个从整体到局部、从宏观到微观的过程。本课程通过课文主题把握思政方向，围绕词汇等语言知识点进行思政元素的细化，筛选出能够自然融入教学的思政材料。德语课程主要的宏观思政元素有人文素养、跨文化思维、民族自信、生态意识、合作共赢意识等。

人文素养：语言是语言者情感和思想的依托。德语课堂除了传授语言知识、训练语言技能，还要通过拓展教学资源建构学生人文素养。本课程虽然面向零基础初学者，但由于德语发音规则简单，学生从语音入门阶段开始便可接触原汁原味的德语文学（如诗歌），以此拓展其人文视野，了解德国国情，提升综合素养。

跨文化思维：跨文化思维是外语学生必备技能和素养之一。礼貌、直接、关系、禁忌是教材交际对话中凸显的四个方面。教师在对课文解读的基础上，提供更多案例分析，使学生更切实地提高问题的敏感度、锻炼处理问题的思维方式，从而提升解决问题的能力。

民族自信：对比是教材向学习者呈现德国国情的主要方式，如对比德国城市和乡村、德国过去与现在。在教材提供的话题上延伸出中国的变化，对比中国过去与现在，对比中国和德国，引导学生仿写中国画卷，能很好地将学生带入本国语境中，激发自我文化主体意识。

生态意识：生态意识是教材中比较显性的育人元素。生态意识深入德国普通人的生活细节，也体现在对外德语教材中。本课程第一个以整单元篇幅出场的是"绿色之都"弗莱堡。学生也将通过教材了解德国鲁尔工业区的转型，了解德国人对北海沿岸风能发电的讨论等。教师通过发掘教材蕴含的生态意识，并穿插讲解德国在环保领域的政策和时事，培养学生生态文明意识。

合作共赢意识：中国是德国最重要的贸易伙伴，教材中出现的城市多数与中国有或多或少的合作关系。教师通过穿插讲解中德合作新闻，让学生了解中德合作互补、合作领域广的特点，看到中国在全球合作背景下面临的机遇和挑战，秉持合作共赢、相互尊重的原则，同时引导学生认识到个人命运与国家发展息息相关的道理。

三、设计思路

本课程以传授语言知识为主，介绍德国国情文化为辅。课程思政融入的方式有渗透式，即利用文本信息，通过对比和增量，将我国的国情与文化置于外语课堂的视野中；也有借鉴式，即通过发掘原版教材中的德国视角和叙事模式，学会用简单的语言讲好自己的"城市故事"，随着语言知识的深入，这个故事会讲得越来越丰富。各章节模块重要的思政元素、相关知识点和教学案例见表24-1。

表 24-1　各章节课程思政设计思路

课程章节	重要思政元素	相关专业知识和教学案例
第一章 语音	·人文素养	·知识点：德语语音学习、拼读练习 ·教学案例：拼读、赏析和创作德国实验诗派"具体诗"
第二章 你好	·跨文化思维	·知识点：语法学习（人称代词 sie 和 du 的区别） ·教学案例：讨论分析人称代词"您"在中德语境中的不同含义
第三章 世界	·合作共赢 ·民族自信	·知识点：短文学习（用德语描述德国、奥地利、瑞士基本国情）、句式练习（在德国，您能看到产自哪个国家的什么产品） ·教学案例：仿照课文结构和句式，介绍中国基本国情；仿照句式，讨论陈述在德国常见的"中国制造"
第四章 在欧洲中部	·合作共赢 ·民族自信	·知识点：短文学习（用德语描述一辆途经德国的欧洲城际列车的出发城市和到站城市，德国所处位置） ·教学案例：小组调研中欧班列路线和班次，仿照课文陈述中欧班列出发、到站、途经的城市；学习德语视频《世界最快高铁》（德国人眼中的中国技术）
第五章 德国的一辆列车	·跨文化思维	·知识点：对话学习（用德语询问或回答个人信息） ·教学案例：讨论德国人首次见面的社交礼仪
第六章 德国的图片	·人文素养 ·合作共赢	·知识点：短文学习（用德语介绍罗斯托克、科隆、法兰克福等城市和鲁尔区城市） ·教学案例：小组讨论德国南北和东西差异，小组调研"一带一路"的欧洲门户杜伊斯堡
第七章 城市、村庄	·民族自信	·知识点：短文学习（用德语名词和形容词描写城市和农村） ·教学案例：仿写杭州"茶村"龙坞
第八章 科隆	·人文素养	·知识点：用德语介绍科隆大教堂和德国城市科隆 ·教学案例：赏析科隆大教堂
第九章 我的家庭和我	·跨文化思维	·知识点：对话学习（详细介绍和询问对方家庭信息） ·教学案例：调研对比中德家庭观，观看移民题材电影《欢迎来到德国》
第十章 明斯特广场	·生态意识 ·人文素养	·知识点：短文学习（用第四格介绍弗莱堡明斯特广场的见闻） ·教学案例：制作海报"德国绿色之都"

四、教学案例

（一）案例 1：语音入门——小中见大，提升人文素养

语音课的主要教学方式是讲解语音规则和带领学生拼读单词，通过穿插图

片和人文内容，为教学内容增量，为思政融入提供载体。学生经过 8 个课时的语音学习，不仅要掌握德语发音规则，能拼读单词，还要了解德国历史文化，提升人文素养。下面案例围绕第四讲中的小舌音 r 和辅音 sch 两个教学知识点展开。

1. 课前

分享德语版中国共产党国际形象网宣片《CPC》，让学生聆听低沉浑厚、富有感染力的德语配音，消除对德语小舌音发音的偏见，感受配音和画面带来的安静、神圣和温暖。

2. 课中

教学内容：小舌音 r、辅音 sch 的发音技巧及单词拼读训练。

思政元素：人文素养、家国情怀。

教学步骤和思政导入设计：

（1）学习小舌音 r 发音，拼读单词。讨论比较英语、汉语和德语的 r 的发音之不同，感受不同语言之美。

（2）导入打油诗《方向》，比较德语中 l 和 r 的发音不同，对照翻译，体会诗歌的巧妙构思。

（3）引入德国诗人恩斯特·杨德尔的具体诗《1944 1945》，自行拼读诗中出现的词语 Krieg（战争）和 Mai（五月），将小舌音 r 的发音夸张化，模拟机关枪声音。讨论分析这首具体诗的巧妙结构，感受具体诗通过空间组合给读者带来的强烈的视觉效果，体会诗歌中战争与和平的主旨。

（4）学习辅音 sch 的发音，拼读单词。对比英语 sh 拼写，比较德语辅音组合 tsch、tz、chs 发音。观看恩斯特·杨德尔朗读视频，体会具体诗的强烈的听觉效果——这首诗没有实意文字，只用 sch、tz、r 等音素模拟枪林弹雨的战争场景。

3. 课后

作业布置：小组调研以视觉或听觉为主要表达方式的德国实验诗形式—具体诗以及该诗派代表恩斯特·杨德尔。分组进行具体诗创作，并将其结果分享在班级群内；观看德国视角的二战反思电影，如《德国往事》《朗读者》，了解德国如何坦诚呈现对国民性的自我拷问，如何通过历史反思重塑国家形象，重新走上国际舞台。观看二战电影延伸课中内容，呼应课前视频。和平来之不易，只有国家稳定强大，才有我们当下的幸福和安宁。

（二）案例 2：德国与世界——转换视角，讲好中国故事

本案例教学对应教材第一单元第二课《世界》，共 2 个课时。学生已完成 8 学时语音入门课程，能拼读单词、简单打招呼和自我介绍。本次课程内容共分三大板块，三板块均可融入思政元素，融入方法为基于文本的内容阐发、通过教材分析发掘编者视角以及依照课文结构和句型介绍中国。本案例通过这三种方式培养学生的人文素养、民族自信和合作共赢的意识。

1. 课前

通过在线任务预习单词，扫除朗读障碍，为课堂导入思政预留空间；群内分享德语动画短视频，让学生了解欧洲德语区、德国邻国、十六个联邦州等国情信息，激发学习兴趣。

2. 课中

教学内容：短文《一张世界地图》、26 个国家名、看图说话。

思政元素：人文素养、合作共赢意识、民族自信。

教学步骤和思政导入设计：

（1）围绕教材中的世界地图，师生互动回答问题。学生朗读课文，结合语境和相似英语单词，推导生词意思。熟读课文，分析课文结构和句式。再看世界地图，请学生思考地图被标成黄绿两色的意图：能直观地看到德语国家在世界中所处的位置以及德语在世界范围内的影响力。讨论德语在世界范围内普及面不广的历史渊源（如国家分裂），以及德语在如今学术和科技领域上占有重要地位的原因（科技强国）——要想让自己的语言和文化走出去，要想有话语权，打铁还须自身硬。

（2）通过 PPT 展示中欧地图，熟读德国周边国家名。共同朗读德国诗人席勒的感叹"德意志，你在哪？我找不到那块地方"，讨论展示德意志民族国家分裂、统一、再分裂、再统一的艰难历程，提升学生历史人文素养，激发爱国情怀。

（3）看图学习产品名称，写出相应的出产国，按课文示例操练句式。将德国视角转换成中国视角，小组讨论在德国有哪些中国制造，并操练句式"您在德国能看到中国产的（   ）"。再次转换中国视角，操练句式"您在中国能看到德国产的（   ）"，说一说身边的德国制造，增加词汇量，同时了解中德之间在经济领域的密切合作。讨论展示 19 世纪的"德国制造"在欧洲也曾是山寨货。

3. 课后

作业布置：综合本讲词汇，模仿课文结构和句式，试着用德语简要介绍中国（地理、语言、邻国、产品）。

（三）案例3：从北到南看德国——紧跟时政，增强民族自信

本教案应用于第二单元第一课《来自德国的图片》。课文分别用图片和短小文本从北到南介绍5个德语地区。教师基于文本梳理出德国南北不同地貌、民俗和经济发展特点，提高学生的人文素养。通过穿插与中国相关的时政信息，拓展学生的国际视野，增强民族自信。本课共分5个板块，以下是前两个板块的教学步骤和思政导入设计，需2个课时完成。

1. 课前

通过在线任务预习单词，扫除朗读障；复习背诵第一单元课文《这辆EC去哪》，为课堂比较学习作准备。小组调研德国鲁尔区城市杜伊斯堡的前世今生：曾是钢铁、煤炭和化学工业中心；遭遇重工业衰退；在中国"一带一路"倡议刺激下的转型与发展。

2. 课中

教学内容：短文《罗斯托克的港口》《鲁尔区的高速公路》。

思政元素：人文素养、民族自信、合作共赢意识。

教学步骤和思政导入设计：

（1）通过课文背景图展示讨论德国北方靠海、南方靠山的地貌特征。结合我国地貌得出结论，即不同的地貌、气候产生不同的文化和性格，倡导文化包容。看地图，说一说"这艘船去哪"。熟读短文，回答问题，探讨本课与第一单元课文《这辆EC去哪》在结构上的相似之处，为后面仿写铺垫。展示波罗的海港口图片和罗斯托克特产琥珀图片，帮助学生回忆小学课文《琥珀》及其作者——德国科普作家柏吉尔，让学生感受所学知识的关联性。通过地图讨论德国最大港口城市汉堡与中国的合作关系：汉堡是上海的友好城市，有海上丝绸之路和陆上丝绸之路经过；2022年，中企入股汉堡港口。预告教材第五单元内容《汉堡》，激发学习期待。

（2）熟读课文，回答问题。通过德国城市地图找到鲁尔区及课文中提到的城市——多特蒙德、艾森、波鸿、杜伊斯堡。小组展示讨论中国和杜伊斯堡的关系：中国带来了投资和就业，激活了当地的物流业，杜伊斯堡以中欧班列重要枢

纽的身份,见证着"一带一路"倡议开花结果,收获经济发展的喜悦。仿照第一段短文《罗斯托克的港口》中的句型,陈述中欧班列的途经城市,仿照第一单元《世界》中的句型,陈述在杜伊斯堡越来越多的中国元素,引导学生对祖国"一带一路"倡议相关政策产生兴趣,为祖国的发展和在国际上取得的话语权而感到自豪。最后预告教材第十单元教学内容《鲁尔区的转型》,激发学习期待。

3. 课后

作业布置:观看德语短片《杜伊斯堡:中欧班列》。

五、教学效果

(一)学生课后体会与评价

通过二外德语课程的学习,历届学生中有许多通过研究生入学考试、德语四六级考试和歌德等级考试。毕业后有学生或进入德企就职,或赴德继续攻读英语语言学,有的进入中德合作职业学校任教。作为英语专业人才培养体系中的重要一环,二外德语课与其他专业课程设置一起互补、联动、支撑,起到了很好的协同作用。课程开设至今,屡次获"优课优酬"教学奖励,深受学生喜爱和好评。

德语是公认最难学的语言之一。本课程弱化语法项目,着力拓展国际视野,激发学生的学习兴趣。

德语课是我大学里最喜欢的课程之一。我最直观的感受就是这门课的生动性和原真性。老师总是在课堂中自如穿插着德国的风土人情、文化趣事,原本较为枯燥的词汇语法也能被讲得生动有趣。(詹颖,2019级英语专业学生)

文化和国情知识的增量为价值观引领提供载体,学生的自我文化意识在文化碰撞中得以增强。

老师在上课时会穿插中德文化对比,通过课程,我了解到了很多中德经济往来的时政信息,我为国家的发展感到很自豪。学完三个学期,我们也能用德语介绍中国的城市。(叶兴涛,2019级英语专业学生)

二外教学历时三个学期，陪伴学生的时间较长，因此教师充分考虑到学生的兴趣和需求，教师对学生的体察和关怀形成了温暖的感召力量。

"二外德语"具有实用性，注重课本知识和生活的联系。老师非常注重对学生兴趣的培养，经常在课上引导我们珍惜大学时光，也会课后留下来倾听我们的心声。（孙思佳，2019级英语专业学生）

（二）教师教学成长与反思

语言的输出带有文化的输出，"二外德语"是中西文化交流和碰撞最突出的课程之一。在以往的教学实践中，课程的知识属性远大于育人属性，异国文化输入大于本国文化输出。如果学生过度关注异国文化，就会失去本民族文化认同感，课程也就与"适应我国社会发展和国际交流需要"的目标相违背。因此，对教材文本的解读和中西文化异同的辨析是本课程思政的重点。文本中蕴含的西方文化理念、思维、习俗都可以作为切入点，进行思辨式跨文化解读。

作为课堂的引导者，教师首先要提升自身的思政素养和能力，坚定地把立德树人作为教学的基本目标；其次，要积累和深挖思政素材，将思政元素高质量地融入教学的各个环节中；最后，要依托混合式教学法，延伸授课维度，提高教学效率。

思政教育与人文教育有共同的价值理念，这使得德语课程在思政教育中有得天独厚的优势。在"新文科，大外语"的背景下，"二外德语"教学要跳出语言和文化教学的小格局，培养既有国际视野，又有家国情怀的复合型人才，为国家发展战略服务。

日语专业篇

日本文化名篇选读

教学团队： 金京淑　徐萍飞　小池生贵
案例撰写人： 金京淑

> 活的人才教育不是灌输知识，而是将开发文化宝库的钥匙，尽我们知道的交给学生。
>
> ——陶行知

一、课程概况

（一）课程简介

"日本文化名篇选读"是日语专业高年级阶段的必修课程，在三年级第二学期开设，共64学时，4学分。本课程旨在使学生学习和巩固日语的基础知识和技能的同时，实现从学习语言知识向学习专业基础知识的转换。本课程通过阅读较完整的日语文化相关文章，掌握日本的传统文化、风俗习惯等日本文化相关知识，使学生真正了解日本文化和日本社会。

本课程以线上线下混合式教学为主，结合学生发表、师生讨论、生生讨论等多种教学形式。课堂中多设讨论环节，让学生在讨论中提高语言组织能力，开拓视野及思路，加深对日本文化的理解，提高人文素养。通过对比中日语言、文化等差异，润物细无声地培养学生爱国情怀，理解社会主义核心价值观，树立正确的世界观、人生观、价值观。

（二）教学目标

1. 知识目标

（1）掌握日语基础知识和技能，了解语言的文化背景和知识，掌握地道的日语；

（2）掌握日本的传统文化、宗教、礼仪、风俗习惯等日本文化相关知识；

（3）了解与日本文化息息相关的中国文化知识。

2. 能力目标

（1）能够用地道的日语，有效传递信息，表达思想和情感；

（2）提高对文章的分析能力、日语表达能力以及信息获取和整理能力；

（3）培养逻辑思辨能力、跨文化交际能力、对不同文化的理解能力；

（4）具备进行批判性思考、自觉反思和调节自己的思维过程的能力。

3. 价值目标

（1）提高学生的人文素养和社会科学素养；

（2）弘扬中国传统文化，激发爱国情怀，培养国际视野；

（3）掌握科学的思维方法和研究方法，培养学生的团队合作精神。

（三）课程沿革

"日本文化名篇选读"是日语专业高年级阶段的必修核心课程，自2002年我校开设日语专业以来一直延续至今。2014年以前，该课程名为"高级日语"；自2014年开始，课程名改为"日本文化名篇选读"。课程自2007年担任主讲以来经历了继承、改革和创新三个阶段，主要如下：

初创阶段（2007—2011年）：全面开展教学内容改革，同步进行音频、视频等辅助教材以及第二课堂等的建设。课程连续获得教学质量奖。

发展阶段（2012—2019年）：全面开展教学内容、教学方法的改革和线下资源建设。2012年申请校级优秀课程；2013年申请校精品课程；2016年申请核心课程。作为优秀课程改革成果，2014年起改名为"日本文化名篇选读"。

创新提升阶段（2020年至今）：全面开展智慧树平台慕课线上资源建设，实现线上线下混合式教学模式，同时开展课程思政和案例建设。2021年申请校一流本科教育培育项目，2021年在智慧树平台上面向社会全面推广使用，2022年申请成功省级线上线下混合式一流课程。

二、思政元素

习近平总书记曾提出"文化自信"是实现中华民族伟大复兴更基础、更广泛、更深厚的自信。文化可以说是代表一个国家的底蕴，同时又是对外文化交流的主要载体，也是文化传承的重要支柱；而语言承载的又是文化。因此"日本文化名篇选读"可以说是肩负着培养大学生的文化自觉、文化自信心、民族自豪感，培养学生的道德理念和爱国情怀，同时也激发学生学习和传播传统文化的兴趣以及弘扬传统文化的责任。基于此，本课程的主要思政元素如下：

科学精神、理性思维：日本文化中的妖怪文化有着其独特的文化发展轨迹和历史作用。课程将从妖怪文化入手，通过讲解妖怪的分类、对超自然现象的调查以及针对灵异事件的讨论等形式让学生认识妖怪文化其实不是简简单单的封建迷信，而是对社会状态、人类心理、文化衍生的映射。以此培养学生运用理性的思维方式认识事物和以严谨态度求知的科学精神。

文化自信、文化自觉：中日茶文化存在着一衣带水的渊源关系，但两国的茶文化有着非常大的不同。如中国茶文化注重茶的本质，偏重于实用性和大众化，而日本茶道更加倾向品茶之外的精神层面，注重仪式感等。课程将从日本的茶文化切入，通过讲解其历史渊源，让学生认识中国文化对日本文化的影响，以此增强文化自信，进而提升弘扬中华民族传统文化、继承和发展优秀文化的自觉性。

珍爱生命、感恩生活：由于日本人的宗教历史、自然观等影响，日本形成了生到死是一个简单的轮回、生与死的界限泾渭分明等不同于其他国家生死观。课程将从日本人的彼岸观切入，通过讲解阿伊努、冲绳远古的生死观以及佛教、道教等宗教对日本人的生死观的影响，再通过日本人自杀现状、自杀原因的调查，以及针对生死观的中日两国的对比，让学生们逐渐领会生命的可贵，激发学生珍爱生命、尊敬生命的同时让学生主动去思索生命的意义，找出自己存在的价值，由此产生对生活的感恩之心。

文化尊重、文化和谐：日语的"间"字，像"时间""空间"等一样，除了其表意功能以外，还蕴含着文化含义。课程将从日本建筑入手，通过将中国、日本、西方国家的建筑对比总结出日本建筑的特点，再从建筑特点引出日本的

"间"意识。在此基础上通过讲解，让学生初步了解"间"意识的文化内涵，并通过调查、对比、讨论的方式培养学生尊重他国文化的意识，以此达到文化和谐的思政目的。

审美情趣、审美意识：日本人对食物的形与色特别讲究，并将其推向极致，可以说体现了日本人追求完美的审美意识。课程将从饮食文化切入，通过对饮食观念、菜肴特点、烹饪方法、食材范围、食器、食物装盘及待客观念等方面的讲解、对比让学生认知中日两国饮食文化的相异点。再通过查找中国和日本的饮食相关的插图、视频制作课件进行发表等，通过饮食文化培养学生的认识美、发现美、欣赏美、创造美的审美意识和健康的审美情趣。

三、设计思路

本课程从 5 个模块的内容中提取思政元素，并以"四讲四比四结合"的方式将思政元素有机地融合到课程当中去。四讲分别为：讲课文、讲事实、讲体验、讲观点；四比：文化对比、历史对比、传承对比、现状对比；四结合分别为：显性与隐形相结合、灌输与渗透相结合、线上与线下相结合、课前与课后相结合。各章节模块重要的思政元素、相关知识点和教学案例见表 25-1。

表 25-1　各章节课程思政设计思路

课程章节	重要思政元素	相关专业知识和教学案例
第一模块 妖怪与现代人	·科学精神 ·理性思维	·知识点：妖怪的概念、分类，妖怪存在的前提条件，妖怪与现代人（城市中的"黑暗"、学校怪谈、幽灵屋） ·教学案例 1：说说你对妖怪的理解 ·教学案例 2：分享听过或体验过的灵异事件 ·教学案例 3：讨论科技发达的现代人们是否相信妖怪的存在？
第二模块 茶文化	·文化自觉 ·文化自信 ·文化自强	·知识点：茶道的历史发展、相关历史人物，茶道礼仪，茶文化精神（四规七则、一期一会） ·教学案例 1：讲解茶文化传入日本的历史过程 ·教学案例 2：对比中日两国茶文化的异同点 ·教学案例 3：分享自己对中日两国茶文化的观点
第三模块 建筑	·文化尊重 ·文化和谐	·知识点：日本建筑特点，日本建筑的中间领域，日本人的"间"意识 ·教学案例 1：讲解日本建筑的中间领域 ·教学案例 2：调查"鸟居""関守石"的作用 ·教学案例 3：讨论日本人的"间"意识的文化内涵

续表

课程章节	重要思政元素	相关专业知识和教学案例
第四模块 生死观	・珍爱生命 ・感恩生活	・知识点：阿伊努、冲绳的生死观，弥生以后的生死观，佛教与道教的发展阶段，死与再生的构造 ・教学案例1：讲解阿伊努民族的"熊送り"仪式 ・教学案例2：调查佛教、道教对日本生死观影响 ・教学案例3：讨论如何看待日本自杀率高的问题
第五模块 饮食文化	・审美情趣 ・审美意识	・知识点：美味始于视觉，品尝声音的日本人，火车站便当的今昔 ・教学案例1：讲解日本料理技法"五味五色五法" ・教学案例2：调查发表日本饮食文化中的色彩美学还有哪些 ・教学案例3：讨论中日两国饮食文化中的美学意蕴的异同点

四、教学案例

（一）案例1：通过茶文化，增强文化自信，唤起文化自觉、文化自强

在国际社会上一说茶道往往想到日本，但追溯其源的话中国茶文化是祖辈。日本茶文化是禅宗茶道远嫁日本后，跟当地文化相结合孕育出的一个新的茶文化，也就是日本茶道。可以说中国茶文化到异乡扎根落地，受日本传统文化的浸润和影响，不断完善和进行本土化发展，最终形成了完全不同于中国的茶文化。

1. 教学内容

教材第二课「人間関係を芸術化した茶の湯」中的第一课「茶の湯の要点」。

2. 教学手段

利用智慧树平台进行翻转课堂。

3. 设计思路

首先，通过讲解日本茶文化的历史渊源，使学生直观形象地了解中日茶文化之间的紧密联系，感受中国文化的源远流长、博大精深，以此提升文化自信。其次，通过拓展任务的发表，使学生重新认识中国文化，增强文化自信，进而提升弘扬中华民族传统文化、继承和发展优秀文化的文化自觉性。最后，通过课堂讨论的方式养成从不同文化中，不断汲取先进的意识形态来完善和充实中国茶道精神内涵的意识，进而培养学生继承和发展优秀文化的文化自强意识。

4. 教学环节

（1）课前

在智慧树平台上布置本课相关慕课视频（必看）和拓展视频（茶道的历史）。事先布置学生调查与日本茶文化相对应的有关中国茶的相关知识。

（2）课中

①导入部分（提问环节）

问题1：中国的茶文化是在什么年代由谁传入日本的？

问题2：将茶文化相关的人物按年代顺序排列。

意图：检查线上学习情况，同时通过追溯茶文化的历史渊源，增强文化自信。

②线下精讲

内容1：中国茶文化传入日本过程的介绍，日本茶文化相关的历史人物的梳理（中国茶文化东渡日本的过程等）；

内容2：东山御物的说明；

内容3：日本茶道的礼仪及其流程的介绍。

意图：实现知识点的巩固与提升，引导学生通过中日茶文化之间的紧密联系，感受中国文化的源远流长，以此提升文化自信。

③学生展示

展示内容：中国茶的历史、礼仪、种类、制茶方法等知识。

意图：拓展课外知识；信息获取和整理能力；加深认识中国文化，进而提升弘扬中华民族传统文化、继承和发展优秀文化的文化自觉性。

④学生讨论

讨论议题：对比中日两国茶文化的异同点，说说自己对中日两国茶文化的观点。

意图：培养逻辑思辨能力、批判性思考能力，培养继承和发展优秀文化的文化自强意识。

（3）课后

课后作业：撰写有关茶文化的感想（字数、内容不限）。

课后总结：中日茶文化存在着一衣带水的渊源关系，但中国茶文化注重茶的本质，偏重于实用性，更多地停留在饮食文化层面。相反，日本茶道吸收了中国茶文化的精髓，在发展传播中又融合了日本国民精神和思想意识，注重茶道礼仪，感悟清净幽雅的境界，精神内涵更加饱满。日本把茶文化升华到了艺术、哲学层面。通过本课的讲解，希望学生认知中日文化之间的关系与不同以此增强文化自信，唤起文化自觉，同时养成学生继承和发展优秀文化的文化自强意识。

（二）案例2：通过饮食文化，培养审美情趣、审美意识

自古以来日本饮食文化深受中国的影响，饮食习俗与中国有很多相似之处，但在饮食观念、菜肴特点、烹饪方法、料理食材范围及待客观念等方面也存在较大差异。尤其是在菜品的颜色、形状的搭配上日本人特别的讲究，一眼看上去，能让人感到赏心悦目。

1. 教学内容

教材第三课「食風習・味覚文化の知恵」中的第九个内容「美味は視覚から始まる」。

2. 教学手段

利用智慧树平台进行翻转课堂。

3. 设计思路

首先，通过本膳料理、怀石料理等日本传统料理的发表，让学生对日本饮食文化中的"艺术性""优雅感"有初步的了解。其次，通过讲解日本料理技法"五味五色五法"以及课文中提到的日式料理中的颜色的搭配原则，让学生进一步了解通过日本饮食文化所体现出来的日本特有的审美意识。最后，通过调查、与中国饮食文化对比、发表、讨论、作业等环节培养学生发现美、感受美、鉴赏美、创造美的审美情趣和审美意识。

4. 教学环节

（1）课前

在智慧树平台上布置慕课视频「美味は視覚から始まる」；事先布置5位学生调查日本传统料理，并准备PPT做展示。

（2）课中

①导入部分（提问环节）

问题1：慕课视频中介绍的日本传统料理有哪些？

问题2：结合慕课视频的内容，说说自己如何看待日本饮食文化中的色彩搭配？

意图：检查学生线上学习情况，同时考察他们如何看待饮食文化中的美，以及对美的感受程度。

②学生发表

展示内容：本膳料理、怀石料理、会席料理、普茶料理、精进料理。

意图：拓展课外知识；培养信息获取和整理能力；通过调查信息、整理内容、发表，让学生初步了解日本饮食文化中体现出来的审美意识。

③线下精讲

内容1：日本人对饮食的基本想法及合理的料理内容体现在哪里；

内容2：饮食文化中的色与形的体现（如通过食材、器皿等）；

内容3：日本料理技法"五味五色五法"；

内容4：配菜当中的"つま"和"けん"的作用及区别。

意图：通过线下精讲实现巩固与提升，同时初步了解日本饮食文化中所体现出来的特有的审美意识，让学生感受美、鉴赏美，以此提高审美情趣。

④讨论环节

讨论议题：讨论中日两国饮食文化中的美学意蕴的异同点。

意图：培养学生能够有效传递信息，表达思想和情感、培养不同文化的理解能力；培养学生认识美、发现美、欣赏美的审美意识，提高审美情趣。

（3）课后

课后作业：中日饮食文化中的色彩美学还有哪些？（字数不限）

意图：培养日语表达能力，有效传递信息的能力以及逻辑思辨能力；培养发现美、感受美的审美意识和健康的审美情趣。

课后总结：日本料理被称作是眼睛欣赏的艺术。从食材的选择、使用、烹饪过程、精致的食器、精美的装盘、幽静简素的饮食环境、对季节细腻的感受并反映到料理当中、再到形与色无不一起构成一场丰富的视觉盛宴，这些都反映了日本人特有的审美意识的美学风格。通过本课程的学习希望同学们形成健康的审美情趣，提高发现、感受、欣赏、创造并评价美的能力。

（三）案例3：通过妖怪文化、培养理性思维和科学精神

某问卷调查曾对100名中国人和100名日本人做调查，结果发现有93%的中国人认为妖怪是可怕的，与此相比45%日本人人认为妖怪是可怕的，有27%

的人认为妖怪是可爱的。那么让人感到可怕或可爱的妖怪,到底是否存在于世上？如果存在,那么妖怪到底是什么？

本课程介绍的妖怪文化根据的是小松和彦《妖怪学新考》一书中的部分内容。该书探索生存在民俗社会中的众多"妖怪"和"魔"的同时,解析了现代生活空间中隐藏的空间——"黑暗"领域,由此探索日本人的心灵状态。

1. 教学手段

利用智慧树平台进行翻转课堂。

2. 设计思路

首先,通过讲解妖怪的概念、分类让学生对妖怪的概念有初步的了解。其次,通过分享灵异事件以及对超自然现象的调查,培养学生以科学的思维去对待妖怪现象。最后,通过讨论、对比等方式培养学生理性的思维方式、严谨的求知态度、求真的科学精神。

3. 教学环节

（1）课前

在智慧树平台上布置本课相关的慕课视频（必看）、线上考试题和思考题。通知学生事先调查灵异事件或超自然现象。

（2）课中

①导入部分

问题1：你相信世界上有妖怪吗？

问题2：慕课上介绍的妖怪有哪些？你认为妖怪是什么？

意图：检查线上学习情况,让学生对妖怪的概念有初步的了解。

②线下精讲

内容1：日本妖怪学的发展历史以及演变；

内容2：妖怪存在的前提条件；

内容3：现代生活空间中隐藏的"黑暗"领域；

内容4：妖怪与现代人（城市中的"黑暗"、学校怪谈、幽灵屋）。

意图：通过线下精讲,实现知识点的巩固与提升,同时对妖怪有正确的概念,为培养科学思维和合理性思维打下坚实的基础。

③讲体验

体验内容：查到的、听到的、体验过的灵异事件。

意图：训练日语表达能力、信息获取和整理能力；培养调节自己的思维过程的能力；通过调查、比较、分析再到综合，以此培养理性思维。

④学生讨论

讨论议题：文中提到城市中的"黑暗"的地方就是妖怪出没的地方，你赞同这个观点吗？在科学发达的现在你认为妖怪还存在吗？

意图：培养逻辑思辨能力、批判性思考能力；培养学生运用理性的思维方式认识事物和严谨求知的科学精神。

（3）课后

课后作业：今後、妖怪や妖怪現象はなくなると思う。（字数、内容不限）

课后总结：妖怪文化是一种源远流长的文化现象，是对人类历史、文化和哲学的一种表达和反映。倘若撇开妖怪与人类的关系，就无法观察其形态和属性，它鲜活地存在于与人类的关系里，存在于人类的想象世界中。因此，研究妖怪实质是研究孕育出妖怪的人类。简言之，"妖怪学是'妖怪文化学'，是通过妖怪来加深对人类的理解的'人之学'。"通过本课的学习，希望学生能够培养严谨、客观、批判、理性、科学的思维方式。

五、教学效果

"日本文化名篇选读"自2014年为日语专业学生开设至今，受益学生近500人。本课程注重培养学生语言技能的同时，也注重文化专业知识的学习，并将素质教育贯穿于教学全过程，因此学生对本课程满意度较高。我们的显性成效主要体现在以下两方面：

（一）学生学习成果

毕业论文选择文化方向的学生人数逐渐增多，最多时高达30%。有些论文还获国际上高级别的文化相关论文奖项，如2021年学生杜沁怡获得宫本奖，其论文已在日本出版，获奖者中不乏来自北大、北外、人大等名校的学生。日本友好学校以及用人单位给予高度评价，日本友好学校多次以邮件的形式表扬学生的语言知识、文化素养，希望与我们深度广泛合作。

（二）学生课后体会与评价

本课程是一门思政元素极其丰富的课程，2021年修订完成了包含思政目标的教学大纲，同时在授课内容中有机融入了思政元素。经过几期的实践，课程思政取得了良好的教学效果。学生不仅掌握了地道的日语和日本文化相关知识，还提高了人文素养，同时也培养了思辨能力、国际视野和爱国情怀。

通过"文化名篇选读课程"，我对于日本文化的了解与认知更进一步。从单纯的语言学习走向了茶文化民俗学、社交习惯等社会文化方面的学习。（孙嘉怡，2018级外国语言文学类01班学生）

语言学习者要做的并不是一味地输入，而是在接触崭新文化的同时坚定自身文化自觉与文化自信不动摇，帮助中华优秀文化走向世界。如今中国敞开国门积极对外开放，在吸收世界优秀文明成果的同时，也要将自己的文化精粹发扬光大，树立中国名片、中国形象。帮助中华文化走出去，让世界认识中国，是每位外语人的职责所在和奋斗方向。

语言与文化密不可分，语言承载着文化，文化的内核是价值观念。我们学习外语不仅是学习语言本身，还要学习背后的文化和思维方式。否则学会的外语只会语法正确却不地道，还会在跨文化交流中引发误会。"日本文化名篇选读"这门课的选文极为考究，整个课程的学习，不单单是加深了对日本文化的了解，对个人成长也是大有裨益。（卞帅予，2018级外国语言文学类01班学生）

日本文学名篇选读

教学团队：邵明琪　小池生贵　刘海玲
案例撰写人：邵明琪

> 旧书不厌百回读，熟读深思子自知。
> ——苏轼《送安惇秀才失解西归》

一、课程概况

（一）课程简介

"日本文学名篇选读"是针对日语语言文学专业高年级本科生开设的必修课程，旨在通过对日本文学经典名著精读解析，全面提升学生综合语言运用能力和高阶思维能力。本课程在大学四年级第一学期开设，共64学时，4学分。授课内容包括古典文学和近现代文学两个主单元，古典文学作品涵盖和歌、汉诗、物语、日记、说话文学等体裁，学生将学习古典文法，了解和歌校译和汉文训读法的基础知识，近代文学部分则按照各时期文学思潮和创作流派的演变选取代表作品，结合文学批评理论的讲解使学生初步掌握文本分析的方法。

本课程以"两性一度"为标准，在带领学生精读文学经典的过程中融入学术研究前沿动态、全球热点问题以及跨学科研究思路，以培养学生的多元思维能力和全球视野。课程采用线上线下混合式教学和翻转课堂教学，注重发挥学生的主体地位，设置学生小组讨论、个人口头报告等环节。

（二）教学目标

1. 知识目标

（1）了解日本文学史的分期及各时期的文艺思潮、文学流派，掌握各时期的代表作家及主要作品的创作主题和表现形式。

（2）了解各时期文学流派与社会历史文化背景之间的内在联系。

（3）系统掌握文学批评理论与方法，了解日本文学研究的发展脉络和现状。

2. 能力目标

（1）提高学生对语言的理解和感悟能力，提升文学欣赏和鉴赏水平。

（2）提升探究性阅读和创造性阅读的能力，培养批判性思维和解决实际问题的能力。

（3）提升文化理解水平，拓宽国际化视野，提升跨文化交际能力。

3. 价值目标

（1）培养学生发现美、感受美的能力，树立自觉的审美意识和情趣。

（2）培养学生的民族自豪感，树立文化自信和制度自信。

（3）树立批判继承、转化创新、古为今用、和谐共存的文化发展观。

（4）树立在互帮互助中实现个人价值的理念，培养正确的合作观念和团队意识。

（三）课程沿革

"日本文学名篇选读"自2003年设立至2021年期间由外籍教师担任主讲，2022年起重新搭建以教研并重岗教师为主力，以日语系文学方向研究的教师为成员的课程建设团队，申请校一流本科课程培育项目，2023年正式立项。课程建设主要经历了以下三个阶段：

创建起步阶段（2003—2012年）：调研国内同类课程建设状况及水平，设置多元化专题内容，建设教学素材库、习题库。

探索发展阶段（2013—2021年）：开展教学内容升级，对课程配套练习以及拓展内容进行全方位优化。坚持以学生为中心，改革课堂教学方法。

整合创新阶段（2022年至今）：对国内外日本文学史以及日本文学名篇选读鉴赏类课程以及教材进行新一轮全面调研，对原有教学内容进行重新编排，编写并计划出版课程教材。

二、思政元素

"日本文学名篇选读"以"文史结合""文明互鉴"作为贯穿课程的特色主线，立足"经典性""时代性""创新性"进行内容选编，该设计思路与课程思政有着高度的内在契合关系。从东亚"汉字文化圈"的视野来看，中国文化一直是日本学习和模仿的对象，日本文学和中国文学之间存在着密切的亲缘关系。纵观中日文化交流史，理解日本文学离不开对中华民族历史与文化的认知和运用，离不开强烈的政治责任感和历史使命感。本课程力求在改变传统文学课的刻板印象、提升学生学习兴趣的同时，彰显课程内容的思想政治高度。

文化自信：对受到中国思想文化影响的日本文学作品进行深入分析，引导学生发掘中日文化之间的共通之处，探讨两国文学之间的联系，深刻认识到中国文学对日本文学的深远影响，增强文化自觉，树立文化自信。

制度自信：讲授日本无产阶级文学以及战后文学作品，从社会制度优劣的角度引导学生思考日本帝国主义发动对外侵略的必然性以及资本主义体制下日本当代社会的现状与问题，引导学生对比中国特色社会主义制度的优越性，进而更好地理解中国为什么选择了这种社会制度，树立制度自信。

家国情怀：讲授日本军记物语和近代战争文学，引导学生切实体会到国家安危与个人命运的紧密联系。结合日本帝国主义对外侵略的史实，引导学生体会日本文学家对日本近代化的批判立场，进而激发对国家命运的关注，坚定和平反战立场，树立忧患意识，弘扬爱国主义精神。

工匠精神：日本文学作品蕴含着丰富的价值观和道德观念，其中追求至善至美的工匠精神具有重要的价值功能。通过讲授相关作品，引导学生在文学作品中感受到关注细节、精益求精的工匠精神的可贵，从而激发学生的职业认同感和自豪感，追求属于中国制造的工匠精神。

"人类命运共同体"意识：讲授日本"战后派文学""原爆文学"以及疫情时期文学等内容，引导学生关注人类共同面对的问题，如和平与安全、核安全、疾病流行等，培养学生可持续发展的生态观，树立"人类命运共同体"意识。

三、设计思路

"日本文学名篇选读"着重从以下四个方面选取经典作品，供给课程思政内容：(1)凸显中国元素：重点介绍中日文学关系研究的案例及其方法；(2)切中时代命题：实时关注国内外政治经济形势和全球热点问题；(3)探索媒介破壁：密切结合文学经典跨媒介传播研究的案例及方法；(4)立足任务驱动：注重融合多样化学习任务固化课程思政成果。各章节模块重要的思政元素、相关知识点和教学案例见表26-1。

表 26-1　各章节课程思政设计思路

课程章节	重要思政元素	相关专业知识和教学案例
序章 文学史概说	·家国情怀 ·制度自信 ·文化自信	·知识点：日本文学的主要分期及各时期创作特点，中日文学关系研究的重要性及方法 ·教学案例1：以日本文学报国会为例，探讨日本作家不同时期的创作在价值观取向方面存在的复杂性问题 ·教学案例2：探讨东亚"汉字文化圈"的形成及影响，明确中国文学与日本文学的亲缘关系
第一章 上代文学	·文化自信 ·家国情怀	·知识点：和歌修辞手法、"万叶假名"标记法，"记纪神话"与古代日本的国家意识 ·教学案例1：选读《万叶集》和歌，讲解"万叶假名"的产生背景及演变，在学习汉字演变为"万叶假名"的过程中传达汉字的美感和魅力 ·教学案例2：选读日本"记纪神话"重要段落，探讨中国思想文化对记纪神话的影响
第二章 中古文学	·文化自信 ·家国情怀 ·忧患意识	·知识点：日本平安期物语文学与日记文学，白居易诗歌在平安朝的接受、汉诗训读法等 ·教学案例1：选读《枕草子》和《源氏物语》等平安朝作品的经典段落，探究其中的中国元素 ·教学案例2：阅读《和汉朗咏集》，探讨白居易的诗歌对日本汉诗产生的影响
第三章 中世文学	·文化自信 ·家国情怀 ·忧患意识	·知识点：日本军记物语的产生与发展，中世文学与佛教、日本中世说话文学概况及特点 ·教学案例1：探讨《平家物语》为代表的日本军记物语的叙事手法和主题，探讨作品对中国古典文学的借鉴 ·教学案例2：探讨《宇治拾遗物语》《十训抄》等说话集的内容构成及特点，结合作品内容理解中世时期佛教在日本的"世俗化"倾向，与中国古典文学作品进行对比

续表

课程章节	重要思政元素	相关专业知识和教学案例
第四章 近世文学	·文化自信 ·社会公平正义	·知识点：日本近世文学的特征，近世小说与儒学 ·教学案例1：选读浮世草子、假名草子、读本、俳谐、净琉璃等文学形式的代表作，讲解近世文学的"庶民性"特征 ·教学案例2：选读上田秋成的读本小说《雨月物语》，分析"翻案小说"的创作手法及文学效果，探讨中国文学对秋成文学创作的影响
第五章 明治文学	·家国情怀 ·忧患意识 ·工匠意识 ·职业自豪感	·知识点：自然主义文学与反自然主义文学，日本浪漫主义文学、拟古典主义文学思潮的兴起与发展 ·教学案例1：选读夏目漱石《梦十夜》等作品，探讨漱石文学的批判现实主义创作手法，理解近代化批判的写作主题 ·教学案例2：阅读幸田露伴《五重塔》《风流佛》，分析探讨露伴对"工匠意识"的理想主义表达，理解浪漫主义文学的写作风格
第六章 大正文学	·文化自信 ·人道主义精神 ·家国情怀	·知识点："大正教养主义"的兴起与特征、"白桦派"文学概况；大正期"中国情趣"风潮、东方主义与后殖民主义批评 ·教学案例1：选读"白桦派"文学代表作，探讨作品中蕴含的积极肯定人生、捍卫人的主体性的人道主义精神 ·教学案例2：阅读谷崎润一郎、芥川龙之介、佐藤春夫等的中国题材创作，对比各作家的创作特点及价值选择，对大正文坛"中国情趣"热潮进行批判性思考
第七章 昭和文学 （上）：战前、 战时篇	·制度自信 ·爱国意识 ·反战意识 ·文化自信	·知识点：日本无产阶级革命与普罗文学的发展脉络；战时"艺术抵抗"文学 ·教学案例1：阅读小林多喜二《蟹工船》、叶山嘉树《水泥桶中的信》等日本无产阶级文学代表作，讨论资本主义制度下贫富差距和社会不公问题 ·教学案例2：结合中国古典文学出典阅读"艺术抵抗派"作家中岛敦的"翻案小说"《山月记》，分析文学家为坚持文学的自立性、捍卫知识分子良知而做出的抗争
第八章 昭和文学 （下）：战后 篇	·家国情怀 ·忧患意识 ·生态意识 ·"人类命运共同体"意识 ·可持续科学发展观	·知识点：日本战后文学概况、"检阅"制度下的"占领期文学"；日本反核文学的缘起与发展、日本文学中的疫病书写 ·教学案例1：阅读日本"战后派"作家和"无赖派"作家的反战文学创作，解读其中的反军国主义、反天皇等主题 ·教学案例2：阅读日本福岛核泄漏事故的现实状况阅读井伏鳟二《黑雨》等反核文学，结合后疫情时代的国际形势特点阅读小松左京《复活之日》

四、教学案例

（一）案例1:《梦十夜》的梦境叙事与夏目漱石的批判现实主义写作——抵制崇洋媚外、坚守中华文化、强化爱国情怀

本案例对应章节:第五章 明治文学

1. 教学目标

（1）课程教学目标

①了解明治末期的反自然主义文学的流派和代表作家作品。

②掌握隐喻在语篇分析中的功能作用并理解作者的创作意图。

（2）思政育人目标

①引导学生关注现实,增强历史使命感与社会责任感。

②树立民族自信,摒弃崇洋媚外,坚定爱国主义情怀。

2. 教学内容

①夏目漱石前期作品的创作背景、写作意图和创作手法。

②《梦十夜》中的梦境描写及其叙事功能。

3. 教学实施过程

（1）课前学习

课前给学生提供线上学习资料和辅助参考书,布置他们自学日本自然主义文学与反自然主义文学的相关知识,了解各文学阵营的代表作家作品及其文学史地位。

（2）课堂文本精读

①精读导入:课件展示夏目漱石在初登文坛之际受到的同时代文学者的评价,从中提取"梦幻派"为关键词,指出漱石作品中的幻想性,激发学生的好奇心和学习兴趣。

②知识点讲解:梳理夏目漱石创作脉络、各时期的创作倾向及代表作,简要说明夏目漱石与日本自然主义文学的关系,并结合文学研究方法的发展脉络介绍夏目漱石文学的研究史。

③精读指导:课件展示《伦敦塔》《幻影之盾》《薤露行》等夏目漱石前期代

表作的梗概,使学生充分理解漱石文学的幻想性,在此基础上举例说明其幻想性叙事中所蕴含的现实主义倾向。重点强调文学创作和文学研究应当观照现实、反映现实。

（3）课堂分组讨论

①问题导入：展示2007年的日本电影《梦十夜》(『ユメ十夜』)"第六夜"的视频片段,展示小说重要段落并介绍小说概要。

②问题设计："第六夜"讲述了镰仓时代的雕刻师运庆雕凿仁王像,围观的看客却都是明治时代"现代人"的奇异梦境。引导学生在讨论小说内容时重点思考作者为什么选择运庆作为故事主人公？运庆与围观群众之间的文化冲突是什么？将两个不同时空拼接在一起的用意是什么？"被讲述的事情的时间"和"叙事的时间"的关系又是什么？作者在小说中使用了怎样的写作手法？

③教师点评：介绍日本明治时期的社会历史背景,重点说明日本明治维新改革运动之后政府与民众盲目崇拜西方文明、社会全盘西化的状况,引导学生认识到漱石正是借旁观者的视角强烈地讽刺了明治期民众对于传统文化的不解与无知,批判日本"文明开化"政策的肤浅以及在此政策之下社会风气的黑暗,进而理解小说设定的隐喻意义。

（4）课堂文本解读训练

介绍《梦十夜》"第七夜"的梗概并展示重点段落,要求学生结合明治期日本盲目欧化的历史背景以及漱石文学的批判现实主义风格,分组讨论"第七夜"中的隐喻意义并发言。

（5）课堂总结

总结课堂学习内容,结合当代社会存在的对外来文化和事物过度追求模仿的崇洋媚外现象,强调按照以文学为镜照见现实、落脚社会热点问题的思路解读文学作品的重要性,重点引导学生深刻体会重读文学经典的跨时代意义,并进行自我反思,进一步坚定爱国情怀,捍卫本土文化。

（6）课后作业

布置学生观看电影《梦十夜》以及黑泽明导演的电影作品《梦》,对比分析电影中的情节与小说原作后,撰写学习报告并在后续课程中分享交流。

(二)案例2：解读小林多喜二《蟹工船》及其在当代的"复活"现象——树立制度自信，弘扬社会主义正义

本案例对应章节：第七章 昭和文学（上）：战前、战时篇

1. 教学目标

（1）课程教学目标

①了解日本无产阶级文学运动的发展脉络和代表作家作品。

②理解文学经典在当代语境中的价值和意义，并掌握分析方法。

（2）思政育人目标

①培养社会责任感，增强政治参与意识。

②坚定制度自信，坚定爱国主义情怀。

2. 教学内容

（1）小林多喜二《蟹工船》的主要内容、创作背景和文学史地位。

（2）《蟹工船》的重读热潮及原因解读。

3. 教学实施过程

（1）课前自学

布置学生根据课件、教学视频等学习资料线上自主学习日本无产阶级文学运动的起源与发展脉络、各团体的机关刊物、代表作家作品及思想倾向等文学史知识点。

（2）课堂文本精读

①精读导入：课件上展示2006年东银座出版社的漫画版《蟹工船》节选，引起学生兴趣，介绍《蟹工船》的写作背景和主要情节，导入课程学习。

②重难点讲解：讲解作者小林多喜二的生平背景、政治思想以及文学创作活动。引用夏衍、陈望道和鲁迅等对小林多喜二及其文学创作的评价以及鲁迅悼念小林的唁电等资料，说明小林及其作品在中国左翼文学界的重要地位和影响。

③精读指导：带领学生精读作品重要选段，通过阅读小说中所展现的渔工被剥削、压榨的情况等内容，学生将从小说中了解到资本主义制度下贫富差距和社会不公问题的严重性。着重引导学生思考社会主义为解决社会不公的举措和实现社会公平所具有的优越性。

（3）课堂分组讨论

①讨论导入：教师使用课件分享日本《读卖新闻》、英国《每日电讯》的相关报道以及新潮社的统计数据，介绍《蟹工船》在2008年突然畅销的盛况以及再版后读者群体的相关情况。

②问题设计：《蟹工船》于2008年1月累计销售突破50万部，并长期稳居日本畅销书排行榜前列，甚至一度攀升到榜首，购买读者近八成为日本年轻人。为什么《蟹工船》这样一部创作于20世纪20年代末的描写日本无产阶级运动的严肃文学为何会在长期浸淫于ACG文化的当代日本年轻人中引起重读热潮和强烈共鸣？

③教师点评：列举具体事例介绍日本青壮年中的"新贫人口""穷忙族"现象以及年轻人深陷被社会抛弃的孤独感而成为涉案凶嫌等社会问题，结合世界金融危机后日本陷入长期经济低迷、社会贫富差距愈演愈烈等社会现状，点评学生发言。

（4）课堂文本解读训练

提供《蟹工船》重要选段，带领学生探寻小说作品从哪些角度描写了底层劳动者的困境？类似困境在当代是否仍然存在？引导学生思考《蟹工船》在日本经济低迷和社会格差时期的意义以及对当代年轻读者和社会底层产生的影响。

（5）课堂总结

总结学习内容，重点强调文学作品在反映社会现实和引发社会关注方面发挥的重要功能，使学生领会文学经典的跨时代现实意义。

（6）课后作业

布置学生以《蟹工船》为蓝本，聚焦当代社会问题，以"构建和谐社会，关注弱势群体"为主题自主分组创作并拍摄日语短剧。

五、教学效果

（一）学生学习成果

本课程系统讲授日本古典以及近现代文学史上的重要作家作品，掌握各个时代的历史文化知识，在提升本专业学生专业八级考试通过率和优秀率方面作用尤为显著。以2019级日语专业学生为例，专业八级通过率为74.35%，超过全国平均通过率 20 个百分点，平均分为 96.62 分，高出全国平均分 6.9 分，良好率为 34.48%，优秀率为 3.4%。

（二）学生课后体会与评价

1. 开拓多元思维，培养客观思维。

课程内容引导学生坚持客观思维来追求真理、探索未知，锻炼学生从不同角度发现问题、分析问题、解决问题的能力。

在小组讨论过程中，我既能与同学们分享自己的观点和理解，也能收获很多其他角度的看法。这种互动式学习让我学会从不同角度看待文学作品和社会历史现实。我深刻体会到一个人想要快速成长，唯有虚心学习，兼听包容。（葛杭超，2022 届毕业生，现就读日本国际基督教大学大学院）

在文学名篇选读课上，老师总是鼓励我们进行课堂争论，在列举论据进行讨论争辩的过程中尽可能发掘文本解读的新的可能性。在观点的碰撞中，我学会更加客观全面立体地看待问题，而不是拘泥于某一个观点。（汪思媛，2023 届毕业生，已录取为上海外国语大学硕士研究生）

2. 提升人文素养，培养审美情趣

课程内容立足审美教育，通过引导学生树立正确的审美观念，将优秀文化深植于学生的内心，彰显了美育的力量。

运用文学研究的方法去细读作品时，可以发现作者在叙事结构上的巧妙安排。这是我在学习这门课程之前没有体会过的读书的乐趣。（王晨暄，2021 届毕业生，现就读日本早稻田大学大学院）

在学习"日本文学名篇选读"这门课程的过程中，我被其中的语言美深深吸引。此外，日本古典作品让我感受到了物哀、幽玄、侘寂等日本的独特审美意识，加深了我对日本文化的理解与认识。（卢凌丽，2023 届毕业生，已录取为东华大学硕士研究生）

3. 关注社会现实，树立责任担当

课程内容引导学生心系国家大事、关注社会热点问题、增强社会责任感，为学生的历史观、民族观、国家观、文化观带来正确引导。

"日本文学名篇选读"这门课程让我认识到文学作品不仅是故事的呈现，更是对真善美的求索。作品中探讨的人性、社会和道德等议题引发了我对生命意义、人与自然的关系以及社会责任的思考。（程雨露，2023届毕业生，已录取为西南大学硕士研究生）

这门课程展现了日本文学的瑰宝，更深刻地启迪了我的心灵。日本作家们通过文学作品传递了对于社会现实和人性弊端的反思与拷问，他们深切关注日本社会的发展与变迁，对于社会的腐败和道德沦丧表达了强烈的担忧。作品抒发出的家国情怀和对传统文化的捍卫精神深深打动了我。（龚丽莎，2023届毕业生，已录取为香港城市大学硕士研究生）

（三）教师教学成长与反思

日本文学经典不仅是学生了解中日文化的窗口，更是培养学生综合素质和人文关怀的有效途径。任课教师在备课授课过程中尽可能对教学设计的环节和过程进行了优化，但是在各个层面依旧遇到了很多问题和挑战。首先，学生的兴趣和阅读能力参差不齐，如何激发他们的学习兴趣并保障教学进度是需要认真思考的问题；其次，日本文学作品价值取向复杂，部分作品带有悲观厌世的情绪或是虚无主义的倾向，需要进一步强化取其精华、去其糟粕的意识；最后，秉承"润物细无声"的课程思政原则，以潜移默化的形式将思政元素与专业教学有机地结合起来，还需要进一步探索优化课堂叙事的讲述方式；最后，在以产出导向的实践教学方面，还需要探索更多的、与现实需求接轨的可能性，而不是脱离实践空谈文学。相信通过持续改进教育内容和方法，这门课程一定能够为学生的成长与发展带来深远影响。

日语视听说

教学团队： 陈化仙　李　珍　王静波　杨晓红
案例撰写人： 陈化仙

> 学习另一种语言不仅是学会用另一种文字去表达一个意思，而是用另一种思维方式去思考事情。
>
> ——弗洛拉·刘易斯

一、课程概况

（一）课程简介

"日语视听说"是日语专业主要基础课程之一。以"日语视听说Ⅱ"为例，课程于二年级第二学期开设，共32学时，2学分。"日语视听说"课程既是一门培养学生听力的技能课，也是提高学生语音、语调、词汇、语法、篇章、语用等综合专业知识的必修课。课程教学内容以教材、课外听力拓展资料（新闻、讲座、电影等）、N2日语能力测试实践指导为主，并根据各单元主题挑选内容丰富的视听资料建设学习通线上学习资料包，对学生进行全面的听力训练。

本课程以"知行合一，学以致用"教学理念为导向，在注重培养学生的听力理解能力、口语表达能力的同时，启发学生扩展文化视野，培养学生跨文化交际意识和能力，为其在跨文化环境中更自信地进行沟通交流打下坚实的基础。

(二)教学目标

1. 知识目标

（1）掌握正确的语音语调，了解不同语境下的听力技巧和策略，提高听力理解的速度和准确度。

（2）掌握教材的基本内容及相关文化背景知识，熟悉日常生活、工作、商务等场景常用词汇、句型和表达方式。

（3）熟悉 N2 日语能力测试考试题型，了解考试重点，掌握相关词汇句型、提升解题技巧。

2. 能力目标

（1）通过多形式的练习和训练，提高学生对日语语音、语调和语速的敏感度，培养学生对视听内容的分辨能力。

（2）通过多主题的听力训练，培养学生对日本文化和社会的理解，提高其跨文化交际意识和能力。

（3）培养学生熟练运用语言知识的技能，逐渐适应真实交流环境中的听力和实际对话挑战。

3. 价值目标

（1）提升文化自觉，增强文化自信和民族自豪感，弘扬和传承中华优秀传统文化。

（2）培养学生的国际视野、多元文化与命运共同体意识，提升跨文化素养。

（3）引导学生树立正确的人生观和价值观，坚持不忘初心，坚定理想信念。

(三) 课程沿革

听力课程是日语专业技能课程之一，旨在提高学生日语听力理解的能力和实际运用语言的能力。本课程最早设立于 2003 年，课程名称为"日语听力初级Ⅱ"，自 2022 年起改名为"日语视听说Ⅱ"，共经历了三个阶段的建设和实施。

基础阶段（2003—2006 年）：这一时期的主要教学目标是培养学生的语言知识和语言运用能力。主要对学生进行专门的听说技能训练，锻炼学生的日语语言基本功，同时注重丰富学生的日本社会文化知识。

改革阶段（2007—2019 年）：2007 年开始全面开展教学内容改革，同时进行教材建设,2009年至2010年先后出版了高校日语专业听力教材《日语听力课堂》(全四册)。2011年起,课程目标变得更加多元化,强调培养学生的跨文化交际能力、思辨能力和创新思维。在这个阶段,教学方式也更加多样化,以探究式互动式教学为主,同时也引入了网络和多媒体资源,翻转课堂、线上线下结合等多种形式,更好地满足了学生的学习需求。此外,课程组还注重提高教学质量和学生的学习成果,以"教—学—评一体化"理念进行课堂教学设计,有效提升学生的学习能力和综合素质。

深化阶段(2020年至今):2020年开始以育人目标为主导,在教学大纲、教学计划和教案中融入德育元素,落实立德树人根本任务。课程组经过不断的探索和尝试,总结出了"三位一体(课前线上预习—课中听力训练教学—课后专题拓展)全覆盖"的教学模式,将思想政治教育贯穿于听力教学的全过程,从而在提高学生专业知识水平的同时,培养学生的爱国精神、良好的思想道德素质和价值观念。

二、思政元素

本课程的听力材料涉及语言、文学、教育、经济、社会等方方面面,题材丰富。教师通过梳理教材和扩展听力资料中所蕴含的人文精神和德育元素,帮助学生树立正确的人生观和价值观。思政教学以中日文化对比为主线,让学生在学习日本文化的同时反观中国传统文化强大的影响力和渗透力,培养学生的爱国情怀和民族使命感,并指导学生以开放、包容、平等、尊重的态度来面对跨文化交流,提升跨文化交际能力。同时引导学生在跨文化交际中正确地全面地输出中国文化,传播中国文化。主要思政元素如下:

爱国情怀:在讲解日本俳句、日本茶道、日本和服、日本建筑等文化主题材料时,引导学生去挖掘其中蕴含的中国文化元素,加强学生对中华民族传统文化的认知、传承与发展,为将来更好地传播中国文化奠定基础。

崇尚和合:教学过程中引导学生分析和讨论中日文化之间的差异和相似之处。例如,比较中日传统节日、家庭观念、教育制度等方面的异同,让学生思考不同文化观念背后的价值和意义,培养学生对异文化的包容和尊重意识,帮助学生建立正确的中日文化观念,增强跨文化的理解和交流能力。

工匠精神：贯穿于日本各个服务行业的极致服务精神、宫崎骏对动画创作的热爱和执着、日本"寿司第一人"小野二郎对美食的极致追求和敬畏，这些音视频资料可以给学生许多启发和思考，引导学生以精益求精的态度不断追求卓越、追求完美。

环保意识和社会责任感：日本人非常重视自然环境的保护，是世界上垃圾分类最为严格的国家之一。通过与日本人的自然观和环保行为相关的音视频材料培养学生尊重自然、珍惜资源的态度，提高对垃圾减量、资源再利用等环境保护问题的认识，培养社会责任感。

自强不息：通过观赏和讨论日本电影，引导学生深入思考影片中积极向上、努力进取的元素；通过解说"毕业典礼学生代表致辞"，向学生传达了积极向上、追求梦想的价值观；使得学生更加清晰地认识应该如何规划、追求自己的未来；通过学习稻盛和夫提出的人生方程式"人生·工作的结果＝努力×能力×思维方式（人格、理念）"，激励学生更加努力地提升自己的综合素质和能力水平，以更加积极、正向的态度面对机遇和挑战。这些听力材料有助于学生塑造不断奋发图强、自我超越、勇往直前的中华民族优秀品格。

三、设计思路

本课程的思政设计可以概括为"一体·两翼·四合·五点"。"一体"指以日语语言载体为核心，以课堂教学内容为主体，浸透思政元素于教学各个环节中。"两翼"指在日语语言载体的基础上，从中国文化和日本文化两个角度进行切入，主要从"四大维度"为切入点展开，分别为：社会结构与价值观、传统节日与民俗文化、艺术与文学、教育与科技。"四合"是指传统文化与现代社会相融合，文化差异探讨与跨文化理念相结合，显性教育与隐性教育相结合，课堂引导与小组合作学习相结合。"五点"是本课程的主要思政教学要点，包括：爱国主义（民族精神、文化自觉、文化自信、文化传承、爱祖国爱家乡）、和谐意识（文化尊重、文化包容、人类命运共同体）、工匠精神、环保意识和社会责任感、自强不息的民族品格（积极向上、努力进取、刚健有为）。各章节模块重要的思政元素、相关知识点和教学案例见表27-1。

表27-1　各章节课程思政设计思路

课程章节	重要思政元素	相关专业知识和教学案例
第一单元 （第1—4课）	·工匠精神 ·民族精神 ·文化传承 ·文化尊重	·知识点：日本的邮政服务、外卖配送服务，赏樱花，日本的年中行事，日本的赠答习惯（中元、岁暮） ·教学案例：讨论「おもてなし」中的"一期一会"精神；讨论谚语"花数樱花，人惟武士"，由此探讨"梅兰竹菊四君子"的文化内涵；NHK纪录片《新日本风土记》观后感；角色扮演送礼场景（中日送礼的礼仪和禁忌）
第二单元 （第5—8课）	·文化自信 ·文化传承 ·工匠精神 ·社会责任感	·知识点：电脑与现代生活，俳句，和服，日本的饮食文化（寿司），志愿者活动 ·教学案例：讨论如何利用网络平台传播中国文化，举行班级"中日诗词大会"，探讨中国汉唐服饰对日本和服的影响，讨论纪录片《寿司之神》和《我在故宫修文物》，小组代表分享志愿者活动的收获和感悟
第三单元 （第9—12课）	·积极向上 ·努力进取 ·文化自信 ·保护环境 ·爱祖国、爱家乡	·知识点：畅谈电影，日本的交通（以"JR青春18车票"为例），循环型社会元年，世界遗产 ·教学案例：小组分享"最喜欢的电影"及推荐理由，讨论"中国高铁和日本新干线之对比"，讨论日本垃圾分类的经验与启示，以"我们家乡的世界遗产"为主题制作PPT进行小组发表
第四单元 （第13—15课）	·刚健有为 ·努力进取 ·文化尊重 ·保护环境	·知识点：毕业典礼致辞，就职面试，演歌和日本文化，日本人的自然观 ·教学案例：以"理想、信念和追求"为主题给自己写封信，稻盛和夫访谈"成功方程式"，NHK纪录片《美之壶》，讨论电影《龙猫》《风之谷》中的自然美学和生态意识
专题拓展材料	·文化自觉 ·工匠精神 ·文化包容 ·人类命运共同体	·知识点：茶道和花道，动漫，日本的教育，日本的建筑，日本的少子化和老龄化问题，日本的人工智能等 ·教学案例：讨论电影《日日是好日》中的"茶道之美（侘びと寂）和匠心之美"，由此讨论中国茶道的"五境之美"；小组分享《宫崎骏：十年一梦》观后感；分组以"中国孩子vs日本孩子"为主题展开辩论；讨论"人工智能能给人类社会带来什么？"

四、教学案例

（一）案例1：日本的俳句与汉诗——增强文化自信、文化传承

1.思政教学设计

课堂上通过对比俳句与汉诗，引导学生对两种传统艺术形式在表达方式、情感传递等方面的异同进行思考和讨论，让学生了解中国古典文学对日本文学的影响和渗透，增强学生的民族自豪感，使其能在跨文化交流中自信地表达自己的

文化观点。同时，通过学习传统文化，让学生认识到传统文化对于现代社会的影响和价值，鼓励他们在日常生活中传承和弘扬传统文化。课后组织学生进行"中日诗词大会"，让学生通过亲身实践寻找中国诗词在日本和歌俳句中的印记，感受俳句和汉诗的韵味和内涵。通过本次课程的学习，学生不仅能够了解不同文化背景下的诗歌表达方式，更重要的是在语言实践中培养了跨文化的思维和理解能力，同时增强了对本国文化的自信心和文化传承的意识。

2. 教学内容

教材第5课Part 4的第三题，听录音归纳文章要旨，录音主题是"日本俳句"。课前布置学生搜集喜欢的日本俳句和中国古诗。

3. 教学过程

（1）问题导入

教师引出松尾芭蕉的"国破れて山河あり、城春にして草青みたり"和杜甫的"国破山河在，城春草木深"，引导学生思考俳句和汉诗的关系。

（2）听力练习

听力材料1：播放关于日本俳句的录音，让学生了解俳句的形式、内容和表现手法。

听力材料2：播放NHK言语文化高校讲座"汉诗与日本文学"视频剪辑资料，让学生了解汉诗对日本文学的影响。

（3）小组讨论

讨论1：你最喜欢的一首俳句或汉诗是什么？为什么？

讨论2：俳句和汉诗有何相似之处？又有何不同之处？

讨论3：俳句和汉诗中所反映的人生哲理和情感，在当今社会是否依然适用？

（4）课后作业

以小组为单位准备"中日诗词大会"，分为朗读组和创作组，班级课堂展示。

（5）教师总结

中日文化交流的历史源远流长，从古代至明治维新，日本文学一直受到来自中国的深远影响。正冈子规曾说："俳句、和歌、汉诗形式虽异，志趣却相同，其中俳句与汉诗相似之处尤多，盖因俳句得力于汉诗之故。"中国古诗和日本俳句之美不仅体现在其艺术价值上，更代表着中国和日本的文化精髓，日语学习者应一起努力,将俳句和汉诗的魅力传承下去。

(二)案例 2:畅谈电影——积极向上努力进取

1. 思政教学设计

本课的思政教学目标是鼓励学生多关注影视作品的文化内涵,从中汲取正能量,树立正确的人生追求和价值取向。

《永远的三丁目的夕阳》再现了 1958 年日本经济开始复苏时期的普通人的生活,虽然生活困难,但电影中的人物总是保持乐观的态度,努力适应并融入社会。《太阳与海的教室》中樱井朔太郎老师的整段话体现了对自我认知和人生意义的深刻反思,鼓励人们保持纯真和追求梦想。他提出了一连串深刻的问题:"你还像你自己吗?你活着吗?活在当下吗?"

课堂上通过小组讨论和互相交流,引导学生感受电影角色的积极向上、努力进取,从中感受鼓舞的力量,深入思考并领会其中的价值观。课后延伸部分则能够激发他们的学习兴趣和主动性,激励他们在未来的生活和学习中践行这些价值观。

2. 教学内容

教材第 10 课 Part 1 会话文,内容为"同班同学在大学食堂谈对电影《泰坦尼克号》的感受和看法"。课前让学生准备课堂个人发表,向同学们推荐自己最喜欢的影视作品和经典台词。

3. 教学过程

(1)导入和预热

播放电影《千与千寻》原声剪辑片段,提醒学生注意原声配音的发音和语调,之后让学生即兴配音,以激发学生的兴趣。

(2)听力训练和讨论

听力资料 1:播放电影《永远的三丁目的夕阳》的精选片段,围绕电影中的人物形象和故事情节展开讨论,引导学生从中汲取启示,思考并接受这些价值观的重要性。

听力资料 2:播放电视剧《太阳与海的教室》的对话剪辑音频,让学生完成听力填空练习。学生听完后,进行小组讨论,分享自己对樱井老师这段话的理解。

（3）一分钟日语演讲

我最喜欢的一部影视作品。

（4）课后作业

布置学生自由组合，对影视作品进行日语配音（时长 3～5 分钟），并写下对电影主题的理解和感悟。

（5）教师总结

影视作品的主题和类型各式各样，要引导学生学会分析和判断，掌握欣赏影视作品的能力，去感受和品味影片中的"真善美"。

（三）案例 3：资源的循环利用——环保意识、社会责任感

1. 思政教学设计

本课的思政教学目标是让学生了解日本的环保理念和环保实践，培养学生的环保意识和社会责任感；引导学生反思自身行为对环境的影响，并积极采取环保行动。首先，通过视频导入让学生感受到环境问题的严重性，引出保护环境的重要性；其次，通过听力训练和互相交流，引导学生深入思考如何在实际生活中应用资源循环利用的观念；再次，课后作业能够巩固学生的学习成果，使用日语表达环境保护的观点；最后，课外实践则有助于学生更深入地理解环保和可持续发展的重要性，同时也能够激发他们在未来更积极地参与环保活动。

2. 教学内容

教材第 11 课 Part 2 会话文，标题为"循环型社会元年"。课前已发放一些与环境保护相关的日语词汇和表达方式的学习资料。

3. 教学过程

（1）问题导入

守るんだ　泣いてる地球を　そうじして

地球もね　小さいことで　守れるよ

引出环保标语，以视频资料展示环境问题，如污染、气候变化、垃圾处理等，引导学生思考这些问题给人类和地球带来的影响。

（2）听力训练

听力材料 1：播放日本垃圾分类相关录音，让学生根据听力资料的提示按照日本垃圾分类的标准对图片上的垃圾进行分类，加深学生对日本环保实践的

了解。

听力材料 2：播放一段关于水资源短缺的采访对话，让学生了解并思考全球水资源的紧迫性和如何有效利用水资源的方法。

听力资料 3：播放一段关于可再生能源的新闻报道，让学生了解可再生能源的种类和使用的优势。

（3）小组讨论

讨论 1：日本垃圾分类经验对我们的启示？

讨论 2：我们应该如何减少对自然资源的消耗？

讨论 3：我们可以在生活中采取哪些措施来支持可再生能源发展？

（4）课后作业

用日语写一句环保标语，全班投票选出"エコ標語 TOP10"。

（5）课外实践

鼓励学生将环保意识转化为实际行动，积极参与本地的环境保护活动。

（6）教师总结

环境保护问题是全人类共同的责任，需要每个人都积极参与进来。减少使用一次性塑料、拒绝一次性筷子、节约打印用纸，时时刻刻不要忘记善待资源节约资源。

五、教学效果

（一）学生学习成果

本课程在教学内容和教学设计中有意识激发学生听日语、说日语的热情，以动漫、电影、视频新闻为载体，让学生进行大量语音语调模仿练习，提升学生的口语能力。在 2021 年举办的第二届全国日语专业配音大赛中，2019 级外国语言文学类的潘瑾瑶、符恬玮同学获得动漫组优秀奖，2020 级外国语言文学类的王楠同学获得新闻组优秀奖，傅蓓蓓、朱欣越同学获得动漫组三等奖。

（二）学生课后体会与评价

课程思政给日语视听说课程带来了更多的深度和广度，总体来看，教学效果是积极的。学生的日语听力水平得到了显著提高,口语表达能力也得到了很好的锻炼,学生对日本文化的理解更加深入,这样有助于提高他们的跨文化理解能力,使他们更好地适应全球化时代。

  我收获了不仅仅是专业方面的知识,也对日本这个国家有了更进一步的了解,同时也对自己国家的文化有了新的体悟。尽管中日两国之间存在许多共通的文化元素,然而随着时代的演变也各自衍生出不同的民族文化。因此,在进行跨文化交流时,我们要真诚对待对方、尊重对方的语言习惯和社会习俗,减少由于文化背景不同而产生的误会和摩擦,使彼此的交流更顺畅。(徐骄阳,2019级外国语言文学类学生)

  学习理解日本文化,也会为如何更好地继承本国文化,带来有价值的借鉴。近期正好学习了日本动漫的相关内容,那么日本动漫如何能够风靡世界?我认为,精致的制作包装和蕴含于动漫背后的日式文化输出是其成功的重要因素。中国拥有悠久的文化历史和丰富的神话故事素材,是否可以考虑借鉴日本对文化产业的包装制作与营销来促进国漫走出国门实现文化输出?在学习的过程中这一方面引起了我的思考,在今后的学习中我也会一步步努力寻找答案。(汪思媛,2019级外国语言文学类学生)

(三)教师教学成长与反思

  课程思政教学是一项极具挑战性却意义非凡的工作,它不仅促使我在教育道路上持续成长,让我更深刻地领悟到教育的真谛远不止于知识的灌输。这一过程使我认识到,教育的核心价值在于促进学生全面发展,而非仅限于知识的积累。因此,在课程思政的实践中,我逐渐转变了教学理念,将学生置于学习的中心舞台,不再局限于单向的知识传授。通过启发式教学、讨论等方式,鼓励学生积极参与思考和交流。这种学生主体的教学方式不仅增强了学生的学习动力,而且提高了他们的学习效果。同时,我也意识到要培养学生的批判性思维,这不仅有助于学生形成独立思考的习惯,还有助于培养他们解决问题的能力。我将通过不断的教学实践和反思,探索更有效的教学方法继续致力于提高教学质量。

综合日语

教学团队： 刘晓杰　任　萍　刘海玲　方江英
案例撰写人： 刘晓杰

> 山川异域，风月同天。寄诸佛子，共结来缘。
> ——日本长屋王

一、课程概况

（一）课程简介

"综合日语"是针对外国语言文学类一年级本科生的大类基础课程，旨在向学生传授初级日语语言知识和技能，让学生初步了解日本的社会与文化知识，培养学生具有一定的日语运用能力和跨文化交际能力，扩大学生的国际视野。本课程为必修课，在大学一年级第一学期开设，共64学时，4学分。

本课程贯彻以学生为中心的教育理念，不断创新教学内容和教学方法，重视现代信息技术在教学中的运用，努力营造课内课外、线上线下相结合的混合式教学环境。线下课堂采用启发式、任务式教学法，兼顾语言知识的传授和基本技能的训练，坚持精讲多练、以练为主的原则，注重培养学生的语言运用能力。线上教学引入国内名校的优质慕课，在巩固课内知识点的同时，拓展课外学习，了解相关的日本社会与文化知识。

（二）教学目标

1. 知识目标

（1）掌握日语的特点，准确辨别标准的日语语音、语调和文字；

（2）熟练掌握日语动词、形容词、助动词的活用，以及基本句型和句法结构；

（3）初步了解日本的社会与文化知识。

2. 能力目标

（1）具备初步的日语听、说、读、写、译能力；

（2）运用所学日语语言知识和技能进行简单的跨文化交际；

（3）具备一定的自主学习能力，能进行批判性思考。

3. 价值目标

（1）增强学生对中国文化的自觉和自信，培养学生的民族自豪感和家国情怀；

（2）提高学生的人文和社会科学素养，帮助其树立正确的世界观、人生观和价值观；

（3）扩大学生的国际视野，培养创新意识和团队协作精神。

（三）课程沿革

"综合日语"课程是2002年我校开设日语专业时设立的课程。2017年以前是日语专业的基础必修课程，2017年至2021年改为外国语言文学类的大类基础必修课程，2022年又恢复为日语专业的基础必修课，并将课程更名为"基础日语Ⅰ"。该课程建设主要经历了三个阶段的发展：

初始阶段（2002—2009年）：课程教学以线下课堂为主，教学理念以教师的"教"为主，重视学生的日语专业知识素养及能力的培养。

提升阶段（2010—2019年）：自2010年申请到校级教改项目——"综合日语"课堂教学改革，课程教学开始摒弃以教师为中心的传统教学理念，改为以学生为中心，以产出为导向，并且在线下课堂教学的基础上，开始第二课堂建设，开设了日语角，启动了日语书写大赛、日语朗读大赛、配音大赛等日语学科竞赛，进一步推动学生知识素养和综合能力的提高。

创新阶段（2020年至今）：课程团队开始利用线上优质的慕课资源开展线

上、线下相结合的混合式教学模式。2020年,"综合日语"课程作为校级课程思政试点改革项目,开始探索育人教育与日语专业教育相融合的新模式。课程在传授日语语言、文化知识的同时,还依托丰富的教学资源和多样化的教学方式,通过对比中日两国文化差异,潜移默化地培养学生的爱国主义情怀,增强民族自豪感,促进文化自觉和自信。目前已形成了课程思政全覆盖、体系完整的教学大纲、教学课件和教案。今后还将不断创新教学方法和育人手段,努力实现"润物细无声"的育人效果。

二、思政元素

"综合日语"遵循日语课程自身的规律,结合日语语言知识、日本社会、文化知识等丰富的教学内容,从中挖掘、提炼出文化自信、文化传承、家国情怀、和谐友善等思政元素。

文化自信:从日本独特文字"假名"的产生、日本汉字的读音以及日语词汇的构成等方面展开。通过讲解中国汉字进入日本后,对日本社会发展产生的各种积极作用,让学生感受中国汉字文化的博大精深,以及中国古代文明对亚洲各国的影响力,提升文化自信,增强民族自豪感。

文化传承:从日本的传统文化入手,由日语送礼场景的会话表达拓展到日本的送礼文化,并对比中国的送礼文化,引导学生继续传承中华民族"礼尚往来"的优良传统。通过介绍日本的饮食文化和用餐礼仪,让学生反省自己在日常生活中的一些铺张浪费的行为习惯,引导学生响应国家"光盘行动"号召,弘扬中华民族勤俭节约的优良传统美德。

家国情怀:从日本的社会生活入手,通过介绍日本的新干线、磁悬浮等交通工具,结合中国近些年在高铁、磁悬浮以及智能行业的发展状况,让学生认识到中国科技的巨大进步给人们生活带来的便利,增强学生的爱国情怀。

和谐友善:从日本人的思想意识和为人处世方式入手,通过介绍日本人的集团意识以及"以和为贵"的处世方式,引导学生培养集体观念、强化集体意识、重视与他人的团结与合作;与人为善,善待亲友、他人、社会与自然。

三、设计思路

"综合日语"课程坚持以"立德树人"为指导,针对外语类课程教学容易出现重视语言知识而忽视社会文化知识的问题,课程教学团队"由点及面",将语言和文化教学相结合,通过拓展教学内容的广度和深度,将思政元素巧妙地融入日语教学中。通过采用"主题讨论""案例穿插""专题讲解"等方式,强化中日文化对比,从中挖掘日本文化中的中国元素,激发学生对中国文化的自觉和自信,增强民族自豪感。同时,为充分发挥学生的主体功能,调动学生学习的主动性,教师通过任务驱动的方式,引导学生积极开展小组合作学习,既能激发学生的学习积极性,培养学生参与、合作、交流、竞争等意识,还能培养学生的责任感和团体合作精神。各章节模块重要的思政元素、相关知识点和教学案例见表28-1。

表28-1 各章节课程思政设计思路

课程章节	重要思政元素	相关专业知识和教学案例
基础入门(1) 日本文字与日语的基础音节	·文化自信	·知识点:日本文字的由来 ·教学案例:讨论日本文字与中国文化的关系
日语基础入门(2) 日语的特征及日常寒暄语	·文化传承	·知识点:日语的日常寒暄语 ·教学案例:讨论日本用餐时的寒暄语的含义
第一模块(1) 日语名词谓语句及人称代词用法	·文化传承 ·文化自信	·知识点:日语人称代词的用法 ·教学案例:讨论中日两国对人呼语的差异
第一模块(2) 日语名词谓语句及指示代词用法	·文化传承	·知识点:日语送礼场景会话表达以及日本的送礼文化 ·教学案例:讨论中日两国送礼文化的差异
第二模块 日语的存在句	·家国情怀	·知识点:日语存在句型的各种表达 ·教学案例:运用日语存在句型介绍自己的家乡和家人
第三模块(1) 日语动词谓语句及动词活用形	·和谐友善	·知识点:职场上的日常会话 ·教学案例:讨论日本职场上的基本规则
第三模块(2) 日语动词谓语句及移动性动词的用法	·家国情怀	·知识点:日本的各种交通工具 ·教学案例:对比中日两国的交通工具,讨论近些年中国交通发展的变化。
第三模块(3) 日语动词谓语句及授受动词的用法	·文化传承	·知识点:日语中表示授受关系的句型表达 ·教学案例:讨论日语授受关系表达中的恩惠意识

四、教学案例

（一）案例1：探讨日本文字由来，增强文化自信

1. 教学内容

本案例是日语基础入门部分第一讲内容，主要介绍日本文字的由来。日本在平安时期之前，没有自己的文字。之后，随着中国汉字的输入，日本人根据中国的汉字创造出平假名和片假名，从而有了自己独特的文字"假名"。平假名由汉字草书简化而来，片假名来自汉字楷书的偏旁部首。除了假名，日本的文字还包括大量的汉字。

2. 思政元素及设计

通过讲解假名以及日本汉字的由来，让学生感受中国汉字对日本社会发展的积极影响，增强民族自豪感和自信心。

课堂教学分为问题导入、课堂讨论、重点讲解、教师总结四个环节。课上运用图片、视频等多媒体手段，通过主题讨论、专题讲解的方式将文化自信等思政元素融入专业知识教学中；课下通过作业的形式，进一步强化育人效果。

3. 教学过程

（1）问题导入：日本的文字从何而来？

通过展示一张日本的海报图片，引导学生从中寻找日本的各种文字，让学生初步认识日本文字；接下来通过播放关于日本文字由来的简短视频，让学生对日本各种文字的由来有进一步了解。

（2）课堂讨论：日本文字的由来与中国有何关联？

学生观看简短视频《日文是怎么诞生的？》，之后围绕中国汉字文化对日本文字产生、发展的影响进行小组讨论，讨论后请各小组代表进行发言，教师进行评价。

（3）重点讲解：中国汉字对日本的影响

讲解内容1：针对中国当今部分年轻人缺少对中日文化交流历史的了解，尤其是对中国文化对日本的深远影响了解甚少，教师着重讲解从"万叶假名"到日本独特文字——假名（包括平假名和片假名）的产生过程。

讲解内容2：针对日语初学者容易混淆中文汉字和日语汉字这一问题，教师先从字形上进行区分，将中日两国汉字词分为同形词和异形词。日语汉字大量地借用了中国古汉语用字，而且仍然沿用中国汉字的繁体字形，提醒学生要正确区分使用。再按照词义分成同义词和异义词。中日异义词有许多是同形异义词，比如"床""迷惑""合同"等。有些同形异义词是因为日语中有些词保留了中国古汉语意思，比如"走る""机"等，提醒学生要准确理解日语中的汉字词义，以免闹出笑话。

（4）教师点评

通过强调"万叶假名"并非日本独特文字，而是借用中国汉字的表音文字，说明文字对日本"假名"的产生具有重大贡献，突出中国汉字对日本文字产生的重大影响，增强学生的民族自豪感。通过区分中日两国汉字，进一步突出日语的汉字词与中国汉字文化的紧密关系，增强学生的文化自觉和文化自信。

（5）课后作业

要求学生去调查、收集与现代汉语同形异义的日语汉字词，让他们进一步感受中国汉字词的博大精深，深刻理解中日文化之间源远流长的关系，提升文化自信。

（二）案例2：通过送礼场景会话，倡导中华民族传统文化的传承

1. 教学内容

本案例是第一模块日语名词谓语句及指示代词用法部分的内容，复习日语名词谓语句的句型结构，讲解指示代词在该句型中的用法，让学生在课堂上用日语进行分角色会话表演，展示送礼场景，并讨论中日两国送礼文化的共同点和不同点。

2. 思政元素及设计

本案例通过场景会话，引导学生通过"礼尚往来"的日常交流，弘扬中华民族爱好和平，重视睦邻友好的传统美德。课堂教学主要分为问题导入、句型巩固、分角色会话演习、送礼文化拓展四个环节。课上运用图片、视频等多媒体手段，通过会话实践、专题讲解、小组讨论的方式将文化传承等思政元素融入专业知识教学中；课下继续以会话实践作业的形式，进一步推进育人效果。

3. 教学过程

（1）问题导入：何为"おみやげ"？

通过展示一张日本土特产店的图片，让学生通过视觉，直观地认识"おみやげ"（土特产、手信）这个日语新单词，启发并引导学生思考：

①为何日本土特产店很受欢迎？

②给日本人送礼物时如何表达才不失礼貌？

（2）句型巩固：日语名词谓语句

教师先通过图片展示，讲解指示代词"これ、それ、あれ"三者的区别；再引导学生运用这三个词进行造句练习，进一步巩固名词谓语句的用法。

（3）分角色会话演习：给友人赠送礼物

演习活动1：教师和学生分角色演习教材中关于赠送礼物的会话。

演习活动2：根据课本内容，学生小组合作，编写送礼场景的会话，并分角色进行会话演习。教师进行逐一点评。

（4）送礼文化拓展

拓展内容1：围绕"日本为何土特产店很受欢迎？"的问题展开讲解。在日本，送礼是社会交际中颇为烦琐复杂的应酬艺术，日常生活中互赠"おみやげ"（土特产）也是司空见惯的事情。日本人不管走到哪里，都会购买当地的土特产，回去送人，而且赠送对象不限于家人和朋友，还包括同事和邻居。同时，受中国传统文化的影响，日本人也非常重视送礼的礼仪，包括送礼的场合、送礼的轻重等等。

拓展内容2：针对"如何送礼才不失礼貌？"的问题组织小组讨论。先让学生围绕中国送礼文化中的禁忌事项展开讨论。接着让学生观看"哔哩哔哩"网站上有关日本送礼忌讳的视频，并通过小组讨论，整理出给日本人送礼的注意事项。

最后由教师补充总结，强调中日两国都重视"礼尚往来"，但不同的文化背景注定两国的送礼文化也会有差异，例如中国人送礼一般要送偶数，而日本人一般送奇数；中国人搬家一般不用去问候邻居、送东西，而日本人则习惯搬新家后给邻居送荞麦面或者小点心，等等。

（5）教师点评

通过对比中日两国的送礼文化，引导学生在跨文化交际的过程中要"入乡随俗"。中华民族自古就是一个爱好和平的民族，一贯倡导发展国与国之间睦邻友好的关系，无论是邻里之间还是国与国之间，保持"礼尚往来"，维护社区、地区的安宁和睦是构建人类命运共同体的重要前提。在此，通过学习日常生活细节引导学生要继承和弘扬中华民族的优良传统。

（6）课后作业

要求学生调查自己家乡有特色的可以馈赠的礼品，并了解其背后的历史故事。引导学生时刻铭记向世界宣传中国、宣传自己家乡的责任感和使命感。

（三）案例3：灵活运用日语存在句，培养家国情怀

1. 教学内容

本案例内容属于第二模块，讲解新句型——日语存在句。无论是在中文还是日语，存在句型在日常生活中的使用频率都很高。

2. 思政元素及设计

本案例通过讲授日语存在句的各种表达，引导学生运用日语的存在句介绍自己的家乡、自己的家人，培养学生的家国情怀。课堂教学主要分为案例导入、句型讲解与巩固练习、分角色会话演练、教师总结四个环节。课上运用图片、视频等多媒体手段，通过穿插案例、列举例句、会话实践的方式将文化传承、家国情怀等思政元素融入专业知识教学中；课下继续以会话实践作业的形式，进一步推进育人效果。

3. 教学过程

（1）案例导入

导入内容1：介绍日本国民节假日——11月23日劳动感谢节，引出中国与之对应的节日——五一劳动节和今年新设的"农民丰收节"，强调感恩之情自古以来就是中华民族的传统美德。

导入内容2：介绍藏族小伙丁真知恩图报的故事，从他写的"家在四川"的图片，解读其中蕴含的丁真对家乡的热爱之情，引导学生要像丁真一样热爱自己的家乡。通过带领学生翻译"家在四川"这句话，引出新句型——日语存在句。

（2）句型讲解与巩固练习

教学活动：讲解日语存在句的两种句式，通过列举两个带有杭州本土元素的例句"杭州有西湖""雷峰塔在西湖附近"，强调"某处有某物"和"某物在某处"是两个不同结构的句式，要使用不同的助词。学生使用日语存在句的两种句式进行巩固练习。

（3）分角色会话演练

学生运用所学的日语存在句型，以小组为单位，分工合作编写简短的会话进

行分角色会话演习,教师逐一评价。

（4）教师点评

通过带有本土特色的例句"杭州有西湖"（杭州に西湖があります）、"西湖在杭州"（西湖は杭州にあります），再次强调在日语存在句型中不同句式要使用不同的助词。进一步引导学生用日语存在句介绍自己的家乡和家人，培养学生用日语讲述中国故事的意识，增强学生的家国情怀。

（5）课后作业

布置小组作业，仿照范文，用所学句型编写一段话，向日本友人介绍自己家乡，为自己的家乡做宣传。

五、教学效果

（一）学生课后体会与评价

一是学生文化素养的提升。通过对学生进行"综合日语"课程教学质量评价问卷调查了解到：一学期的综合日语课程教学，学生不仅掌握了初级的日语语言知识，对日本社会、文化有了进一步的了解，还增加了对中国历史以及中国传统文化的了解。学生文化素养的提升正是课程重视中日文化对比的结果。

> 通过学习才发现邻国日本的诸多文化（例如日本的汉字、日本的茶道等）都源于中国，不得不感慨中华文化的博大精深，心中自豪感油然而生。（章午阳，2020级外国语言文学类03班学生）

可见，该课程不仅有助于学生人文素养的提升，还促进了学生对中国文化的自信，民族自豪感有所增强。

二是作为外语人的责任感的培养。

> 通过观看老师推荐的关于中日两国文化交流的慕课，开阔了我的视野，增加了我对中华优秀传统文化的了解，也激发了我日语学习的兴趣。而兴趣又恰恰成为我学习日语的动力。将来我想要从事促进中日交流的工作，要让更多的日本人了解我们中国的优秀文化。（朱欣越，2020级外国语言文学类04班学生）

可见，该学生通过学习日语，增长了中国文化知识，坚定了继续学习日语、用日语讲述中国故事，传承中国文化的决心，而这也正是我们外语学习者的使命，也是作为一个外语人必须担负的责任。

（二）教师教学成长与反思

"综合日语"课程作为零起点的日语课程，自开设以来一直深受学生喜爱，教学团队每年都会获得学校"优课优酬"的教学奖励。自2020年9月课程团队进行思政教育与外语教学相融合的课程思政教学改革以来，教学效果较之前有了明显的提高。

课程思政任重而道远。作为新时代的外语教师，必须与时俱进不断提升自我素养，切实增强课程思政建设的意识和能力，将外语教育和课程思政改革紧密结合，培养学生的国际视野、家国情怀和批判性思维，早日实现思想政治教育、文化教育与外语教育的有机统一。

日语阅读与讨论

教学团队： 方江英　任　萍　刘晓杰
案例撰写人： 方江英

> 读书之法，在循序而渐进，熟读而精思。
>
> ——朱熹

一、课程概况

（一）课程简介

"日语阅读与讨论"是日语专业的学科基础必修课程。以"日语阅读与讨论Ⅰ"为例，授课对象是日语专业第二学年第一学期的本科学生，共32学时，2学分。本课程贯彻以学生为中心的教育理念，教学内容主要包括"阅读"和"讨论"两部分，让学生通过研读题材丰富的优质文章并围绕相关主题展开讨论，积累日语知识以及提高语言表达能力，培养阅读技巧和阅读课外读物兴趣的同时，提高逻辑思辨与批判性思维能力。教学过程中巧妙引入课程思政元素，培养学生的家国情怀、文明道德等核心素养，以实现"立德树人"这一教育核心目标。

（二）教学目标

1. 知识目标

（1）熟练掌握词汇、语法、篇章、语言学等日语语言基础知识。

（2）掌握基本阅读技巧，提高阅读速度与阅读理解能力。

（3）掌握一定的日本的历史、政治、文化、社会等方面的知识。

2. 能力目标

（1）掌握正确的学习方法，具备实际运用日语语言的能力，能围绕相关主题展开讨论，并对讨论结果进行总结汇报。

（2）具备日语文献检索的能力和自主学习的能力，培养独立思考能力、思辨创新能力。

（3）培养跨文化交际意识和交际能力，能够从跨文化的视角认识和观察世界。

3. 价值目标

（1）激发爱国情怀，增强文化自觉和文化自信，培养国际视野。

（2）树立正确的世界观、人生观与价值观，提高人文和社会科学素养，培育良好的道德品质和社会责任感。

（3）学习中华优秀传统文化，培养对外传播中国文化、用外语讲好中国故事的意识。

（三）课程沿革

"日语阅读与讨论"课程是2002年我校开设日语专业时首批设立的课程，最早开课于2003年，课程名称为"日语阅读"。2013年课程更名为"日语阅读与讨论"，增加了讨论部分，目的是让外语学习从单纯的输入式学习转变成积极的输出式学习，既培养了学生的思辨能力，也大大提高了学生的语言表达能力。

鉴于所使用的教材基本以文章阅读为主，缺少延展性讨论的习题，自2015年开始使用自编讲义，2019年基于自编讲义的自编教材《日语中级阅读》申请校重点建设教材获得立项，并于2023年6月由浙江大学出版社正式出版。该课程2020年申请了浙江工业大学外国语学院一流本科教育培育项目，2023年获浙江工业大学一流专业核心课程立项。

二、思政元素

本课程所选教材的文章内容广泛，涉及日本语言、文学、社会、文化等各个方面。本课程教师团队在指导学生进行各种题材文章阅读的同时，把课程思政融入教学内容中,让知识传授和价值引领自然融合,润物细无声地培养学生的文化自信,引导学生树立正确的价值观、道德观,并具备明辨是非的批判意识,提高文明素养。主要思政元素如下:

家国情怀:"修身、齐家、治国、平天下",这种情怀,是家教传承,是对自己国家的高度认同感和归属感、责任感和使命感。引导学生注重个人修身、重视亲情、心怀天下,让家国情怀深深融入血脉之中。例如在「野ばら」讨论发展问题"科学是没有国界的,但科学家是有祖国的"时,通过回顾中国近代科学落后受挨打的历史,畅谈今日科技的巨大进步给人们生活带来的便利,激发学生民族自豪感,培育学生对国家的归属感、社会责任感和历史使命感。

文化自信:中国文化源远流长、博大精深,日本在历史上深受中国文化的影响,可以说跟中国文化同根同源。学习关于日本习俗、文学、文化的课文,就能清楚其中的渊源,比如在讲「お正月」时可以讨论中国习俗对日本的影响,讲「五色の鹿」时可以讲解中国文学对日本的影响,让学生在提升文化自觉和自信的同时,拥有传播中华文化的使命感。

文明道德素养:文明道德是中华民族美好的传统,在学生的成长路上,要教会他们首先做一个讲文明、有道德的人。比如学习「勇気のある人」时,以课文中作者的亲身经历为切入点,让学生反省日常生活中的不良习惯和不文明行为,提升个人文明素养。学习「五色の鹿」时,让学生通过思考,总结出课文主题之一的"诚信",深刻理解"诚信"是社会主义核心价值观的重要内容,也是中华传统美德,是一切道德的基础,要提升个人道德素养。

敬业奉献:在社会主义核心价值观中,敬业不仅是自我实现的价值需求,更是爱国价值观的具体落实。例如学习课文「大志を抱いても今日の現実を忘れてはならない」,学习作者松下幸之助踏实肯干,专心致力于工作的敬业精神;学习「雨にも負けず　風にも負けず」作者宫泽贤治的奉献精神。再引伸到雷锋、焦裕禄等人物的事迹,让学生懂得我们要富于奉献精神,自觉履行社会义务,实现自己的人生价值。

和谐友善:"和谐"是我们这个时代的主旋律,它不仅意味着人与人之间的和谐,也意味着人与自然之间的和谐。我们要"以和为贵",自觉践行和谐的社会关系和人际关系,让学生通过学习「貧乏人が一番やれることは笑顔だ」,懂得与人友善的快乐;学习「野ばら」,知道和平的美好;学习自然道法,诵读「木」,

反省人类破坏人与自然之间的和谐的行为，培养生态理念，增强学生的社会责任感。

三、设计思路

本课程使用的自编教材《日语中级阅读》中的文章不仅知识性和可读性强，更在问题设计上融入了思政元素，能够在思政方面有所拓展。教学贯彻以学生为中心的教育理念，课前通过让学生自学掌握语言基础知识，培养其查阅资料和自学的能力；课中通过讲解、问题导向、观看视频、案例穿插、讨论等灵活多样的教学形式，解答语言知识、篇章理解以及相关拓展问题，培养学生的思辨能力的同时，在"润物细无声"中有效实现思想政治教育目的；课后布置作业，或查找资料，或写感想，或阅读富含思政元素的专栏内容，通过讨论、发表读后感想等方式，加强学生对中国事情、中华文化的认知，激发学生弘扬中华文化的使命感。

各章节模块重要的思政元素、相关知识点和教学案例见表29-1。

表29-1　各章节课程思政设计思路

课程章节	重要思政元素	相关专业知识和教学案例
「お正月」	・文化自信	・知识点：说明文的特点 ・教学案例1：从词汇"お歳暮、凧揚げ"等探讨中日过年习俗的不同 ・教学案例2：介绍与中国有渊源的日本过节习俗（端午节、七夕节等）
「五色の鹿」	・文化自信 ・守信精神	・知识点：日本民间故事的特点 ・教学案例1：讨论从故事中得出的经验教训 ・教学案例2：让学生用日语介绍自己喜爱的中国的传说故事
「勇気のある人」	・文明道德素养	・知识点：日语随笔的特点 ・教学案例1：分享身边的不文明行为、习惯 ・教学案例2：讨论什么样的人才是有勇气的人
「父と子の手紙」	・实践精神 ・感恩之心	・知识点：日语书信的写法 ・教学案例1：讨论如果自己在遇到困难时会怎么做 ・教学案例2：分享与父母之间的难忘时刻
「野ばら」	・和谐友善 ・家国情怀	・知识点：日本童话的特点 ・教学案例1：讨论和平的珍贵美好 ・教学案例2：讨论科学和祖国的关系

续表

课程章节	重要思政元素	相关专业知识和教学案例
「大志を抱いても今日の現実を忘れてはならない」	・脚踏实地 ・胸怀大志 ・家国情怀	・知识点：日语演讲稿的特点 ・教学案例：辩论胸怀大志和脚踏实地的关系
「貧乏人が一番やれることは笑顔だ」	・乐观向上 ・和谐友善 ・文化自信	・知识点：自传体小说的特点 ・教学案例1：分享父母或祖父母的生活智慧 ・教学案例2：分享生活中与人相处时的尴尬瞬间，讨论化解方法
「木」	・无私奉献 ・大气包容 ・生态意识	・知识点：日语修辞法；日本诗歌的特点 ・教学案例1：讨论人应该如何与自然相处 ・教学案例2：讨论怎样的人生是有意义的人生

四、教学案例

（一）案例1：在中日传统习俗的对比中加深对传统文化的传承意识，增强文化自信

学习外语，不仅要学习语言本身，更要了解语言背后的这个国家的概况、思维方式和文化背景等等。教材第一课「お正月」介绍了日本的过年习俗。

1. 思政目标

对日本文化和风俗习惯有一定的了解，也了解自己国家的文化，了解中国文化对日本文化的影响，培养学生的爱国情怀，增强民族自信。

2. 课前预习

除了布置学生通过自学掌握课文的语言基础知识外，还布置查阅日本和中国的过年习俗的预习作业，使学生对日本的过年的流程及习俗有一个大致的了解，也回顾我们中国过年的历史、习俗等。

3. 教学步骤及设计意图

（1）导入

引导学生找出课文中的日本正月习俗中的中国元素，例如从"お歳暮"引出"お中元"再引出"上元节、中元节、下元节"。随后以热门电视剧《长安十二时辰》为例，引出中国传统节日的风俗特色。

设计意图：学习日本正月习俗的同时了解有关中国传统节日；感受中华民族传统习俗的丰富多彩以及所承载的深厚的文化底蕴，激发家国情怀。

（2）文章理解

解答学生在预习时提出来的语言及理解方面的问题，对文章内容进行提问。

设计意图：确保学生理解文章内容。

（3）讨论

讨论日本和中国的"餅つき、凧揚げ"等的异同点。

设计意图：究其渊源，深刻理解中日文化的源远流长的关系。

（4）分享

分享内容1：讲述新年听钟声的亲身感受。

分享内容2：说说各自家乡的过年习俗。

设计意图：深度认识中国文化，增强文化自信，进而提升弘扬中华民族传统文化、继承和发展优秀文化的文化自觉性。

（5）课后作业及教学意图

布置学生查找文献资料，找出正月之外的与中国有渊源的日本传统节日习俗，比如"端午、七夕"等，增强学生的民族自豪感。

（6）教师总结

无论是在中国还是日本，春节都是重要的传统习俗。中国春节历经千年的传承发展，已成为中华文化优秀传统的重要载体，也广泛深远地影响了日本、韩国等国家。日本虽然于明治时期废除了农历春节，但很多传统习俗都保留下来，成为他们珍贵的"年味"。通过这一系列的教学活动，加深了学生对传统文化的热爱、传承意识，提升了文化自觉，增强了文化自信。

（二）案例2：学习古典，弘扬中华民族传统美德，提高个人文明道德素养

教材第二课「五色の鹿」的原典是「仏説九色鹿経」，源于印度经由中国传入日本的佛教经典，内容和中国的神话故事《九色鹿》基本相同。

1. 思政目标

了解中国文化对日本文化的影响，增强民族自信；同时培养诚实守信的道德品质。

2. 课前预习

因为民话内容和中国的《九色鹿》基本相同，文章内容理解基本没有问题，所以课前直接布置学生自学课文，查阅课文出处，了解敦煌壁画。

3. 教学步骤及设计意图

（1）导入

观看动画片《九色鹿》，比较中国九色鹿传说和日本五色鹿传说的异同。

设计意图：了解中国文化对日本文化的影响，增强民族自信。

（2）文章理解

解答学生在自学时提出的语言及理解方面的问题，详细讲解文中出现的文语化表达，对文章内容进行提问。

设计意图：确保学生理解文章内容。

（3）讨论

讨论内容1：故事中登场人物五色鹿、男人、国王、王后、乌鸦的性格。

讨论内容2：从这个故事中得到了什么经验教训及其在现实生活中的意义。

设计意图：引导学生通过自身感悟总结出"诚信、守约、善良、悲悯之心、感恩之心、不贪欲、和谐自然"等要大力提倡的中华传统美德。

（4）课后作业及教学意图

布置学生查找颂扬中华传统美德的古代故事，比如诚信美德的《曾子杀猪》《季布一诺千金》等，如颂扬感恩美德的《漂母的一饭之恩》《衔环结草》等，让学生用日语介绍这些故事，用日语讲中国故事，传播中国文化。

（5）教师总结

古典是人类智慧的结晶，蕴含着人生哲理，引导人们遵守基本的道德准则，推动文化传承和交流，用心品味，就会领悟到不平凡的人生真谛。引导学生学古通今，弘扬中华民族传统美德，提高个人文明素养，是教师的义不容辞的责任。

（三）案例3：学习榜样，不骄不躁，和谐友善，勇于奉献

教材第十课「木」由两首诗组成，「木」表达了作者对它的喜爱，内容简单易懂且读起来朗朗上口；「雨にも負けず　風にも負けず」表达了作者的愿望。

1. 思政目标

学习树木的心平气定、大气包容。学习宫泽贤治为民奉献的精神。

2. 课前预习

布置学生熟练诵读「木」，概括作者喜欢树木的原因；查找文献收集宫泽贤治的各种事迹，思考后人将其圣人化的原因。

3. 教学步骤及设计意图

（1）导入

聆听诗歌的朗诵。

设计意图：感受诗歌的韵律之美。

（2）课文分析

「木」：用提问形式导入，引导学生发现作者感情的升华：都是表达对树的喜爱，诗歌第一联和最后一联的表达有什么不同？然后具体解析各联，从树自身的生长、树与自然界的相处，直至其宇宙视角，具体分析作者情感一步步得到升华的过程。

「雨にも負けず　風にも負けず」：解释诗歌中的文言表达（ぬ、ゐて、負ひ等的意思用法），分析诗歌的特点（主语在诗歌最后部分出现，多用对句等）。

设计意图：确保学生理解文章内容。

（3）讨论

讨论内容1：诗歌「木」中的"木は囁いているのだ　ゆったりと静かな声で"，"木は愛そのものだ　それでなかったら小鳥が飛んできて枝にとまるはずがない"，"木は正義そのものだ　それでなかったら地下水を根から吸いあげて空にかえすはずがない"，暗含了对人类的哪些批评？

讨论内容2：讨论人应该如何与自然相处；

讨论内容3：诗歌「雨にも負けず　風にも負けず」中的"かんじょう"代表的汉字是"感情"还是"勘定"，"一日に玄米四合"是少食还是多食？

讨论内容4：讨论怎样的人生是有意义的人生。

设计意图：让学生深刻体会树木无私奉献、淡定从容、富有个性的优秀品质。学习宫泽贤治为民奉献、不求回报的崇高精神。

（4）课后作业及教学意图

将诗歌翻译成中文。让学生再次感受诗歌之美的同时，学习树木以及宫泽的崇高精神。

（5）教师总结

榜样的力量是无穷的，他像明灯，为我们指引前进的方向。榜样可以是伟

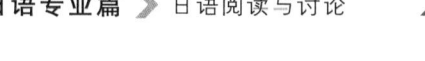

人，也可以是我们身边平凡的师长朋友，甚至可以是一棵树一个小动物。教师应该引导学生在榜样精神的鼓舞下，脚踏实地，为心中远大理想奋斗。

五、教学效果

（一）学生课后体会与评价

首先，让学生通过广泛阅读不同文本并围绕文本内容展开讨论，扩展了知识面，提高了阅读能力，提升了口头表达能力。

> 最直观的感受就是词汇量得到充分的提升，其次每篇阅读中还包含了很多的语法知识点，既对之前学习过的语法知识点起到巩固复习的作用，同时也能学习很多新的语法知识点。经历了一学期的学习，开始去尝试自己阅读一篇完整的课外阅读，并能理解其大概的内容，这对后面学习日本社会名篇选读等课程也有很大的帮助。（潘铭豪，2021级日语专业02班学生）

其次，在语言知识水平提高的同时，学生们还通过课程学习，具备了明辨是非的批判意识，增强了生态文明意识，提高了文明素养。

> 「木」这篇文章，歌颂了树的高贵品质，批判了人的自私，提倡人与自然要和谐相处。学了这首诗，我深刻理解了习近平在2005年时提出的'绿水青山就是金山银山'的科学论断。在经济发展过程中要取得'金山银山'，就要将'绿水青山'作为前提条件。面对自然，我们不仅要考虑眼前价值，而且要考虑长远价值。不仅要考虑从自然中所得，还要考虑如何回报自然。只有这样，才能真正建立起人与自然和谐相处的关系，实现人与自然和谐共处，协调发展。（王碧瑶，2019级日语专业02班学生）

最后，语言所承载的是文化意蕴，中国文化源远流长，并且广泛影响了日本、韩国等众多国家，学生通过课程学习，拓宽了思维的维度，提升了跨文化交际能力，加强了对中华文化的自信。

> "日语阅读与讨论"的课程不仅仅是对日语这门语言的学习，我们一起讨论这些文字背后作者流露出来的情感、主张、思想，了解这些文字表现出来的日本的民俗习惯、社会文化、文学风格、民族性格等等。通过这门课程，知道了我们与日本拥有一些相似的文化渊源，有与当代中国相同之处，但也

有许多不同，而这些不同中有一部分又能在中国的古代社会看到其起源，这是十分奇妙的感觉。每一种文化都有其独特之处，求同存异，博采众长，都需要我们多维度、多元地去理解、去感受，学会反向思考、换位思考，这是我在这门课程中最大的收获。（曹谢溢，2020级日语专业01班学生）

在「お正月」一课中学习了日本的正月习俗，同时也明白了中日正月习俗文化的差异和渊源；在「五色の鹿」一课中，学到了为人处世的道理，做人应当始终正直诚信，明辨是非。通过这些文章的学习，我也进一步了解到了中日文化之间的差异与共通。并且我们通过对日本先进文化的学习、对日本落后文化的反思，也可以促进中华文化的革故鼎新、创新发展。（杜奕婷，2021级日语专业02班学生）

（二）教师教学成长与反思

教师一定要坚守教书育人职责，认真负责投入教学，在培养学生知识技能，提高独立思想、思辨能力的同时，始终将"立德树人"作为根本任务，做到知识传授和价值引领的充分融合。在此次思政改革建设中，本课程教师团队力求挖掘思政教育元素来丰富该课程的内涵建设，目前已形成了较为完善的融入思政元素的教学大纲、教学计划、课件和教案，教学效果良好，为学生今后的进一步专业提升打下了良好的基础。

"读书之法，在循序而渐进，熟读而精思。"作为人民教师，除了要教导学生认真学习专业知识和提升能力素养外，更要让他们精于思考，认识到学习的目的在于服务社会，进而增强自身的社会责任感。

日汉翻译实践

教学团队： 任　萍　杨晓红　千叶万希子
案例撰写人： 李　亚

> 中华文化这一条长河，有水满的时候，也有水少的时候，但是却从未枯竭。……中华文化之所以能常葆青春，万应灵药就是翻译。翻译之用大矣哉。
>
> ——季羡林《中国翻译词典》

一、课程概况

（一）课程简介

"日汉翻译实践"是一门面向日语语言文学专业三年级学生的课程，承接三年级上学期的先修课程"日汉翻译理论"，于下学期开设，共32学时。本课程要求学生进行大量不同文体的日译汉、汉译日翻译实践，旨在让学生将日汉翻译的理论及基本技巧运用于具体的翻译实践，检验学生的掌握程度，进一步提高学生的运用能力。本课程思政教学目标在于培养学生兼具重要的"政治素质"与"人文素质"，满足学生在学习、生活、社会交往及未来工作中有效实现人生价值的需要，突出价值引领与专业实践相契合，引导学生将实践与实现民族复兴的"中国梦"相结合，践行社会主义核心价值观。

(二)教学目标

1. 知识目标

(1)熟悉翻译标准,掌握中日文不同文体的语言特征;

(2)了解人文社会科学与自然科学基础知识,形成跨学科知识结构。

2. 能力目标

(1)具备不同文体的翻译能力和跨文化交际能力;

(2)具备译后编辑能力;

(3)具备用日语讲好中国故事,特别是讲好浙江故事的能力。

3. 价值目标

(1)具备翻译职业道德和精益求精的职业素养;

(2)筑牢以国家富强为荣的家国情怀、厚植以中华传统文化为豪的文化自信;

(3)具备与时俱进,敢于导入机器翻译的创新改革精神。

(三)课程沿革

本课程针对日语专业学生开设,是最能体现学生实际应用能力的课程之一。本课程发展经历了以下三个阶段:

初建夯实阶段(2004—2013年):日语专业开设后作为专业选修课程,通过参与综合教学改革校教改项目及校级优秀课程群项目,夯实课程基础,构建课程体系。

快速成长阶段(2014—2018年):全面开展教学内容、教学方法改革和课程资源建设,在实践性教学方面取得重要成果。

全面建设阶段(2019年至今):初步构建了立足本土的"导学研做"三位一体教学体系、"政产学研"合作一体化翻译教学模式以及课程内嵌模块与课外实践模块相互补充的专业化、信息化、协作式、交互式实践教学模式。进一步提炼自编教材内容,增加突显中国特色和地域特色的翻译材料,并导入机器翻译。2022年度被立项为省级一流本科课程(社会实践类)建设课程,多维度凸显社会实践特色,注重提升学生的翻译项目实践能力,并为区域发展提供优质的翻译服务。目前形成了教授1人,日籍专家1人,讲师2人的高素质教学团队,其中75%具有博士学位。

二、思政元素

职业道德、工匠精神：翻译要求译者能对作者和读者负责，这就要求译者有高尚的职业道德和工匠精神。本课程通过带领学生研读杨绛、钱锺书、傅雷、林少华等现当代名家探讨翻译的文章，以及对比鉴赏于雷、刘振瀛、竺家荣等名家翻译的夏目漱石的《我是猫》等经典名译，体会名家名译的文学美，及其背后蕴含的高尚的职业道德和精益求精的工匠精神。

家国情怀、文化自信：导入教材《理解当代中国：汉日翻译教程》中的中国时政文献翻译，带领学生研读习近平新时代中国特色社会主义思想的几大重大主题，即中国特色社会主义最本质的特征、中国特色社会主义制度的优势，坚持和发展中国特色社会主义总任务，坚持以人民为中心的发展思想，中国特色社会主义事业总体布局和战略布局，中国特色大国外交的日文版翻译，引导学生关心国家大事，坚定"四个自信"，掌握中国话语，鼓励学生成为中国道路、中国理论、中国制度、中国文化的学习者、实践者、传播者。

与时俱进、改革创新：鼓励学生与时俱进，紧跟时代潮流，通过一起研读由任课教师撰写的《机器翻译质量发展调查报告（2019年至今）》，了解机器翻译日新月异的迅速发展，并通过带领学生翻译浙江新闻、浙江科技、浙江商务、浙江旅游、浙江哲学等广泛领域的题材，体会机器翻译的强势领域和劣势领域，并在以译后编辑为核心的翻译实践中，提炼出不同文体的译后编辑策略，创新翻译模式。

三、设计思路

本课程的各单元以不同文体的题材为主题，以名家名译为开篇，引导学生形成正确的翻译职业观，并导入时政文献，凸显时代特色，立足浙江特色，并以"日本人眼中的浙江形象"与"用日语讲好浙江故事"为主线，深入挖掘浙江的经济文化特色，筑牢家国情怀、厚植文化自信。与此同时，通过追踪近五年来机器翻译的迅猛发展，引导学生与时俱进，积极主动地导入机器翻译。各章节模块重要的思政元素、相关知识点和教学案例见表30-1。

表30-1 各章节课程思政设计思路

课程章节	重要思政元素	相关专业知识和教学案例
第一模块 名家名译鉴赏	·职业道德 ·工匠精神	·知识点：名家翻译经验、名家名译的经典段落的文学美 ·教学案例：杨绛、钱锺书、傅雷、许渊冲、林少华等现当代翻译名家谈翻译的文章，《我是猫》多版本中译经典鉴赏
第二模块 调研并评估机器翻译发展与翻译质量	·与时俱进 ·改革创新	·知识点：近5年机器翻译的发展趋势、机器翻译存在的不足 ·教学案例：研读《机器翻译质量发展调查报告（2019年至今）》，讨论机器翻译对人工翻译带来的冲击和机遇
第三模块 时政文献翻译——《坚持以人民为中心的发展思想》等	·家国情怀 ·文化自信	·知识点：中国时政文献的文体特征，中国时政文献翻译的注意事项，中国时政文献的译后编辑策略 ·教学案例：《第一单元 中国特色社会主义最本质的特征和中国特色社会主义制度的最大优势》和《第三单元 坚持以人民为中心的发展思想》
第四模块 文艺翻译——歌词翻译	·家国情怀 ·文化自信	·知识点：亚运会歌曲背后的亚运精神，歌词的文体特征，歌词翻译的注意事项，歌词翻译的译后编辑策略 ·教学案例：翻译亚运会官方主题曲之一《从现在到未来》，并以小组为单位完成日文版主题曲的录制
第五模块 科技翻译——浙江城市大脑、智慧农村	·与时俱进 ·改革创新 ·家国情怀 ·文化自信	·知识点：浙江城市大脑和智慧农村的基本知识背景，科技文章的文体特征，科技文章翻译的注意事项，科技文章翻译的译后编辑策略 ·教学案例：翻译日本媒体对浙江省的城市大脑、智慧农村等浙江数字科技的报道，了解浙江的数字经济，以及日本媒体对数字浙江的正面报道
第六模块 旅游翻译——杭州亚运会吉祥物宣介文	·家国情怀 ·文化自信	·知识点：亚运会吉祥物蕴含的亚运精神和浙江文化，旅游宣介文的文体特征，旅游宣介文翻译的注意事项，旅游宣介文翻译的译后编辑策略 ·教学案例：了解杭州亚运会吉祥物背后所蕴含的文化元素、寓意等，翻译关于三种吉祥物的宣介文
第七模块 文学翻译——谷崎润一郎的《西湖之月》	·家国情怀 ·文化自信	·知识点：亚运会吉祥物蕴含的亚运精神和浙江文化，旅游宣介文的文体特征，旅游宣介文翻译的注意事项，旅游宣介文翻译的译后编辑策略 ·教学案例：选取日本作家谷崎润一郎的《西湖之月》为翻译材料，让学生在翻译细腻入微的景物描写和情感描写中体会西湖魅力

四、教学案例

（一）案例1：研读名家谈翻译的相关文章，形成良好的职业道德意识。

1. 教学目标

通过对翻译名家的翻译经验谈的研读和名家名译的鉴赏，引导学生认识到翻译工作的神圣性，以及理解作为一名翻译工作者需要具备的基本职业素养，以培养一位具备高尚的职业道德和工匠精神的优秀翻译工作者。

2. 教学内容

林少华的《翻译家林少华谈文学翻译》、许渊冲的《翻译大家许渊冲谈：什么才是好的翻译》、傅雷的《翻译经验点滴》、钱锺书的《林纾的翻译》、杨绛的《翻译的技巧》，于雷、刘振瀛、竺家荣等名家翻译的夏目漱石的《我是猫》的经典段落。

3. 教学过程

（1）课前

①阅读上述文章，或自主查阅其他名家谈翻译的文章。

②归纳翻译大家的翻译经验及个人感言。

③对比于雷、刘振瀛、竺家荣等名家翻译的夏目漱石的《我是猫》的经典段落，将印象最深的段落摘录下来，以小组为单位做成PPT以备课堂分享。

（2）课中

①分享各自的学习感言后，教师发表感言。其中，名家们对翻译工作的严谨态度最深入人心，比如：傅雷谈"翻译重在实践"、翻译一部作品要"读四五遍"、翻译初学者要"甘心情愿地多做几年学徒"；杨绛提倡理解原文时"不仅了解字句的意义，还须领会字句之间的含蕴，字句之外的语气声调"以及"有时字典上的字也并不适用。所以译者需储有大量词汇：通俗的、典雅的、说理的、叙述的、形容的等等，供他随意运用"；林少华称"译漱石则随漱石，译芥川则随芥川，译川端则随川端。如影随形，曲尽其妙"。

②引导全体学生思考"如何才能成为一名优秀的译员？"这一问题，并组织小组讨论，各小组将关键词写到黑板上，并予以讲解，最后提炼出"翻译工作者

需要具备高尚的职业道德和精益求精的工匠精神"这一大结论；

③各小组展示于雷、刘振瀛、竺家荣等名家翻译的夏目漱石的《我是猫》的经典段落，并分析这些经典段落之所以称之为经典的魅力所在。在品读名家的名译方面，学生互相分享经典翻译段落，由表及里，微妙的翻译用词让大家深深体会到翻译工作者必须具备钻研推敲、精益求精的工匠精神，并鉴赏这种工匠精神所产生的翻译美。

（3）课后

布置学生以"我对翻译的理解"为主题撰写一份1000字左右的感想文。

（二）案例2：研读翻译中国时政文献，培养讲好中国故事的新时代外语人

1.教学目标

通过组织学生研读并翻译中国时政文献《第三单元 坚持以人民为中心的发展思想》，引导学生理解何为"坚持以人民为中心"及其重大现实意义，以培养能向日本友人诠释中国"以人民为中心"的内涵和意义的学生，成为一名讲好中国故事的新时代外语人。

2.教学内容

中国时政文献的语言特色及翻译原则与方法，《第三单元 坚持以人民为中心的发展思想》。

3.教学过程

（1）课前

①预习中国时政文献的语言特色及翻译原则与方法。

②预习《第三单元 坚持以人民为中心的发展思想》的讲解部分。

（2）课中

①先利用视频短片或新闻报道等形式，带领学生了解"坚持以人民为中心的发展思想"在现实社会中的投射，引导他们感受到作为新时代外语人，肩负着掌握中国话语、讲好中国故事的重大使命；

②讲解中国时政文献的语言特色及翻译原则与方法，带领学生深刻体会到翻译中国时政文献时立场坚定的重要性，培养具有家国情怀、文化自信的新时代外语人；

③组织学生讨论、归纳教师未分析部分的中国时政文献翻译的翻译策略，并在此过程中体会"以人民为中心"的内涵，为对外讲好中国故事奠定知识和语言基础。

（3）课后

布置学生以翻译工作坊模式完成《第三单元 坚持以人民为中心的发展思想》的练习部分，让学生在"个人初译—提炼工作坊译文—提炼课堂译文—总结译后编辑经验教训—公众号发表译文及译后编辑策略—全体同学对照个人译文学习"这个闭环的学习环节中，掌握核心概念及关键性语句的政治背景和翻译策略，并深刻意识到坚持以人民为中心的发展思想的重要意义及其具体举措——脱贫攻坚战、全面建成小康社会、奋力推进全面深化改革等等。

（三）案例3：鼓励学生与时俱进，提升译后编辑能力

1. 教学目标

通过在教学中积极导入机器翻译，批判性地利用机器翻译，引导学生直观认识到机器翻译日新月异的迅猛发展，并在翻译实践中不断思考、提炼不同文本的机器翻译的译后编辑策略，以培养与时俱进，能够客观认识机器翻译的优劣并积极导入机器翻译的新时代翻译人才。

2. 教学内容

《机器翻译质量发展调查报告（2019年至今）》，该报告涉及的翻译材料。

3. 教学过程

（1）课前

①学生自主学习，调研机器翻译的应用现状和发展前景等，并以小组为单位将调研结果制作成PPT，以备课堂发表用。

②完成《机器翻译质量发展调查报告（2019年至今）》中的翻译材料，要求学生纯人工翻译，以备课堂上和机器翻译做对比。

（2）课中

①组织学生讨论机器翻译的应用现状和发展前景，从而引导他们认识到今后的翻译工作者必须与时俱进地导入机器翻译，不断创新翻译模式。

②带领学生研读《机器翻译质量发展调查报告（2019年至今）》，通过对比学生的纯人工翻译，理解机器翻译的优势和劣势，从而客观公正地思考机器翻译对

人工翻译造成的冲击及带来的机遇。

（3）课后

布置学生撰写个人纯人工翻译和机器翻译对比报告。

五、教学效果

（一）学生学科竞赛与升学

（1）学生在全国性翻译大赛"人民中国"杯日语国际翻译大赛中表现优异，近三年累计获得全国一等奖4项、二等奖12项、三等奖44项。

（2）2022届毕业生考入翻译硕士方向的学生多达3名，占全体日语系毕业生的6%，占升学人数的20%。

（3）学生考入北京第二外国语学院翻译硕士方向深造，依托翻译项目进行翻译研究。2016级学生孙佳赢考入北京第二外国语学院后，依托《美术漫谈》翻译项目，撰写了题为《〈美术漫谈〉笔译实践报告——以美术类混合型文本的翻译策略考察为中心》的硕士学位论文。

（二）建设翻译课程特色公众号：介绍不同文体的译后编辑策略

公众号文章以"原文—机器翻译译文—译后编辑版译文—译后编辑策略解析—译文欣赏—该类文体译后编辑关键词"为框架，通过一个个具体案例，介绍不同文体的译后编辑策略。

（三）学生、同行及专家评价

（1）日语专业学生评价：激发思维创新，拓展知识面，提升翻译能力。

本课程注重启发学生，提升教学效率和质量。与此同时，提升了自我学习能力、思辨创新能力。（许多，2018级日语专业01班学生）

本课程激发了我对翻译的兴趣，尤其是工作坊环节，成员间可自由讨论，接触"读者"。课堂是一个分享交流的平台，学生有充分参与度和自由度。（易奕伶，2018级日语专业01班学生）

模拟翻译项目让我体验了翻译工作者的苦和乐，尤其是工作坊讨论会碰撞出火花，课堂发表和教师点评令我受益匪浅。（陈静芳，2018级日语专业02班学生）

（2）教师同行评价：注重实践教学，翻译反思活动极具特色。

发表环节能够对课堂知识进行很好的补充。课堂环节紧扣主题，难度适中，学生不仅在翻译技能上得到了提高，而且在不断润色中，学生最后都完成了非常出色的译文。最后，翻译日志也是极具特色，学生真真切切在翻译实践中能够得到很好的锻炼。总之，此教学法值得学习和推广。（郭玉英，杭州师范大学日语教师）

李亚老师的笔译课程，课堂安排合理有序，教学设计翔实精细。同学们的自我分析和总结也可以帮助老师聚焦教学难点和重点。李老师的课堂氛围轻松，同学们的参与度非常高。在引导同学们发挥自我主动性方面，李老师也有着丰富的经验。（刘亚静，杭州师范大学日语教师）

（3）专家评价：本课程授课模式值得借鉴和推广

本课程注重拓展课内外实践活动，注重引导学生反思总结译后编辑策略，帮助学生在翻译实践、讨论、反思中提升翻译技能。（郭连友，北京外国语大学教授、资深同传译员）

日语口译理论与实践

教 学 团 队：李　珍　　徐萍飞　　王静波　　李　亚
案例撰写人：李　珍

> 能触摸时代浪尖是口译工作的醍醐味。
>
> ——长井鞠子

一、课程概况

（一）课程简介

　　"日语口译理论与实践"是日语专业高年级口译系列课程的前期必修课，主要面向日语专业三年级上学期学生，共32学时，2学分。课程内容主要包括日语口译理论知识和日语口译实践两大板块。口译理论部分主要使学生掌握口译工作的基本思维方式以及听辨、复述、视译等各项口译技巧的训练原理和方法。口译实践模拟板块则是以杭州为背景，通过学习和模拟外事口译场景所需的综合口译知识和技能，使学生具备初中级日语口译的综合能力。

　　本课程在教学素材上选用文字、音频、视频等多种形式和多种题材，充分融入社会新闻热点和杭州本土文化元素。教学模式上设计了即兴口译、课后语音作业、汉日双语视频制作等多维度的产出实践环节。在提升学生口译能力的同时，注重培养学生的自主学习、社会关怀、本土文化自觉自信、跨文化思维等能力和素养。

（二）教学目标

1. 知识目标

（1）掌握汉日/日汉口译工作的基本框架和各类技巧的训练方法。

（2）掌握不同场景的日语口译词汇和常用表达、经典语篇。

（3）了解当下社会热点前沿，深度知晓本土文化及中日文化。

2. 能力目标

（1）提升学生的综合日语能力，日语口语表达能力。

（2）培养学生的汉日/日汉双向口译能力，具备完成口译任务所需的整体构架能力。

（3）提升学生用中日双语进行跨文化传播的综合能力。

3. 价值目标

（1）增强文化自觉自信，培养多元文化理解思维，培养国际视野。

（2）开拓视野，完善知识结构，提升人文素养和人文关怀。

（3）树立正确的世界观、人生观与价值观，根植利他思维和价值创造思维。

（三）课程沿革

"日语口译理论与实践"原名"日语口译技巧"，自2015年开设以来，主要经历了如下两个阶段：

初建充实时期（2015—2019年）：致力于教学内容的充实完善和教学模式的探索。积累了大量题材丰富的音视频口译练习素材，教学模式也逐渐完善。

改革实践期（2020年至今）：随着学生学情和国内外形势的变化，口译课程也需要做出相应的改革和提升。主要改革方向是以融入本土文化为主的教学内容重塑和产出导向型多维度实践作业设计。2022年获校级教改和校级核心课程立项。

二、思政元素

"日语口译理论与实践"是一门技能训练和实践应用性较强的课程。在设计思政元素时，基于课程特点挖掘多元思政元素，主要思政元素如下。

自主学习、终身学习：提升口译能力，不仅需要掌握多种口译训练技巧，还需要了解许多背景知识。这些都需要学生在课外自觉自律地保持好奇心和主动学习。因此在第一次导入课,会介绍活跃在口译一线的优秀译员,通过了解译员的成长经历和自主自律的学习态度和学习习惯,引导学生塑造良好的自主学习习惯和终身学习理念。

人文视野、社会关怀:口译工作需要译者能及时关注社会热点,触摸时代脉搏。在与时俱进的过程中,关注社会变化进程,思考现象背后的原因,培养学生将个人发展和社会发展相联系的大情怀。因此,除了学习基础口译的基本框架内容,课程专门设计了一个即兴口译环节,把每周发生的社会热点作为即兴讲话、即兴口译练习的素材,从而引导学生深入思考,在潜移默化中培养学生的人文视野,社会关怀意识。

文化自觉自信、跨文化思维:日语专业的学生需要具备用中日双语进行双向文化传播的能力和思维。但日语专业学生往往由于聚焦于日语及日本相关的学习,容易出现对本土文化了解不足的情况。因此,在学习基本的场景口译知识和技能的基础上,本课程通过融入中国文化及杭州本土文化、杭州和日本的交流史等内容,在潜移默化中充实和提升学生对本土文化的认知,培养其对本国本土文化的自觉自信以及跨文化思维。

艺术鉴赏、审美意识:在进行日汉/汉日双向口译过程中,话题内容会涉及诸如博物馆、文艺表演、民俗典故等和文化艺术相关的领域。因此,在提升学生语言能力、口译能力的同时,还需要培养和提升学生的艺术鉴赏力和审美意识,使学生不仅能知其美,能言其美,还能用外语传播其美。

利他意识、价值创造:利他意识和价值创造原本是企业经营相关的理念,指为客户创造价值以有助于销售产品和服务。作为思政元素的利他意识和价值创造,则是指培养学生学以致用,用所学知识去创造价值的思维习惯。课程通过设计多维实践教学环节,例如引导学生以向日语使用者传播中国文化,向汉语使用者传播日本文化为目标,制作杭州相关的双语口译短视频等,在实践中用所学知识服务他人,进行有效价值创造。

三、设计思路

本课程除导论外一共 8 个核心单元,在单元构成上,每个单元都包含即兴迷你口译，口译技巧，场景口译及课后拓展作业四个主要部分。各主要思政元素，贯穿分布于整个教学内容和各教学环节，同时各教学单元和教学环节又有根据自身特点而相对侧重的若干思政元素。整体设计思路可用一句话概括为：一线贯穿，多点散布。所谓的"一线贯穿"是指以融入本土文化为基底的"文化自信，文化自觉"，这条主线是贯穿于每个单元的；"多点散布"是指根据各单元内容特点而提炼的思政元素以自然而然的方式多点散布。各章节模块重要的思政元素、相关知识点和教学案例见表31-1。

表31-1 各章节课程思政设计思路

课程章节	重要思政元素	相关专业知识和教学案例
导论	·自主学习 ·终身学习	·知识点：口译历史和原理及一线译员 ·教学案例：让学生观看中日一线口译译员职业成长经历的视频，总结学习体会并进行讨论
第一单元 机场迎接	·人文视野 ·社会关怀 ·文化自觉自信	·知识点：机场迎接日汉/汉日双向口译 ·教学案例：让学生模拟机场接机及途中闲聊的场景口译（内容加入杭州历史和杭州近况）
第二单元 宾馆入住	·文化理解 ·跨文化思维	·知识点：宾馆入住日汉/汉日双向口译 ·教学案例：让学生模拟带领日本客人入住宾馆的场景口译（内容加入日本前首相安倍晋三入住喜来登宾馆时留下"感谢"字条的趣话，及对中日感谢文化异同的讨论）
第三单元 欢迎宴会	·本校文化自觉 ·跨文化思维	·知识点：欢迎宴日汉/汉日双向口译 ·教学案例：让学生模拟浙工大和宇都宫大学校级交流接待及欢迎宴的场景口译（内容加入浙工大和宇都宫大学的校史）
第四单元 杭州观光	·人文视野 ·本土文化自觉 ·跨文化思维	·知识点：杭州观光日汉/汉日双向口译 ·教学案例：让学生模拟带领日本人参观杭州净慈寺的场景口译（内容加入日本留学僧来杭州寺庙学习的历史）
第五单元 杭州美食	·文化自觉 ·文化理解 ·跨文化思维	·知识点：杭州美食日汉/汉日双向口译 ·教学案例：让学生模拟带领日本人去楼外楼品尝地道杭州美食的场景模拟口译（内容加入楼外楼的历史，代表菜的由来等）
第六单元 文化体验	·艺术鉴赏 ·审美意识	·知识点：文化体验日汉/汉日双向口译 ·教学案例：让学生模拟带领日本人去观看《印象西湖》演出的场景口译（内容加入中国民间故事的话题）
第七单元 拜访企业	·社会关怀 ·文化理解 ·跨文化思维	·知识点：企业走访日汉/汉日双向口译 ·教学案例：让学生模拟带领日本人参观在杭企业的场景口译（内容加入中日企业文化异同的讨论）

续表

课程章节	重要思政元素	相关专业知识和教学案例
第八单元 送别送行	·社会关怀 ·文化自觉自信 ·跨文化思维	·知识点：送别会日汉/汉日双向口译 ·教学案例：让学生模拟为友好学校的日本友人举行送别会的场景口译（内容加入有关杭州印象的发言）
贯穿学期的拓展作业	·利他思维 ·价值创造	·让学生以小组为单位，选取上面8大单元主题相关的任一小主题，制作实景拍摄的中日双语短视频，进行跨文化传播创作

四、教学案例

（一）案例1：学习一线口译译员的成长经历，塑造自主学习及终身学习意识

1. 教学目标

（1）了解口译种类、口译特点、一线口译译员的成长经历，对口译学习和口译工作的特点有一个全面的认识。

（2）通过对口译学习的特点把握，引导学生了解自主学习和终身学习的理念。

1. 教学内容

导论：口译的种类、口译的特点（和笔译相比的异同点）等；中国和日本现在活跃的一线口译译员的采访文章、采访视频、演讲等。

教学设计：通过全方位了解口译工作、口译学习的特点、以及学习一线口译译员的成长经历，引导学生养成自主学习、终身学习等学习态度和习惯。

3. 教学过程

（1）课前

要求学生提前观看同传口译员老蔡、桥本美穗相关的采访文章和视频，并能概述两位译员在成长之路上是如何学习的。

（2）课中

①导入

布置学生思考下列问题：

a. 你对口译了解多少？

b. 口译和笔译最大的区别在哪里？

c. 你觉得成为一名口译工作者应具备哪些条件，以及你自己适合从事口译工作吗？

②问题讨论环节

请学生围绕上述问题回答，同一问题可以由多名学生相互补充，并把他们的答案写到 PPT 上暂时保留。

③教师讲解

关于问题 a，针对学生能回答部分但不能回答全面的学情，重点从口译方式和口译内容两个方面展开说明。

关于问题 b，则是以探究式教学法，让学生认识到口译的"瞬时性"特点，进而理解"口译"学习实际是包含了"听，说，理解，记忆，反应"等多项技能的综合学习。

关于问题 c，教师根据学生的回答以及课前发放的一线译员的成长经历，从语言、百科知识、心理素质等多维度对口译工作者应具备的综合能力进行说明讲解。

在学生在对口译工作、口译学习的特点有了较为全面的了解之后，再顺势引出口译学习的关键点，即：要具备这些能力不能仅仅靠课堂学习，而是要在课外持之以恒，坚持不懈地自主自律学习，乃至养成终身学习的习惯。

④学生总结讨论

让学生结合口译学习的要求和特点以及目前自身日语水平，梳理自己今后口译学习的目标，以及需要重点提升的单项技能。这样学生在开展自主学习时能更加目标明确，有的放矢。

（3）课后

语音作业：布置学生听日本著名同传译员长井鞠子的有关译员自我成长的演讲音频，并与课前预习的两位同传译员的分享相比较，概括三者在成为出色的口译译员之路上的异同，以及对自己今后学习的启发点。通过作业再次体悟自主学习、终身学习的重要性。

（二）案例2：通过学习"杭州美食"主题的场景口译，深入了解本土文化，促进文化自觉，文化自信和跨文化思维

1. 教学目标

①学习杭州美食口译的相关背景知识、语言知识、口译知识等；②具备杭州美食相关的口译综合能力；③培养学生文化自觉、文化理解和跨文化思维的能力。

2. 教学内容

第五单元杭州美食之二：楼外楼语篇中翻日

杭州美食的特点、楼外楼的相关背景知识以及美食口译的所需词汇和常用表达。

楼外楼语篇的中日口译训练。

3. 教学设计

通过完成模拟口译任务的方式：模拟带领日本友人去楼外楼餐厅用餐的场景，让学生不仅掌握美食口译中翻日所需的口译知识，还通过挖掘楼外楼历史、代表性杭帮菜典故等，使学生深入了解本土饮食文化。通过引导学生讨论中日待客礼仪的异同及背后原因，促进学生的文化自觉自信和跨文化思维。

4. 教学实施过程

（1）课前

预告下节课的口译任务：美食口译中翻日。布置学生事先查阅"杭州美食、楼外楼、东坡肉、西湖醋鱼"等相关资料和联想词汇。

（2）课中

①背景知识，口译词汇，常用表达准备环节

首先，播放与本次美食口译相关词语音频、常用表达的中文录音，请学生做中翻日练习。其次，要求学生介绍有关杭州美食、楼外楼、东坡肉、西湖醋鱼的背景知识，由一个同学说中文，另一个同学试着翻译成日语，教师对表述不够准确的地方予以补充。由此，从词汇和内容两方面融入本土文化元素，促进文化自觉，为下一步深入理解本土文化，翻译本土文化做好准备工作。

②楼外楼语篇的中翻日口译练习

因为楼外楼中日语篇有一定长度，所以先让学生以小段落为单位进行中翻日口译练习，教师做现场点评。待学生完成一轮段落口译练习，已经基本熟悉

语篇内容后，利用语音教室的录音设备，完整做一遍中翻日的训练，并录音记录。教师随机抽取学生录音进行课堂点评和补充。通过上述语篇口译练习，不仅使学生提升双语口译能力，同时在潜移默化中加深对本土文化的认识和理解。

③回答问题，巩固内容环节

完成中翻日口译练习后，通过让学生用日语回答语篇中出现的"楼外楼的历史，东坡肉的由来，绍兴酒女儿红的故事"等核心内容，一方面提升学生的日语表达能力，另一方面使学生通过对内容的再次确认，在潜移默化中内化有关本土美食文化的知识。此外，就语篇中出现的中日待客礼仪的区别，引导学生讨论其背后反映的中日思维方式的异同，提升学生的文化理解能力和跨文化思维能力。

（3）课后

语音作业：布置学生查阅有关中日两国饺子文化方面的资料，概括其异同并分析背后原因。通过该课后作业，使学生在实践中进一步体悟文化自觉自信、文化理解和跨文化思维。

（三）案例3：通过学习"文化体验"主题的场景口译，深入了解本土文化，提升艺术鉴赏力，培养审美意识

1. 教学目标

①学习"文化体验"口译的相关背景知识、语言知识、口译知识等；

②具备进行"文化体验"主题相关的口译综合能力；

③促进学生的本土文化自觉，提升艺术鉴赏力，培养审美意识。

2. 教学内容

①第六单元文化体验之二：观看《印象西湖》语篇中翻日；

②文化体验相关的背景知识及所需的词汇、常用表达；

③观看《印象西湖》语篇的中翻日口译训练。

3. 教学设计

通过完成模拟口译任务的方式，模拟带领日本友人去看《印象西湖》的场景，让学生不仅掌握艺术表演口译的知识，还通过和日本友人谈论观后感的情节设定，使学生能体验美、表达美、分析美，进而提升艺术鉴赏水平和审美意识。

4. 教学过程

（1）课前

预先布置学生观看《印象西湖》相关节目视频，查阅相关背景知识，主要词汇表达等。学生通过观看视频，首先会在感性上对节目有一个初步印象，即体验美。

（2）课中

①背景知识、口译词汇、常用表达准备环节

首先，播放本次口译相关词汇、常用表达的中文录音，要求学生做中翻日练习，以确认其掌握程度。接着让学生用日语表达观看《印象西湖》视频的感受，分享印象最深刻的片段等。通过把自己的感受语言化，初步尝试表达自己对美的认识。

②《印象西湖》语篇中翻日口译练习

语篇内容是中国学生带领日本友人去观看《印象西湖》并交流观后感。第一轮先做以小段落为单位的中翻日口译练习，教师现场进行点评纠正。第二轮做整个语篇的中翻日口译练习并录音记录，教师现场以学生的录音为材料作点评补充。通过这一过程，学生会对难点重点和细节进行再次确认，把自己原先对节目模糊的感受表达得更为精确细致。

③讨论环节

语篇中有中国学生和日本友人对节目的观后感进行交流的内容。在对个别节目的评价上，两人有感想一致的地方，也有感想不一致的地方。以此为切入点，引导学生用日语对中日文化中的对"美"的感受异同进行讨论，引导学生思考"美"的普遍性和个别性问题，学会分析美。

（3）课后

语音作业：让学生以东京奥运会开幕式为例，说明中国人和日本人在审美上的差异。这项作业可以使学生通过深入探究中日美意识的异同，提升艺术鉴赏水平和审美意识。

五、教学效果

(一)学生学习成果

1. 学生在日语口语表达、日汉汉日双向口译能力方面有切实提高。

首先,在日语口语表达方面,通过多层次的输出导向作业练习,原本不敢开口的学生逐渐敢于开口讲日语了;原本只停留在日常生活用语水平的学生逐渐提高到了能用日语清晰明确地陈述有一定深度和延展度的观点。近年学生参加日语演讲、朗读比赛的积极性提高,并收获了成绩和奖项。

其次,在日汉、汉日双向口译能力方面,通过一学期八个主题场景的双向口译语篇学习和实践演习,学生初步具备了日常双向口译的能力。即便学生之间存在个体差异,但是掌握了如何准备、如何开展的口译知识框架和方法,后续可以根据各人所需继续深入学习。在研究生升学方向选择"翻译"一边倒的大形势下,还是会有学生选择口译。至今学生学业深造的去向有北京大学、中国传媒大学、首都对外经贸大学等知名高校。

2. 学生对本土文化认知加深,用双语进行跨文化传播的能力有切实提升。

本课程的思政元素设计思路是"一线贯穿,多点散布",通过融入本土文化这条主线,学生对本土文化认知加深,用双语进行跨文化传播的能力有切实提升。特别是通过课程的小组拓展作业(双语短视频制作),学生在学中做、在做中学,把语言知识、本土文化、中日文化、多媒体技术等知识进行融合应用,为今后走向社会进行更广义的跨文化传播打下了很好的基础。

> 实际做起来才发现口译作业会给我们带来这么多收获。为了给视频配音,模仿参考了好些 NHK 纪录片,包括摄影运镜、视频剪辑等等技术,如果之后自己要做自媒体,这就是第一步了。(龚丽莎,2019级日语专业01班学生)

而围绕这条主线,诸如"文化自信,文化自觉,跨文化思维,审美意识,价值创造"等正向价值观在潜移默化中得以浸润和内化。

（二）教师教学成长与反思

教学效果大致可以分为容易量化的效果和不容易量化的效果、近期当下的效果和远期长远的效果、个别优等生的效果和大部分普通学生的效果等等。鉴于口译本身的特殊性（不仅对语言能力有高要求，对临场反应、短期记忆、心理素质等非语言能力也有很高要求）。因此，要兼顾并实现上述诸多效果并非易事。

事实上，专业学生毕业后真正从事口译工作的只是极少数，甚至不少学生从一开始就先入为主地认为口译和自己今后的发展方向关系不大。面对这样的情形，口译课如何打破固有思维和模式，真正根据学生的多元需求和时代要求不断更新升级是当下及今后的重要课题。